Pauline Wiesel

...agen von Ense

Rahels Vater Levin Markus

Carola Stern

Der Text
meines Herzens

Das Leben
der Rahel Varnhagen

Rowohlt

1.–45. Tausend August bis Oktober 1994
46.–60. Tausend November 1994
Copyright © 1994 by Rowohlt Verlag GmbH,
Reinbek bei Hamburg
Alle Rechte vorbehalten
Lektorat Ingke Brodersen
Umschlag- und Einbandgestaltung Nina Rothfos
Pastell der Rahel Varnhagen von P. Friedel, um 1800
Mit freundlicher Genehmigung der Staatsbibliothek
zu Berlin – Preußischer Kulturbesitz,
Handschriftenabteilung / Porträtsammlung
Gesetzt aus der Bembo (Linotronic 500)
Gesamtherstellung Clausen & Bosse, Leck
Printed in Germany
ISBN 3 498 06289 1

Inhalt

Der Text meines Herzens

Das Leben der Rahel Varnhagen

Such' alle meine Briefe
Ein Prolog

> Der Geist ist nicht zu bannen,
> ewig-beweglich schwebt er durch die Schöpfung,
> und stürzt sich in neue Verkörperungen;
> wir aber sind verurtheilt, auch die
> Leichen zu bewahren, die er zurückläßt,
> die Schlangenhäute, die er ablegt.
> Das ist unsere Geschichte, das sind
> unsere Denkmale.
> *Karl August Varnhagen von Ense*

Mag Mademoiselle Levin zuweilen auch an sich und an der Welt verzweifeln – sie weiß, daß ihre Briefe einem Kunstwerk gleichen, und sie will, daß dieses Kunstwerk nicht verlorengeht. «Und sterb' ich», schreibt sie einer Freundin, 1800 von Berlin aus nach Paris aufbrechend, «such' *alle* meine Briefe... von *allen* meinen Freunden und Bekannten zu bekommen... Es wird eine Original-Geschichte und poetisch.»

Hundertfünfzig Jahre später fragen sich Rahel Levins Bewunderer: Wo aber sind die Briefe geblieben? Soviel ist gewiß: Karl August von Varnhagen, Rahels späterer Mann, hatte sie, gesammelt und geordnet, zusammen mit seiner berühmten Handschriftensammlung der Preußischen Staatsbibliothek in Berlin vermacht. Dort lagerten sie bis zur Hitlerzeit.

Nach schweren britischen Luftangriffen während des Zweiten Weltkrieges wurden jedoch die wertvollsten Bestände der Bibliothek aus der Hauptstadt ausgelagert. Zusammen mit Originalpartituren von Mozart, Beethoven und Bach, Autographen aus dem Orient und China, alten Drukken, Karten und Atlanten kamen die Rahel-Briefe ins niederschlesische Benediktinerkloster Grüssau; auf der Empore der dortigen Stiftskirche schienen sie vor weiteren Kriegsgefahren in Sicherheit zu sein. In den festen Kisten nah der Orgel befand sich übrigens auch jener Rahel-Brief, in dem sie im Herbst des Jahres 1794 einen Besuch in eben dieser Grüssauer Abtei geschildert hatte.

Nach dem Zweiten Weltkrieg fahnden die Deutschen vergeblich nach dem Schatz. Grüssau heißt nun Krzeszow, und die polnischen Behörden erklären, ihnen sei von irgendwelchen Kisten in der Kirche nichts bekannt. Die Partituren sowie Rahels Hinterlassenschaft und all die anderen ausgelagerten Dokumente gelten als verloren. Hin und wieder tauchen allerdings Gerüchte auf, die Bestände seien doch erhalten, was zahlreiche Wissenschaftler und findige Journalisten auf Schatzsuche ziehen läßt. Ihre Nachfragen in Warschauer Ministerien und polnischen Archiven bleiben ergebnislos, obwohl Patres und Brüder aus dem Kloster Grüssau, die nun am Neckar leben, berichten, daß die Kisten gänzlich unversehrt im Sommer 1946 auf polnischen Lastwagen abtransportiert worden seien. Doch das offizielle Warschau ändert seine Haltung nicht.

Drei Jahrzehnte später, 1977, besucht der polnische Parteichef Gierek Ost-Berlin und bringt als Gastgeschenk kostbare Autographen mit, darunter Mozarts «Zauberflöte» und die «Jupiter-Sinfonie», Beethovens «Neunte» und Bachs Konzert c-moll für zwei Klaviere. Nun gibt es keinen Zweifel mehr, wo der Schatz geblieben ist.

Doch die meisten Dokumente, darunter die Varnhagen-Sammlung, bleiben auch weiterhin an jenem Ort, an den sie nach dem Krieg gebracht worden sind, in Krakau. Angesichts der schweren Verluste, die ihren eigenen Bibliotheken und Archiven durch die Deutschen zugefügt worden sind, haben die zuständigen Behörden den Berliner Schatz zum polnischen Eigentum erklärt.

Nach einigem Zögern gestatten sie jedoch Jahre später endlich den freien Zugang, die Benutzung. Von überall her reisen Wissenschaftler in die alte, an der Weichsel gelegene Königsstadt. Dort liegt, und zwar in der Allee Mieckiewicza, nicht weit entfernt von der Marienkirche, zwischen dem Nationalmuseum und der Akademie für Landwirtschaft, die Bibliothek der Universität Jagiellonska, ein in den dreißiger Jahren dieses Jahrhunderts entstandener ziemlich wuchtiger Bau. Ein alter Fahrstuhl ruckelt in den zweiten Stock hinauf.

Und hier nun, im Lesesaal der Handschriftenabteilung, erhält der Besucher Einblick in Rahel Varnhagens Hinterlassenschaft. Auf kleinen Wagen werden die rechteckigen festen braun- und blauchangierenden Pappkartons aus dem Magazin herangefahren. Sie sind an der Seite bis oben zur Mitte aufklappbar, jeder einzelne ist deutlich sichtbar numeriert, und zwar noch immer jener Ordnung folgend, die dem 1911 in Berlin erschienenen Katalog der Varnhagen-Sammlung entspricht. Was wird gewünscht? Der Briefwechsel mit dem Grafen Finckenstein? Rahels Familienbriefe, zum Teil noch in hebräischen Lettern? Tagebuchaufzeichnungen oder auf Zetteln hingeworfene Aphorismen? Will einer vielleicht die Ausgabenbücher einsehen, um zu erfahren, was damals Miete und Medizin, Stecknadeln und Stoffe kosteten und Jungfer, Köchin, Scheuer-, Garten- und Portiersfrau monatlich an Lohn bekamen?

Die Besucherin öffnet die in grobes Papier gewickelten

Päckchen in den vor ihr stehenden Kartons und tastet mit der Fingerkuppe über das Relief der Tintenschrift, über die langgezogenen Buchstaben und Zeilen auf dem glatten, guterhaltenen Papier. Ein paar Stockflecken, kein einziges Eselsohr, nicht einmal an dem kleinen Stück Papier, das irgendeinen Besuch ankündigt und ebenso sorgsam aufgehoben worden ist wie die Rechnungen für den Varnhagenschen Haushalt und die zahlreichen, von Rahels Ärzten ausgestellten Rezepte für Badezusätze, Abführmittel, Pillen und Salben. Nichts erschien dem Sammelnarr Varnhagen zu gering, um für die Nachwelt aufgehoben zu werden. Etwa sechstausend Briefe Rahels lagern in den Kästen.

An ihrem oberen äußeren Rand hat Varnhagen in seiner zierlichen, akkuraten Schrift häufig Datum sowie Namen des Empfängers oder Absenders vermerkt. Zwischen den Briefen liegen bunte Zettel, gelb, rosa oder blau, auf denen er Äußerungen seiner Frau, zuweilen auch kurze Gespräche mit ihr festgehalten hat, die ihm selbst bemerkenswert erschienen. Wie Perlstiche stehen seine Buchstaben da, wie eine feingestickte Handarbeit wirkt ein Blatt mit dieser Schrift. Ganz anders Rahel: Groß und klar, lang nach oben und nach unten durchgezogen und leicht nach rechts gewendet bringt sie die Worte aufs Papier; großzügige Abstände, keine Ränder. Diese Schrift hat Tempo, Schwung.

Nun fährt eine der Schatzhüterinnen die Kästen 202/03 heran, und binnen kurzem verwandelt sich der unscheinbare Leseraum in so etwas wie ein Raritätenkabinett oder in ein Devotionalienmuseum zum Zwecke ehrfürchtiger Betrachtung. Aus dem grauen Packpapier befreit, liegen auf dem sorgfältig gefalteten und an den Rändern nochmals eingekniffenen seidenen Papier die zarten Blätter eines Fliederbäumchens, das am letzten Krankenlager Rahels stand. In diesen Kästen sind aufbewahrt: ein Scherenschnitt Varnhagens, Rahels Lesezeichen, eine wunderschöne Straußenfeder und in der roten, grünseiden gefütterten Ledermappe das letzte Billett, das Urquijo, der Geliebte, Rahel schickte. Auch gibt es Lockenpäckchen zu besichtigen, gefüllt mit Rahels feinem braunem Haar, das seinen leichten roten Schimmer und den schönen Glanz erhalten hat; leblos weiß hingegen jene Strähne, die Dore, Rahels gute Seele, ihr auf dem Totenbett vom Kopf schnitt.

Unter einem Mietkontrakt und dem roten Ordensband, das einst Bribes, der bei den Levins einquartierte Franzose, an seinem Uniformrock trug, liegen zwei große weiße Seidentücher mit eingesticktem Monogramm: Erbstücke des Prinzen Louis Ferdinand, «der Kleinen», wie er sie meist nannte, freundschaftlich verbunden und ein Glanzstück ihres Salons.

Angesichts des Fliederlaubs und Rahels zu Pulver zerfallenen Anti-Rheuma-Pillen, angesichts von Hutfedern, «Papaens blauem Buch» und Halstüchern eines 1806 gefallenen Preußenprinzen fällt es schwer, in die Gegenwart zurückzukehren. Warum nicht, versetzt in eine lebendige, auf den ersten Blick so trügerisch anheimelnde Vergangenheit, eine Zeitlang weiterleben in Rahels Welt?

Sich dieser berühmten Geselligkeitskünstlerin und Briefautorin zuzuwenden bedeutet, Formen des menschlichen Zusammenlebens nachzuspüren, die uns längst abhanden gekommen sind. «Unsere Gesellschaft ist mehr oder weniger egoistisch geworden. Die Menschen wollen empfangen und nicht leisten, wollen sich unterhalten lassen und nicht unterhalten», schrieb Fanny Lewald, den Untergang der Salonkultur beklagend, im 19. Jahrhundert. Wieviel mehr gilt das für unsere Zeit. Es fehlt die Fähigkeit, sich zweckfrei zu vergnügen, es fehlen Gesprächskultur und Höflichkeit. Es mangelt an Bereitschaft, ohne Vorteilsuche auf andere Menschen zuzugehen. Uns unterhalten Industrien, Cinedom, Video, Disco und Reality-TV, die Kunst der Geselligkeit beherrschen wir nicht mehr.

Das gilt auch für das Briefeschreiben, weithin ersetzt durch die Zweckökonomie von Telefon und Fax. Rahel Varnhagen hat das Briefeschreiben als Kunstform mitbegründet. Unter denkbar ungünstigen Voraussetzungen – in der Familie wurde hauptsächlich Judendeutsch gesprochen, und Briefe wurden in hebräischen Lettern abgefaßt – eroberte sich die junge Frau das Deutsche, lernte, sich darin auf eine ganz eigene, unverwechselbare Art zu artikulieren, und wurde die erste jüdische Schriftstellerin in Deutschland.

«Hätte ein einzelner Mensch... die Aufrichtigkeit und Treue, *sich selbst* zu zeichnen, ganz wie er sich kennt und fühlt», wünschte sich Johann Gottfried Herder. Rahel besaß diese Aufrichtigkeit. Zu einer Zeit, da die Menschen gerade erst ihre Individualität entdeckten, beschrieb sie in immer neuen Ansätzen, in täglicher Betrachtung Körpererfahrungen und seelische Zustände, Leidenschaften und Verletzungen eines weiblichen Individuums: eine Autobiographie in Tausenden von Briefen.

Die österreichische Schriftstellerin Hilde Spiel hat Rahel Varnhagen zu Recht ein weibliches Genie genannt; doch eine anzubetende, gewöhnlich Sterblichen entrückte Heldin war sie nicht. In ihrem Charakter fand sich schwer zu Bündelndes. Rahel war, um eine ihrer Formulierungen zu gebrauchen, eine «blume mit bewußtseyn», ausgestattet mit dem wärmsten, überschwenglichsten Gefühl und dem denkbar schärfsten Intellekt; zart und schwach, derb und dominant, zögernd und energisch. Eine Menschenkennerin von hohen Graden, die zuweilen schrecklich in die Irre lief. Sie hörte zu, sie fühlte mit, sie opferte sich auf, aber sie konnte auch selbstbezogen und besitzergreifend sein. Obgleich von mutigen, weit über ihre Zeit hinausreichenden Ideen bewegt, war sie doch ängstlich, manchmal geradezu beflissen auf Zustimmung aus. «... die absolute Natur, Wahrheit, Selbstlosigkeit, Genialität, der absolute Lärm, die absolute Stille, das Meer, die Bescheidenheit, das göttliche Selbstgefühl... und zugleich die fortwährende Pose, Selbstbeschreibung, Selbstverzehrung, Beschwörungssucht, Überredungslist...», schrieb Gottfried Keller über sie. Wir meinen sie zu kennen, sie ist uns ganz vertraut – wir täuschen uns. Von neuem provoziert sie unsere Neugier und Entdeckerlust.

Es gibt so etwas wie Wunsch-Verwandte, Wunsch-Heimat, Wunsch-Herkunft. Die Berliner Salons am Ausgang des 18. Jahrhunderts und ihre Repräsentantinnen, denen es gelang, der Enge ihres Lebens, der erzwungenen Privatheit Inhalt und Fülle zu verleihen und das ganz Persönliche in das Allgemeinste zu verwandeln, werden immer wieder Menschen in ihren Bann zu ziehen wissen.

In Krakau liegt der «Lebenstext». In Berlin stehen die Kulissen: der Gendarmenmarkt mit seinen wiederaufgebauten Domen und dem Königlichen Schauspielhaus. Aus der Jägerstraße tritt Rahel auf den Platz. Sie will nach Schlesien reisen.

So habe ich den Titel
und den Stand: Fremde

Breslau, Teplitz und
die Jägerstraße in Berlin

Es hat nie eine Epoche gegeben,
wo überall und auf allen Punkten
die alte und die neue Zeit
in so schneidenden Kontrast
getreten sind.
Wilhelm von Humboldt

Dieser Haltern ist meschugge. Der Wagen hat noch nicht einmal die Stadtgrenze erreicht, da fängt er schon zu plappern an und brabbelt, quasselt, schwadroniert in einem fort. Hat Haltern Neuigkeiten zu berichten? Weiß er etwas, was die Damen interessiert? Nein. Er käut nur alten Klatsch wieder, redet von nichtssagenden Personen und glossiert die langweiligen Geschichten mit trivialen Redensarten. «Die Bestrafung folgt dem Laster», das ist so einer seiner dummen Sprüche. Oh, dies Geseires, «dieses *aber und* abermal gespreche»!

Unbegreiflich, wie die Mutter das erträgt. Läßt sie sich beeindrucken von diesem Mann? Amüsiert sie gar, was er da schwätzt?

Diese Salbaderei, Maulfertigkeit und Zungendrescherei! Angestrengt blickt Rahel aus dem Fenster, tut so, als sei sie

17

ganz von dem gefesselt, was da draußen vor sich geht, bemüht sich, nicht mehr hinzuhören. Doch das duldet Haltern nicht: «Hören Sie zu, sie mögen zu hören, Rahel hören Sie zu.»

Vier lange Tage muß Rahel diesen Herrn ertragen. Morgen wird sie den ganzen Tag die Augen schließen und so tun, als schlafe sie.

Die Reisegesellschaft besteht aus vier Personen: der Witwe Chaie Levin, ihren beiden Töchtern Rahel und Rose und dem obligatorischen, von der Mutter bestimmten männlichen Begleiter Joseph Haltern, einem jüdischen Gelehrten, der in einem Kontor beschäftigt ist und nebenbei aus dem Deutschen ins Hebräische übersetzt.

Die Berliner Damen fahren auf Besuch zu ihren Breslauer Verwandten, dem «Onkel» Liepmann Meyer, in Wahrheit gar kein Onkel, sondern ein Vetter der beiden Mädchen oder, um es ganz genau zu sagen, der älteste Sohn der ältesten Schwester ihres Vaters.

Da dieser, Levin Markus, und sein Neffe gleichaltrige Jugendfreunde gewesen waren, hatte Meyer nach dem Tod des Vaters eine Art Vormundschaft für die Levinschen Kinder übernommen und Liepmann, Rahels Bruder, als kaufmännischen Lehrling zu sich geholt.

Sicherlich reisen die Herrschaften in der viersitzigen Familienkutsche der Levins, steigen unterwegs in den besten Poststationen ab und können sich Annehmlichkeiten leisten, die andere sich versagen müssen. Auch ist für sie das Reisen nicht so außergewöhnlich und selten wie für die meisten ihrer Zeitgenossen. Doch bleibt es anstrengend, ja strapaziös.

Ein Straßennetz, vergleichbar dem französischen, gepflasterte «chaussées» gibt es im Preußen des ausgehenden 18. Jahrhunderts nicht. Die Kutsche rumpelt auf unbefestigten unebenen Wegen über Wurzel und Geäst hinweg, durchquert Sandkuhlen, plumpst in mit Schlamm gefüllte Löcher und schüttelt die Insassen kräftig durch. Für zwei preußische Meilen, etwa vierzehn Kilometer, braucht der Wagen gut drei Stunden.

Aufheiternde landschaftliche Schönheiten kann Mademoiselle Levin nicht entdecken. Die Gegend ist eintönig, flach und sandig. Meilenweit dürftige Ackerflächen und mit einzelnen Kopfweiden bestandene Wiesen. Hier und da Schonungen und Gehölz, ein Stückchen Kiefern- oder Buchenwald. Die Dörfer liegen wie verlassen da. Die Bewohner arbeiten auf den Feldern, um die Ernte einzubringen. Vom letzten Gehöft eines Örtchens bellen ihnen ein paar struppige Köter hinterher.

Das Wetter meint es gut, es ist bedeckt, leicht regnerisch. So hält man's in dem engen Kasten besser aus als bei sommerlicher Schwüle. Ein leichter Wind durchfährt die Schafgarbenbüsche am Wegesrand und bläst Körner gelben Sandes in die Fensterritzen des Levinschen Reisewagens. Alles wäre zu ertragen, wenn nicht dieser Haltern...

«*dieses* nah sitzen, *dieses* Gestinke nach Schweiß... diese ewige Rotz nase, dieses bepatsche *aller* Lebensmittel... und sein Nießen in beyde Hände und die Spuke einreiben, und sein gar nicht Schlafen, und seine Nähe und dieses Krum sitzen, und dieses ordinair!» Mama, schwört die Tochter, «*so* reis ich nicht zurück...»

Der Weg durch Schlesien folgt der Oder: Glogau, Steinaus, Liegnitz, weit öffnet sich die Ebene hier. Vor den Dörfern, die mit ihren strohbedeckten Häusern und weiß gestrichenen Türen und Fensterrahmen wohlhabender wirken als die in der Mark, stehen hohe Pfosten, an die Tafeln mit den Ortsnamen angeschlagen sind. Erst seit ein paar Jahrzehnten gehört die ehemals habsburgische Provinz zu Preußen, erobert in den Schlesischen Kriegen.

Endlich, am vierten Reisetag, nähert sich der Wagen seinem Ziel. Etwa eineinhalb Meilen vor der Stadt kommt ihm eine Equipage entgegen. Ihr entsteigt die «Tante» Meyer mit dem Lehrling aus Berlin. Die Levins sind glücklich, ihren Liepmann zu umarmen. Und Rahel wird endlich diesen Haltern los.

Hätte sie gewußt, daß Goethe, den sie vergöttert, vor vier Jahren sehnlichst gewünscht hatte, aus diesem «lärmenden, schmutzigen, stinkenden Breslau» bald erlöst zu werden, vielleicht hätte Rahel die Stadt kritischer betrachtet. Aber da sie ganz unvoreingenommen ist, gefällt ihr, was sie sieht: hübsche Häuser und Gebäudefronten, gepflegte Gärten, Plätze, viel mehr Equipagen als etwa in Berlin und die Menschen «zum Vergnügen gestimmt». Aus Kirchen und Klöstern strömen Wohlgerüche und Musik, dazu Mönche, Nonnen, Priester in merkwürdigen Kostümen, wie sie Rahel nie gesehen hat: Der Katholizismus ist in Preußens Hauptstadt so kaum zu besichtigen.

Breslau gilt als *die* Handelsmetropole an der Oder, denn hier vereinen sich die Verkehrswege von der Ostsee, aus Österreich und Italien mit jenen, die von Westeuropa nach Galizien, Polen, Rußland führen. Besonders der Handel mit Tuch und Leinwand blüht.

Zu den wohlhabenden Kaufleuten und Bankiers der Stadt gehört auch Liepmann Meyer. Als Königlicher Hoffaktor liefert er Getreide an das preußische Heer und Silber für die Münze in Berlin. Auf den städtischen Listen der jüdischen Generalprivilegierten steht der Name Meyer obenan. Aufgrund seiner hohen Ämter im Gemeindeleben gehört der «Onkel» zu den führenden Köpfen der schlesischen Judenheit und besitzt in Breslau eine eigene Synagoge. Der Siebzigjährige gilt als reich und mächtig, er muß eine allseits anerkannte, bedeutende Persönlichkeit gewesen sein.

In seinem Haus trifft die dreiundzwanzigjährige Rahel Levin im August des Jahres 1794 auf eine ihr bis dahin unbekannte Welt. Sie reagiert teils neugierig-interessiert und amüsiert, fühlt ihren Sinn fürs Komische angesprochen, doch überwiegen Abwehr und Erschrecken. Die aufgeklärte junge Frau kommt zum erstenmal mit dem strenggläubigen Judentum in näheren Kontakt.

Allerdings, dieser Begriff fällt in ihren Äußerungen nicht. Sei es, daß dies bei Levins nun mal so üblich ist, ohne daß sie selber wissen, wie es dazu kam, sei es, daß sie sich von Strenggläubigen auch begrifflich unterschieden wissen möchten – Rahel nennt die Juden, denen sie hier begegnet, «Böhmen», ihr Aussehen, ihr Verhalten «böhmisch». Das mag abgeleitet sein von dem hebräischen běhema, was soviel wie Tier bedeutet oder Ochse und im übertragenen Sinne unzivilisiert, Dummkopf oder Narr.

Mögen dem «Onkel» die jüdischen Religionsgesetze ungleich mehr bedeuten als den Verwandten aus Berlin – daran stört sich Rahel nicht. Sie wundert sich auch nicht darüber, daß ihr Bruder dreimal wöchentlich früh um sechs Uhr in «die Schul», zum Talmud- und zum Tora-Studium in des «Onkels» Synagoge muß. Sie nimmt Anstoß an der Lebensart. Nichts im Haus läßt etwas von dem modernen Lebenszuschnitt des Berliner jüdischen Bürgertums erkennen. Weibliche Familienmitglieder sehen auffallend «böhmisch» aus; ihr Benehmen wirkt unfrei und gezwungen. Eine Anverwandte versteckt ihr Haar unter einer Bänderhaube «so flandusisch, groß und klatschik», wie man es in Berlin vergeblich suchen, wohl aber «in der Böhmen Gasse» anderer Städte finden würde. Zwar läßt der Kopfschmuck schon ein Teil des Haares frei, aber welche junge Frau in Rahels Umgebung hält sich denn überhaupt noch an dies altmodische jüdische Gebot, die Haare zu verbergen!

Und dann die Unterbringung! Zusammen mit der Mutter sieht sich Rahel eingesperrt in ein zum Hof hinaus gelegenes einfenstriges Kabuff, in das jedes Wort im Hause dringt, und aus dem darunter liegenden Stall hört sie das Equipagenpferd so stampfen und rumoren, als wolle es das Haus einreißen. Flöhe, ja, die gibt's zuhauf, ein Piano forte fehlt im Haus.

Rührend sind die Gastgeber besorgt, es ihren Gästen recht zu machen. Sie sind bereit, für Rahel ein geräumiges Zimmer nach vorne heraus zu räumen. Sie bemühen sich, obgleich vergeblich, ein Klavier zu leihen, weil der Cousine so viel daran liegt. Die «Tante» kündigt an, mit ihren Gästen in die Berge fahren zu wollen. Der «Onkel» verspricht die Teilnahme an einem traditionellen jüdischen Hochzeitsfest.

Die Fürsorge der Breslauer Verwandten steht im krassen Gegensatz zum Hochmut Rahel Levins. Bald nach ihrer Ankunft sucht sie sich einen ruhigen Platz im Haus, um ihren Brüdern und jüdischen Freundinnen nach Berlin zu schreiben. Und was sie denen zu berichten weiß, das klingt so, als habe es sie aus einer Berliner Opernloge in einen orientalischen Basar verschlagen. Um zu verhindern, daß ihr Brief irgend jemand von den Meyers in die Hände fällt, behält sie ihn so lange in der Tasche, bis Feu, der aus Berlin mit angereiste Diener, ihn direkt zur Post besorgen kann. Doppelt vorsichtig hat sie die Schilderung der «Gräßlichkeiten» auf französisch abgefaßt, das verstehen die Verwandten nicht. «Gräßlichkeiten»? Ja, die «millonarden Böhmen» ringsumher.

Zu Beginn der neunziger Jahre des 18. Jahrhunderts lebten in Breslau etwa 25 000 Juden. Es waren zumeist bettelarme Händler, die nach der ersten und der zweiten Teilung Polens aus den von Preußen neuerworbenen polnischen Provinzen in die Stadt gekommen waren und zum Teil von dort aus weiter westwärts ziehen wollten. Sie stammten aus dem

Zentrum des osteuropäischen Judentums, dem einstigen polnisch-litauischen Staat, und hielten starr an den Geboten des Talmud, an uralten jüdischen Lebensformen fest. Die Männer trugen lange Schläfenlocken, Peies, Bärte und Kaftane, die Frauen den «Scheitl», eine Perücke oder Haube, die den geschorenen Kopf bedeckt. Ähnlich wie in Berlin gab es auch in Breslau nicht mehr einen abgegrenzten, ausschließlich Juden zugewiesenen Wohnbezirk, der am Abend mit einem festen Tor verschlossen wurde. Doch war es unter Juden üblich, sich zusammen in bestimmten Vierteln anzusiedeln, in der Nähe der Synagoge, zu der man sich am «Schabbes», am wöchentlichen Feiertag, nur zu Fuß bewegen durfte.

In einem solchen Viertel steht des Onkels Haus. Rahel schaut auf die belebte Gasse, ermüdet, gelangweilt, traurig und erschreckt von dem «Geschrey» handeltreibender oder einfach unterm Fenster promenierender armer «Böhmen».

Am nächsten Morgen, es ist noch sehr früh, wacht sie auf von einem ohrenbetäubenden Lärm im Hof. Das Gegacker unzähliger Hühner, Gänse und sonstiger Geflügelscharen wird noch übertönt von lauten Reden. Zanken sich da «Böhmen», raufen sich da Polen? Ich «steh auf guke, und höre nur zu deutlich daß es ein memoirial in Ihm ist, daß die Böhmen alle Morgen in Mistischer Sprache die sie Heilige nenen ihm bis in sein Wolkenpalais hinein schreien ... ich konnte jedes heilige Worth hören, und nachsagen indem ich's hörte, mama wuste auch genau was sie sagten, jede Pause dachte ich sey Rettung aber vergeblich mit verdoppelten Geschrey hatten sie's nur auf meine gehör Nerffen angelegt und hätten sie auch ... zersprengt wär ich nicht entflohen ...»

Was Rahel als Gezank und als Geschrei an die Ohren dringt, ist ein Gebet. Was ihr als etwas zunächst Unbegreifliches erscheint, ist jüdischer Gebetsalltag, ein Ritual, das sich jeden Morgen in der gleichen Form und Sprache wiederholt.

Die Betenden, die IHM, hoch oben in den Wolken thronend, in Hebräisch huldigen, erscheinen ihr wie Exoten, Wilde, Narren, deren Geschrei sich mit Gänsen, Hühnern, Enten messen kann.

Was um alles in der Welt verbindet die großstädtisch, arrogante Mademoiselle Levin mit diesen «Böhmen»? Für sie sind es ungebildete, unaufgeklärte, zurückgebliebene und gewiß auch deshalb arme Leute, fernab der Zivilisation und der Kultur. Sie hingegen liest Plutarch, interessiert sich für höhere Mathematik, lernt Englisch, Italienisch, nimmt Klavier- und Geigenunterricht und denkt daran, auch Kompositionslehre zu treiben.

Für die «Böhmen» wiederum heißt das, gegen göttliches Gebot zu verstoßen: Das Weib sei auf die Welt gekommen, um Gott und dem angetrauten Mann zu dienen, als Mutter möglichst vieler Kinder und als gute Hausfrau, deren Lebensinhalt darin liegt, die Speisegesetze samt allen anderen religiösen Ritualen einzuhalten und die Sabbatkerzen anzuzünden. Dafür genügt es, wenn das Weib ein wenig Jiddisch oder Hebräisch lesen kann. Alles Weitere ist von Übel.

Rahel spendet der Glaube dieser «Böhmen» weder Trost noch Kraft und schon gar nicht jenes Überlegenheitsgefühl gegenüber Christen, wie es die Angehörigen des auserwählten Volks im Hof empfinden. Sie ist der Glaubenswelt entfremdet, weiß nicht einmal mehr, an welchem Tag Purim, das Freudenfest, gefeiert wird, kennt entweder die jüdischen Vorschriften und Gesetze nicht oder macht sich nichts daraus, sie zu umgehen. Sie schwingt sich gar am hellichten Sabbat zu Hause, in Berlin, in eine Kutsche, saust mit einer Opernsängerin die Linden runter, fest entschlossen, jedem, der sie darob schelten wollte, frivol abzustreiten, daß er der den Sabbat entweihenden Rahel Levin begegnet sei.

Jahwe, den Gott der Juden, soll sie preisen? Sie betet andere

Götter an: Rousseau, Shakespeare, Hume und Goethe. IHN trennt ein Abgrund von den Menschen; ihre höchsten Wesen sind vertraut und nah.

Obgleich sie es verdrängt haben mag, sie weiß, daß sie von Juden wie jenen auf dem Hof ob ihrer Ignoranz tief verachtet wird. Für die ist sie eine Abtrünnige, ein verworfenes Geschöpf. Aber auch Rahel verachtet diese Menschen. Flöhe und Geschrei, Gestank, Schmutz und Federvieh, das sind die Vokabeln, die in ihrem Breslauer Bericht in Verbindung mit den «Böhmen» stehen. Rahel Levin besteht darauf, mit ihnen nichts gemein zu haben.

Dieser Fürst sei der liebenswürdigste Mensch Europas, hat Voltaire gesagt. Wer ihm begegnet, kann kaum umhin, das Leben rosenrot zu sehen. Wie seine Lieblingsfarbe sind auch die Livreen seiner Diener, Kissen, Kutschen, das Briefpapier und das Gemüt des Fürsten rosenrot. Charles de Ligne, als gewandter Diplomat und Politiker bekannt in Petersburg, Potsdam und Paris, steckt an mit seiner Lebensfreude. Er genießt geistreiche Gespräche und erlesene Soupers. Er weiß zu unterhalten mit Charme und Originalität, durch den Wechsel von Leichtigkeit und Tiefe und seinen Umgang mit der Sprache; spielerisch entlockt er ihr die witzigsten Bonmots. Bis ins hohe Alter liebt er Frauen – die Leute zerreißen sich die Mäuler über seine leichtsinnigen Affären; liebt er die Verschwendung. Am Ende stirbt er mittellos, jedoch in einem rosenroten Haus.

Den Sommer verbringt der Fürst de Ligne zumeist in Teplitz bei seiner Tochter und dem Schwiegersohn. Hier lernt ihn Rahel 1795 kennen.

Seit frühester Jugend ist sie schwer rheumatisch. Luft- und Wetterwechsel, Wind und Kälte in Berlin lösen die heftigsten Beschwerden aus. Jahr für Jahr muß sie im Sommer kuren,

Bäder nehmen, in warmen, windgeschützten Tälern Linderung suchen. Und diese kleine Stadt am Fuß des Erzgebirges gilt am Ende des 18. Jahrhunderts als der älteste und zugleich modernste Badeort in Böhmen.

Hier trifft sich, wer «dazugehört» oder dazugehören möchte. Hier werden Gesundheit und Prestige gepflegt: von Gicht geplagten Gräfinnen und ausgedienten Generälen, von leichtlebigen Domherren, Schauspielerinnen und einem in türkischer Pracht daherstolzierenden kerngesunden Prinzen aus der Wallachei.

Wer es sich leisten kann, reist an mit eigener Dienerschaft, Herrschaften von Rang und Namen werden mit Trommel- und Trompetenschall von der Turmgalerie der Stadtkirche begrüßt. Während Freienwalde, dort hatte Rahel im vorangegangenen Jahr gekurt, ein märkisches Bad geblieben ist, mit märkischen Besuchern hauptsächlich aus Berlin, ein Ort, wo noch die «vaterländische Semmel» und der Morgenkaffee die Genügsamkeit märkischen Wesens bezeugen – Fontane wird das in seinen «Wanderungen» beschreiben –, hat Teplitz etwas Kosmopolitisches; die Kur gleicht einem gesellschaftlichen Ereignis von internationalem Rang.

Rahel fühlt sich wohl. Sie befindet sich im schönen Böhmen, doch fernab der «Böhmen», als Mademoiselle Robert, wie sie neuerdings genannt werden will, weil das nicht «böhmisch» klingt. Ihre Reisegefährtin ist die auffallend elegante, schöne und berühmte Friederike Unzelmann, Schauspielerin am Königlichen Nationaltheater in Berlin. So dauert es nicht lange, und die beiden Damen tummeln sich inmitten der Teplitzer Kuraristokratie.

Natürlich gibt es Hochwohlgeborene, die mit Schauspielerinnen und mit Jüdinnen schon gar nichts zu tun haben wollen; sie halten auf Distanz. Andere erlauben sich für ein paar Sommerwochen das Vergnügen, die anstrengende Hofetikette abzulegen und sich außerhalb der strengen Standesordnung mit amüsanten Leuten zu umgeben. Sie treffen sich im gastfreundlichen Schloß des Fürsten von Clary-Aldringen, des Teplitzer Grund- und Majoratsherren, der durch den Besitz der Quellen und Badehäuser reich geworden ist. Rahel, hier eingeladen, befreundet sich besonders mit Clarys Schwiegervater, Charles de Ligne, und mit einer Gräfin Pachta, die sie als eine «der liebenswürdigsten Kreaturen» beschreibt, «blond, blauäugig, mit Physionomie, Wuchs, Grazie» und dem «größten weiblichen Karakter, den ich je gekannt».

Die Damen verbringen ihre Tage mit zwei Herren, die Rahel schon von zu Hause kennt. Den einen, Rittmeister von Gualtieri, einen «militärischen Bohemien», nennt ihn Golo Mann, schätzt Rahel ob seines Freimuts und verzeiht ihm dafür seine Eitelkeit. Dem anderen, Wilhelm von Burgsdorff, rechnet sie sein sicheres künstlerisches Urteil an. Allerdings, nach den Maßstäben eines ehrbaren, fleißigen und pflichtbewußten Bürgers ist dieser Herr ein Müßiggänger. Sich anzustrengen für irgendeinen Zweck – wozu? Energisch auf ein selbstgesetztes Ziel losgehen – warum? Fähigkeiten durch Leistungen zu beweisen – was soll das? Burgsdorff liebt das Ungebundene, zwecklos Schöne. Er ist kein schöpferischer Mensch, aber Rahel mag ihn gern.

Der Vormittag vergeht mit Frühstücken, Brunnentrinken, Badbesuch. Die Damen erscheinen noch unfrisiert, mit einem Häubchen oder Strohhut über den Haaren, und erst danach beginnt das eigentliche Vergnügen. Die Damen wählen ihre Toiletten für den Tag, um sorgfältig geschmückt auf den schattigen Wegen des im englischen Stil angelegten Schloßparks zu spazieren, um zu sehen und gesehen zu werden, Verabredungen zu treffen. Zwei-, dreimal in der Woche finden abends Bälle statt. Und im Schloßtheater gastieren

Prager oder Dresdner Schauspielgruppen, denen allerdings verboten ist, dem sorgenfreien Kurleben abträgliche Tragödien oder sonst etwas Ernsthaftes zu spielen. Nur Heiteres ist erlaubt.

Nachmittags werden häufig Kutschfahrten unternommen zu beliebten Ausflugszielen, alten Burgen und dem idyllisch gelegenen Wallfahrtsort Mariaschein. Ein weiterer von Rahels neuen Bekannten, Graf Waldstein, ein Nachkomme des Feldherrn Wallenstein, lädt zu Teenachmittagen auf sein Barockschloß Dux, unweit von Teplitz, ein. Dort lebt, seine Memoiren schreibend, ein alter, dem Tode naher Venezianer, der es liebt, Chevalier des Seingalt genannt zu werden, denn er hat sich selbst geadelt. Doch eigentlich heißt er Casanova. Ob Rahel, im August 1795 zum Ball bei Waldstein eingeladen, diesem einstigen Abenteurer, Hochstapler und Frauenjäger wohl begegnet ist?

Im zwanzigsten Jahrhundert hat so manches Dorf, so mancher üppige Park und Garten um Dux und Teplitz Eisen- und Glashütten, Kraftwerken und Braunkohlegruben weichen müssen, die das Wasser und die Luft verschmutzen und Wälder, besonders auf dem Kamm des Erzgebirges, zu dürren Flächen werden ließen, aus denen graue Stümpfe ragen.

Vor zweihundert Jahren hingegen spazierte Rahel mit ihren Freunden und Bekannten die eichenbewachsenen Anhöhen des Schloßbergs hinauf und genoß den herrlichen Ausblick übers weite Land. Die ganze Gegend wirke, «als hätten die Engel im Sande gespielt», schwärmt 1801 der junge Dichter Kleist.

Rahel gefällt das Leben im Umgang mit diesen selbstgewählten Anverwandten aus der Adelswelt. Sie besitzen eine Lebensart, die Mademoiselle Roberts Vorstellungen von Form und Stil entspricht. Sie genießt die Höflichkeit, das kultiviert Artige, die Mischung aus Ungezwungenheit und

Würde. Doch ist sie hellsichtig genug, um die Routine hinter der zur Schau gestellten Leichtigkeit zu sehen. Gleichwohl: mag das alles anerzogen sein, Rahel überzeugt die Gabe, sich ein Air zu geben.

Ihre Briefe offenbaren, wieviel ihr der Umgang mit Adligen bedeutet hat. Zuweilen wirkt ihr Stolz auf immer neue hochherrschaftliche Freunde und Bekannte geradezu lächerlich. Und was sie alles unternimmt, um solchen Leuten zu gefallen, provoziert den Bürgerstolz noch heute. Gewiß ist Rahel neugierig auf Menschen und auf eine Welt, zu der sie von Geburt aus nicht gehört und die sie durchschauen und sich erobern möchte. Und da sie als Jüdin wie als Intellektuelle zu den unfreiwilligen Außenseitern der Gesellschaft zählt, braucht sie für ihr Selbstbewußtsein nachdrückliche Bestätigung. Anerkennung durch Anerkannte kann hilfreich sein.

Rahel will gefallen, und sie gefällt, denn sie ist umgänglich und teilnahmsvoll. «Wir mögen seyn wie wir wollen», schreibt sie später einmal einer Freundin, «wir haben das bedürfniß liebenswürdig zu seyn... Was in der Welt ist aber liebenswürdiger – – – u glüklicher – – – als eine aufgeschlossene Seele, für alles was Menschen betreffen kann!» Dieser Grundzug ihres Wesens nimmt überall und immer wieder Menschen für sie ein.

Zugleich bezaubert sie die Damen und Herren in Teplitz durch wunderhübsche Einfälle und funkelnden Esprit. Ein tiefsinniges Gespräch soll binnen kurzem in ein Spiel verwandelt werden? Wohlan, Fürst Charles de Ligne, ich, die Robert, nehme es an Schlagfertigkeit und Laune gern mit Ihnen auf! Gräfin Pachta, Sie wirken teilnahmslos und müde? Ich, die Robert, will allein für Sie ein Feuerwerk aus Witz und Geistesblitzen abbrennen lassen!

So geschieht es, und die Gräfin fühlt sich «von den Geistesblicken und Herzenswallungen Rahels» in «ungewohnter Weise angeregt und erhellt, geehrt und beglückt in einem Umgange, wie sie ihn bisher noch nie gekannt hatte» (K. A. Varnhagen).

Im freien Umgang miteinander, während der entspannten, vertraulichen Gespräche werden auch Meinungen geäußert, die in dieser Zeit als sehr gefährlich gelten. Aber schließlich wird gespielt, und die Kurgesellschaft kann sich leisten, was anderen verboten ist.

Dabei zeigt sich, daß die Französische Revolution im Adel nicht nur Abwehr und Abscheu hervorgerufen hat. Während die bürgerliche Rahel sich darauf beschränkt, von dem liberalen Mirabeau zu schwärmen, schlagen ihre Adelsfreunde Gualtieri und die Pachta radikale Töne an. Gewiß, auch sie sind froh, daß die jakobinische Schreckensherrschaft im Jahr zuvor mit der Hinrichtung Robespierres beendet worden ist. Aber der Rittmeister Gualtieri, Nachfahre hoher katholischer Würdenträger und überzeugter Protestant, freut sich noch immer, daß die Franzosen dem Klerus seine Pfründe nahmen. Noch eifriger spricht sich die Gräfin «für die Sache der Aufklärung und des freien Denkens» und gegen das «Pfaffenwesen» aus.

Rahel verbindet mit diesen auf den ersten Blick so gar nicht adelsstolzen Freunden eine im aufgeklärten Adel demonstrativ zur Schau gestellte Vorurteilslosigkeit. Ein eindrucksvolles Beispiel dafür liefert Fürst de Ligne in seiner um diese Zeit verfaßten Betrachtung über die Juden, in der er die Vorurteile gegen sie, die Vorstellungen von ihrem angeblich minderwertigen Charakter auf jahrhundertelange Verfolgung durch die Christen und das so erzwungene menschenunwürdige Leben vieler Juden zurückführt.

Doch zeigt sich bald, daß die Vorurteilslosigkeit sowohl bei Rahel als auch bei ihren Adelsfreunden Grenzen hat, die in ihrem antibürgerlichen Ressentiment gründen. Bewußt nicht bürgerlich zu sein, darauf wird beiderseits viel Wert gelegt. Die weltläufigen Teplitzer mokieren sich über die altväterliche Ehrbarkeit nicht sonderlich gebildeter Kleinbürger und Bürger, die ihren Sitten und ihrem geselligen Verkehr etwas Beengtes, Steifes, Hausbackenes und Spießbürgerliches gibt. Zudem wollen diese bürgerlichen Philister auch noch bestimmen, was «man» tut und nicht tun darf. In Kreisen wie diesem, in dem Liebesaffären und Verhältnisse als keineswegs anstößiger Teil des Lebens gelten, wirkt so ein biederbürgerlicher Anspruch verschroben und lächerlich.

Auch Rahel meinte, Charakter, Souveränität und Persönlichkeit viel eher in bestimmten Adelskreisen als im Bürgertum zu finden. Ihre adligen Freunde wollten keine Bürger sein, sie hingegen hatte aufgrund ihrer jüdischen Herkunft und ihrer unkonventionellen Anschauungen Schwierigkeiten, eine Bürgerin zu werden; Nichtbürgerlichkeit erwies sich als ein Bindeglied.

Es ist unbekannt, was Rahels Freunde über ihre Herkunft wußten. Gewiß waren sowohl Gualtieri wie auch Burgsdorff darüber unterrichtet, daß sie die Tochter des verstorbenen Bankiers Levin Markus war, der zu den etwa ein Dutzend Juden in Berlin gehörte, denen Friedrich II. das sie halbwegs mit anderen Bürgern gleichstellende Generalprivilegium verliehen hatte. Und vielleicht war den Herren auch nicht fremd, daß diesem Gunstbeweis unzulässige Machenschaften vorausgegangen waren. Als Kommissair von Veitel Ephraim, dem erfahrensten Münzunternehmer seiner Zeit, war Rahels Vater an einem umfassenden Betrugsgeschäft beteiligt gewesen, das darin bestand, Geldstücke mit reduziertem Silber- und Goldgehalt zu prägen und zu vertreiben.

Diese vom König ausdrücklich gewollte Manipulation trug dazu bei, daß Preußen den Siebenjährigen Krieg gewann. Das mag Nichtpreußen keineswegs beeindruckt haben. Aber begriffen Aristokraten, daß ein Jude ausschließlich auf dem Wege königlich sanktionierter Kriminalität für seine Familie und sich Bürgerrechte erlangen und zu dem Vorzug kommen konnte, auf Ämtern nicht mehr als jüdischer Geldwechsler tituliert zu werden? Außerdem bezahlte Levin Markus für sein Generalprivilegium auch noch tausend Gulden in altem Gold.

Auch war Bereicherung im Krieg keineswegs auf Juden beschränkt. Adlige hatten nicht selten teil daran. In den Befreiungskriegen ließ sich beispielsweise der General und Freiherr Friedrich Karl von Tettenborn ganz persönlich von Hamburgs Bürgern eine viertel Million Mark auszahlen, um sie von Napoleon zu befreien. Und als Levin Markus bei der Einziehung von Kontributionsgeldern in preußisch besetzten Gebieten hohe douceurs (Aufgelder) für sich herauszuschlagen wußte, beteiligte er wie selbstverständlich hohe Offiziere sowie den Königlichen Adjutanten, einen Grafen, die sich wie selbstverständlich auch beteiligen ließen. Wenn es um die Herkunft Rahels und ihrer Freunde ging, so waren Moral und Unmoral summa summarum ziemlich gleich verteilt.

Und dennoch! Bei allem, was verbindet; Teplitz – das waren ein paar Sommerwochen des Vergessens. Rahel mag es sich nicht eingestehen, daß sie auch unter den ihr wohlgesonnenen Aristokraten eine Fremde bleibt. Es trennen Herkommen und Erfahrungen, gespeichert im Gedächtnis mehrerer Generationen.

Charles de Ligne, Grande von Spanien, Pair von Flandern, Namur und Artois, hat zu seinem Urgroßvater den Vizekönig von Sizilien. Rahels Vorfahr war ein weithin unbekannter Halberstädter Jude. Charles de Lignes Großvater, Repräsentant eines der alteingesessenen und bedeutenden Adelsgeschlechter in den Niederlanden, gebot über ein unermeßliches Vermögen. Rahel hingegen ist die Enkeltochter eines Mannes, der in Berlin mit Nesseltuch und alten Kleidern handelte. Zwar brachte er es später zum Juwelenhändler, aber nicht aus Liebe zu den Glitzerdingern, sondern weil rechtlose Randfiguren, schutzlos Geduldete und oft Gejagte, zu denen Mordechai Cohen gehörte, darauf angewiesen waren, beweglich zu sein, um mit allem, was ihnen gehörte, schnell zu fliehen. Er trug sein Hab und Gut im Beutel um den Leib geschlungen; der Vizekönig trug Juwelen in der Krone auf dem Haupt.

Rahel und ihre Freunde kommen aus verschiedenen Welten, und nun, da ihre Kur beendet ist, kehrt jeder in die seinige zurück: Rahel in die Berliner Wohnung, die Herrschaften auf ihre Stammsitze und Güter. Burgsdorff, der märkische Edelmann, wird demnächst am sächsischen Hof mit langen Spitzenmanschetten und schwarzbezogenem Degen erscheinen. Der Gedanke, ihn könnte seine Freundin Rahel begleiten, ist absurd. Wenn der hohe Adel beim Herzog von Weimar speist, darf nicht einmal Goethe an der Tafel sitzen, bestenfalls können Bürger von der Galerie aus zuschauen. Das ist Adelsalltag abseits der böhmischen Bäder. Keiner ihrer adligen Freunde kommt je auf den Gedanken, «die Kleine», wie sie mancher zärtlich nennt, in sein Palais zu bitten oder auf sein Schloß zu laden.

Ein Aristokrat zu sein gestattet absonderliche Launen, Schnurren und auch ein Aus-der-Rolle-Fallen. Der *freiwillige* Außenseiter kann jederzeit zurückkehren in seine angestammte Welt; ein verrückter Graf bleibt immer noch ein Graf. Rahel Levin bleibt Jüdin, die *geborene* Außenseiterin. «Ich bin eine Falschgeborene, und sollte eine Hochgeborene sein», wird sie später schreiben.

Als Rahel im September 1795 von der Teplitzer Badekur nach Berlin zurückkehrt, erwarten sie dort die Mutter mit ihrer jüngeren Tochter Rose, Bruder Markus und Moritz, Levins Jüngster, ein eigenwilliger, aufgeweckter Junge, der noch zur Schule geht. Der Vater ist seit fünf Jahren tot.

Das Haus in der Jägerstraße 54, das die Familie erst vor zwei Jahren bezogen hat, liegt nur ein paar Schritte vom Gendarmenmarkt entfernt, mit den eindrucksvollen Kuppeln des Französischen und Deutschen Doms sowie dem Schauspielhaus einer der schönsten Plätze in Berlin und zugleich Mittelpunkt der vornehmen Friedrichstadt. Nur wenige Minuten Fußweg, und man sieht vor sich die berühmten Linden und wendet sich von dort – beiderseits die Königliche Bibliothek, das Zeughaus und die Oper – zur Spree, zum Lustgarten und dem im altfranzösischen Stil, ähnlich wie die Tuilerien, erbauten königlichen Schloß.

So nah den «heiligen Stätten» Preußens, im Herzen von Berlin, zu wohnen, können sich nur wenige Berliner leisten. Rahel berichtet einem Freund, in den ansehnlichen, drei, vier Stockwerke hohen Häusern in der Jägerstraße wohne «niemand, der unter zweitausend Taler (jährlich) zu verzehren hätte». Manch einer träumt sein Leben lang vergebens, wenigstens vierhundert Taler, ungefähr das Jahresgehalt eines Pastors, zu verdienen.

Rahel führt in ihrem Zuhause das materiell sorgenlose Leben eines Mitglieds der jüdischen Oberschicht. Die Levins gehören zu jenen zwei Prozent Berlinern, die in einigem Wohlstand leben, weit über dem Lebensstandard vieler Bürgerfamilien, wie Lehrer, Büchsenmacher und Beamte. Ausgeschlossen davon sind erst recht fast alle anderen Juden, Bettler, Händler und Hausierer, deren Nachfahren erst im Lauf des 19. Jahrhunderts der Aufstieg in das Bürgertum gelingen wird.

Was wäre wohl aus Rahel als Kind des Abraham Lax geworden? Dessen Tochter macht per Annonce dem geehrten Berliner Publikum bekannt, «daß sie Kanten repariert und selbige sauber zusammensetzt», auch in Tischzeug «Muster hereinstoppet», und verspricht für alle diese Tätigkeiten «billiges Akkomodment».

Andere Frauen in Rahels Alter arbeiten täglich zehn bis vierzehn Stunden, zum Beispiel als Marktträgerinnen oder Manufakturarbeiterinnen, und verdienen etwa einen Taler wöchentlich. Ihre Mütter haben sich als Abortreinigerinnen verpflichtet und kippen abends für ein paar Groschen die tagsüber angesammelten Fäkalien in großen Kübeln in die Spree. Rahel Levin ist im Vergleich zu der Mehrzahl aller Juden, vieler Bürger und der armen Frauen dreifach privilegiert.

Doch daran ist sie gewöhnt. Neu ist die Familienkonstellation. Bei den Levins haben sich im Lauf der letzten Jahre Veränderungen vollzogen; die älteste Tochter nimmt einen anderen Platz als früher ein.

Früher, zu Lebzeiten des Vaters, hatte zunächst eine furchterregende Gleichheit unter den Levins geherrscht. Alle waren Opfer seiner Tyrannei gewesen. «Eine gepeinigtere Jugend... erlebt man nicht, kränker war man nicht, dem Wahnwitz näher auch nicht.» Levin Markus, von seiner Ältesten als heftig und launenhaft, genialisch und fast toll beschrieben, schüchtert die Familie durch seine Unberechenbarkeit vollständig ein. Sein Hohn und Spott pfeift über die Kinderköpfe, als spiele einer mit der Peitsche über ihren vor Angst gesträubten Haaren. Dienstboten hat er wie Pudel abgerichtet. Tagsüber noch jovial, in bester Laune, wütet er am Abend plötzlich, prustet, stampft, wirft Gegenstände, verhängt unsinnige Verbote, wirft die Türen, brüllt durchs Haus: «Angeschrien, überschrien, beseitigt, unberücksichtigt, die ganze lange Jugend durch.»

Auflehnung oder auch nur Widerspruch verbietet die Religion. Zu ihren obersten Geboten zählt, dem Vater Gehorsam und Respekt zu zollen. Vaters Stuhl und Vaters Schuhe, Vaters Blick und seine Befehle – uneingeschränkt ist Vätermacht, mögen diese Familientyrannen auch gewalttätig, tumb und manchmal nicht bei Sinnen sein.

Fünfundzwanzig Jahre nach seinem Tod schreibt Rahel die Anklage gegen ihren Vater nieder. Sie gipfelt in dem Vorwurf, er habe ihr das Herz gebrochen, das Talent zur Tat zerstört.

Gelassener sieht es Charles de Ligne. Sich seiner Jugendzeit erinnernd, bemerkt der Fürst lakonisch: «Es war eben damals nicht üblich, ein guter Vater oder Ehegatte zu sein.» Und fügt hinzu, daß seine Mutter ihren Mann sehr gefürchtet habe. Das verbindet die Fürstenmutter mit Madame Levin.

Sie war Levins dritte Frau, und er ging auf die Fünfzig, als sie heirateten. Seine ersten beiden Ehen waren kinderlos geblieben, daraus hatte er die Konsequenz gezogen: Unfruchtbarkeit wurde ausschließlich den Frauen zugeschrieben und galt als *der* Scheidungsgrund. Wichtiger als die Mitgift muß bei der Vermittlung der dritten Ehe die Gebärfähigkeit der Ausersehenen gewesen sein, denn von einer guten jüdischen Ehefrau wurde möglichst jedes Jahr ein Kind erwartet, und Levin Markus hatte nachzuholen. Chaie hat in zwanzig Ehejahren mit dem sehr viel älteren Mann zwei Töchter und drei Söhne auf die Welt gebracht. Mehrmals erlitt sie Fehlgeburten.

Einfach und sehr geduldig soll sie gewesen sein. Vom ersten Tag an hat sie sich Levins Herrschaft unterworfen, bemüht, eine gehorsame Gefährtin ihres Ehemanns zu sein. Stärker als Rahels Vater, der sich im Berufsleben, in England, Holland und am Brüsseler Hof des Prinzen Karl von Lothringen, Weltläufigkeit erworben hatte, fühlte sie sich der Tradition verpflichtet, sprach meist Judendeutsch und schrieb noch mit hebräischen Lettern. Ihre Briefe an die junge Rahel sind durchsetzt mit Gebetsformeln und jüdischen Floskeln, sie schließen mit üblichen Grußlitaneien: «An meine Tochter M'Rachel, d(ie leben soll!) Ich grüße Dich mit Deinen Geschwisterung, s(ollt leben!) Madame Vögelche, Frad'che, Madame Adel, Hendelche zu grüßen, den Herrn Hofrat Herz... zu grüßen.»

Häufig begleitete sie ihren Mann und später auch die Söhne auf Geschäftsreisen, hauptsächlich zur Leipziger Messe. Burgsdorff, der sie dort erlebte, schildert, wie Chaie Levin, «Tausende von Ducaten im Munde» führend, «mitten im Handel» stand.

Eine gute Geschäftsfrau wird Madame Levin gewesen sein, eine gute Mutter war sie jedenfalls für Rahel nicht. Hauptsächlich auf den Mann bezogen, vielleicht auch durch das schwere Leben mit Levin, durch die Kinder und den großen Haushalt überfordert, mangelte es Chaie an Fürsorglichkeit und Wärme. Bis zum Tod des Vaters im Jahre 1790, damals war Rahel neunzehn Jahre alt, hatte ihr die Mutter nur ein einziges Geschenk gemacht: einen kleinen Ring von Perlen und Smaragden für einen halben Louisdor. Wurde eines der Geschwister krank, pflegten sie Bedienstete und eine Freundin der Levins; der Mutter fehlte dazu das Talent.

Früh erfahren die Levinschen Kinder, daß sie von dieser verängstigten Mutter nicht den geringsten Schutz erhoffen können. Noch bevor des Vaters Zorn ausbricht, mahnt sie zur Ergebenheit, bleibt stumm und hilflos, wenn den Kindern Unrecht widerfährt. Chaie Levin kann nicht schützen, sie braucht selber Schutz. Die sechzehnjährige Rahel schreibt an ihren um ein Jahr jüngeren Bruder Markus und beschwört ihn, alles zu unterlassen, was des Vaters Zorn erregen könnte. Betroffen wären die Geschwister, Hauptleidtragende die Mutter. «Unsre Mutter ist schwach, sie hat viel gelitten, muß noch viel leiden, stürbe sie uns, so wäre dem Verstand nach gewiß der Tod auch für uns das Beste, ich wenigstens würde ihn wählen.»

Trotz aller Gleichheit vor der väterlichen Tyrannei – Rahel wird bald eine Sonderstellung zugewiesen. Sie ist Levins Lieblingskind. Stolz blickt er im Kreis, wenn seine vorwitzige Kleine mit ihrer Zungenfertigkeit vornehme Gäste amüsiert. Er öffnet sein Haus Menschen freier Denkungsart, Künstlern und Adligen, die seinen Kredit und seine Unterhaltung schätzen, und er bricht mit Traditionen und religiösen Bräuchen, die das jüdische Haus dem Andersgläubigen verschließen und seine Bewohner von der übrigen Gesellschaft isolieren. Nicht nur ihren ungewöhnlichen Verstand, Scharfsinn und ihr blitzschnelles Begreifen, auch ihre Aufgeschlossenheit für die nichtjüdische Welt, ihren Emanzipationswillen verdankt Rahel Levin zu einem Gutteil ihrem Vater. Überall im jüdischen Bürgertum um 1800 öffnen die aufgeklärten Väter, nicht die Mütter, den Weg ins nichtjüdische Kultur- und Geistesleben.

Doch ahnt dieser Vater nichts von Rahels Empfindlichkeit, weiß nichts von ihrem Bedürfnis nach Zärtlichkeit und von den ihr zugefügten Wunden. Levin Markus sieht immer nur das helle, wache Kind und meint, es eigne sich zu einem familiären Paradestück.

Die Eltern haben ihrer Ältesten früh die Mitverantwortung für die jüngeren Geschwister übertragen. Das entspricht der jüdischen Familientradition. Wenn sie auf Reisen gehen, übergeben sie dem Kind die Haushaltsführung. Der Vater trägt Rahel von unterwegs sogar geschäftliche Erledigungen auf. Und als er 1790 stirbt, wird das neunzehnjährige Mädchen für kurze Zeit zum eigentlichen Familienmittelpunkt, es nimmt der überforderten, hilflosen Mutter die Erziehung der viel jüngeren Geschwister ab. Sich jener Zeit erinnernd, schreibt sie später der Familie: «...kennt ihr mich nur für mich bewegt, besorgt und thätig? Wem von euch sein Interesse geht mir nicht durch und durch in's Herz? ...Pflegt ich euch nicht Alle seit meinem *neunten* Jahr! ...Ruhe ich ehr, eh ihr Intellektuelles, Angenehmes, Geselliges, alles habt, was ich nur erreichen konnte, hab ich je ich, nicht immer *wir* gesagt?»

Rahel beglückt es, wenn sie spürt, wie dankbar die Geschwister ihr Verständnis, die Fürsorge und Liebe annehmen, die die Eltern ihnen nicht geben konnten. Der achtzehnjährige Liepmann (als Schriftsteller wird er sich Ludwig Robert nennen) schreibt an Rahel, ihm kämen alle Leute unglücklich vor, die nicht eine solche Freundin, eine solche Schwester hätten. Nur von ihr fühle er sich gebildet und geliebt. Auch Moritz, der Jüngste, liebt seine Rahel sehr, und sie verfolgt beglückt, wie er sich zu einem «ganz originalen, komischen und doch tiefen Menschen» entwickelt.

Im Lauf der neunziger Jahre verliert Rahel jedoch ihre herausgehobene Stelle im Familienkreis. Nach dem Tod des Vaters drängt die Mutter, daß die Rolle des Familienoberhaupts auf Markus, den ältesten der Söhne, übergeht. Das entspricht der Tradition, der festgefügten Hierarchie im jüdischen Familienleben, und es kommt auch Chaies Neigungen entgegen: Rahel war des Vaters, Markus ist der Mutter Lieblingskind. Um seine neue Stellung zu befestigen, heiratet Markus, gerade erst zwanzig Jahre alt geworden, Hendel, die Tochter eines wohlhabenden Bankiers. Um antijüdischen Vorurteilen zu entgehen und wie es vielfach üblich ist, legt auch er, wie schon vor ihm die Geschwister, 1812 seinen jüdischen Namen ab und nennt sich Markus Theodor Robert Tornow.

Rahel sieht sich damit erstmals einem Jüngeren unterstellt. Vor allem ihre pekuniären Spielräume hängen künftig von Markus ab, denn er übernimmt das väterliche Handels- sowie Bankgeschäft und wird damit auch zum Geschäftsfüh- rer und Verwalter des beträchtlichen Vermögens, das der Vater hinterlassen hat. Zwar gelten seine Neigungen und Interessen eher der Philosophie, auch dem Theater, und er versichert Rahel, als Kaufmann «höchst unglücklich (zu) seyn», aber deren Abhängigkeit schränkt das nicht ein.

Auch wird sich zeigen, daß sie bei Konflikten mit dem Bruder von ihrer Mutter keine Unterstützung zu erwarten hat. Chaie Levin und ihre Älteste entfremden sich, weil ihre Vorstellungen von Weiblichkeit nicht zu vereinbaren sind. Ein oberstes Gebot der Mutter heißt Genügsamkeit. «Gott wirt uns auch verner helfen, man mus nur benüngsam sein», versichert sie der Tochter. Doch eben das will die nicht, es ekelt sie geradezu, «zu warten, zu entsagen, gut zu seyn zu dulden, kurtz alles was sonst schmeichelt u nicht das Leben, das Gewünschte ist».

Gleich nach der Genügsamkeit, ja, womöglich noch da- vor, kommt für die Mutter die Beachtung alles dessen, was sich schickt. Die Tochter hingegen haßt dieses förmliche ‹Es schickt sich›, das in der Welt herumläuft und den Ton angibt, das das Unbedeutende groß und das Bedeutende klein er- scheinen läßt, das gebietet, Enttäuschung, Schmerz wie höchstes Glücksgefühl hinter Haltung zu verbergen. ‹Räson zu wahren› – es nimmt dem Menschen Menschlichstes: Spontanität, Unbefangenheit und Wahrheitsliebe.

Doch was die Schicklichkeit betrifft, so haben Rahels Ge- schwister gleichfalls ihre Vorbehalte. Das Verhalten dieser Schwester stimmt auch mit ihren Vorstellungen zuweilen nicht recht überein. Das Unverblümte, das Direkte, Rahels Freimütigkeit erschrecken sie. Ihr loses Mundwerk ist ihnen peinlich, und zugleich fürchten sie die spitze Zunge. Gefühle hochfahrend zur Schau zu stellen, fernab jener Selbstbeherrschung, die Juden wie auch Christen hoch bewerten, sein Innerstes zu entblößen, wie das Rahel manchmal tut – die Levins sind entsetzt und verhehlen es ihr nicht. Die, harmoniebedürftig, versucht, sich anzupassen, doch gelingt das immer nur für kurze Zeit. «Mein ewiges Verstellen, meine Vernünftigkeit, mein einziges Nachgeben, welches ich selbst nicht mehr merke, und meine Einsicht, verzehren mich, ich halt es nicht mehr aus; und nichts, niemand kann mir helfen», klagt sie 1795 David Veit, dem Jugendfreund.

Manchmal träumt Rahel, der Vater, dem wohl derlei Gedanken durch den Kopf gegangen sind, hätte seine kluge, wenngleich widerstrebende Lieblingstochter gezwungen, eine «Geschäftsperson» zu werden. Handel im großen Stil zu treiben, darunter stellt sie sich nun in ihrem Wachtraum etwas Wunderschönes vor, das Eigenständigkeit, Einfluß und Unabhängigkeit erlaubt. Man kann kennenlernen, wen man will, und pflegt Verbindungen in alle Himmelsrichtungen. Man wird für wichtig genommen, gilt als einflußreich und hat überall ein Wörtchen mitzureden. Eine Aufgabe, «ein Amt», ein Leben lang wird sie sich danach sehnen.

Der schöne Traum bricht sich an der Wirklichkeit. Die junge Frau, die am 19. Mai 1796 fünfundzwanzig Jahre alt wird, gilt nach dem Zeitgeschmack als abgeblühtes altes Mädchen, und sie hat allen Grund, sich unfrei und unverstanden zu fühlen. In Geschäftssachen wird sie nicht eingeweiht, weil Frauen in diesem Metier als inkompetent und unzuständig gelten. Während Söhne, volljährig geworden, aus der elterlichen Vormundschaft entlassen werden, bestimmt das Preußische Landrecht, daß das bei Töchtern erst mit der Verheiratung geschehen darf.

In der Gesellschaft stößt Rahel auf Beschränkungen und Vorbehalte, die ihr zuerst als Jüdin gelten. In der Familie lernt sie, was es im 18. Jahrhundert bedeutet, eine Frau zu sein. In einem bewegenden Brief klagt sie 1793 David Veit:

«...kann ein Frauenzimmer dafür, wenn es *auch* ein Mensch ist? ... Ein *ohnmächtiges* Wesen, dem es *für nichts* gerechnet wird, nun *so* zu Hause zu sitzen, und das Himmel und Erde, Menschen und Vieh wider sich hätte, wenn es weg wollte (und das Gedanken hat wie ein anderer Mensch), und richtig zu Haus bleiben muß, und das, wenn's *mouvements* macht, die merklich sind, Vorwürfe aller Art verschlucken muß, die man ihm mit *raison* macht; weil es wirklich nicht *raison* ist zu schüttlen; denn fallen die Gläser, die Spinnrokken, die Flore, die Nähzeuge weg, so haut alles ein.»

Die Jägerstraße 54 bleibt für Rahel Levin der in der Mitte angelegte Ort zwischen weiblicher Unterwerfung und Emanzipation, zwischen Judentum und Assimilation. Der Ort, an dem sie sich angenommen und aufgehoben wie nirgends sonst, aber zuweilen auch sehr unverstanden fühlt. Sie hängt mit «Faserliebe» an der Mutter, den Geschwistern und lebt in ihren Einfällen und Ideen doch meist weit entfernt von ihnen. Eine mit antijüdischen Vorurteilen belastete Umwelt stärkt Rahels Familiensinn und ihr Gefühl der Zusammengehörigkeit. Doch kennt sie auch die Kühle und die Fremdheit gegenüber ihren Nächsten, die jeder spürt, der seinem herkömmlichen Milieu entwächst.

Breslau, Teplitz und die Jägerstraße 54: «Sie werden nun schon wißen, daß mein herz heimath... will: und ich keine habe.»

. . . *was mein Geist mir zeigt*

Die Wonne des Denkens, Lesens und der Selbsterkenntnis

Selbst denken, selbst urteilen
ist Vorrecht des Menschen... und die
höchste Quelle seines Glücks.
Johann Gottlieb Fichte

In der zweiten Hälfte des 18. Jahrhunderts vollzogen sich Veränderungen im deutschen Bürgertum, die Pastoren und Rabbiner sehr besorgten. Die Aufklärung bewirkte, daß Bürger und auch Bürgertöchter Bildung als ein Lebensziel entdeckten. Während sich die Mütter über ihre Bibeln beugten, Erbauliches im Evangelium des Lukas oder Markus lasen oder Psalmen buchstabierten, griffen die jungen Mädchen nach den neuesten Romanen, und ihre Bibeln lagen unbenutzt irgendwo herum. Manche standen schon mit einem Buch auf, lasen, wo sie gingen und standen, um abends mit dem Buch zu Bett zu gehen. Kaum hatten sie die letzte Seite verschlungen, suchten sie heißhungrig nach dem nächsten Lesestoff.

Gewiß, dreiviertel der Bevölkerung konnte weder lesen noch schreiben; gemessen daran waren es nur wenige, die

Bücher lassen. Aber unter diesen war ein wahres Lesefieber ausgebrochen. Lesegesellschaften entstanden, allerdings meist Männern vorbehalten. Leihbüchereien richteten besondere Abteilungen für «kultivierte Damen» ein. Und innerhalb von etwa drei Jahrzehnten verdoppelte sich die Zahl der jährlichen Neuerscheinungen.

Noch entsetzter als die Pastoren waren die Rabbiner, als sie feststellen mußten, daß jüdische Mädchen besonders süchtig nach den neuen Genüssen waren, für Klopstocks Oden schwärmten und Briefromane verschlangen. Ein Schweizer namens Heinzmann traf auf lebhafte Zustimmung, als er 1795 vor den unausdenkbaren Gefahren des vielen Lesens warnte: «So lange die Welt stehet, sind keine Erscheinungen so merkwürdig gewesen als in Deutschland die *Romanleserey*, und in Frankreich die *Revolution*. Diese zwey Extreme sind ziemlich zugleich mit einander großgewachsen, und es ist nicht ganz unwahrscheinlich, daß die Romane wohl eben so viel... Menschen und Familien unglücklich gemacht haben, als die so schreckbare französische Revolution...»

Die so unverhofft mit Jakobinern verglichenen schönen Seelen blieben ungerührt. Das Lesen erweiterte ihren Gesichtskreis, befriedigte ihre Neugier und beflügelte ihre Phantasie. Die jungen Frauen wußten ja kaum, was in der Welt geschah. Das Außerordentliche, das, was ihr Gemüt ergötzte, kam mit den Dramen- und Romanfiguren des «Sturm und Drang» in ihre Stuben, mit Heinses «Ardinghello», Goethes «Werther» und Schillers unglücklicher Luise. Ein Gefühl des Ungenügens am Alltagsleben legte nahe, in eine Welt der innigen Gefühle und zerstörerischer Leidenschaft zu flüchten.

Außerdem, wer las, galt als modern, konnte auf Anerkennung unter aufgeklärten Menschen rechnen und entsprach dem neuen Bürgerideal des allseits gebildeten Menschen.

Auch deshalb begnügten sich junge Damen nicht länger damit, Wandschirme zu besticken und Geldbörsen zu häkeln, auch nicht mit dem Sprachenlernen, Klavierspielen und Zeichnen, sondern sie bemühten sich um geistige Vervollkommnung durch Lesen.

Rahel, die Heimatlose – hier war der Ort, an dem das Leben Güter, Gaben und Geschenke auch für sie bewahrte.

Schon die gerade Zwanzigjährige hat Rousseau und Lessing, Shakespeare und Dante, Diderot, Montaigne gelesen, verfolgt kritisch die literarischen Debatten ihrer Zeit und ist außerdem mit einigen Autoren persönlich gut bekannt; mit Ludwig Tieck zum Beispiel. Dieser, ein Schulfreund Burgsdorffs, schreibt gerade an seinem ersten Roman, der «Geschichte des Herrn William Lovell», als Rahel ihn kennenlernt. Er ist ein amüsanter Mann und teilt Mademoiselles Bewunderung für Goethe; aber einen besonderen Eindruck macht er nicht auf sie. In den kommenden drei Jahren, zwischen 1795 und 1798, wird er Romane, Stücke und Gedichte schreiben und zu den Gründern der deutschen Frühromantik zählen, aber Rahel wahrt gegenüber seinem Werk kritische Distanz.

Daran ändert sich auch nichts, als sie 1802 zusammen mit Freunden wie dem Prinzen Louis Ferdinand und Friedrich Gentz jeweils mittwochs und sonntags vormittag Privatvorlesungen August Wilhelm Schlegels über Literatur und Kunst besucht. Schlegel, Professor in Jena, Shakespeare-Übersetzer und Freund von Tieck, doziert in Berlin vor einer erlesenen Gesellschaft des gehobenen Bürgertums, adliger Damen und Diplomaten erstmals über die Frühromantik. Aufmerksam schreibt Rahel mit und notiert auch eigene Gedanken. Wenn es ihr allerdings langweilig wird, wenn Schlegel auf die klassische griechische Architektur zu sprechen kommt, die Mademoiselle nur wenig interessiert, tauscht sie während der Vorlesung lieber mit Gentz und mit dem Prinzen schriftlich Neuigkeiten, Klatsch und Kommentare aus.

Auf Dauer konnte A. W. Schlegel jedenfalls vor ihrem Urteil nicht bestehen. Einen verstockten Schwächling nannte sie ihn später, einen Kritiker, «der nichts von Liebe weiß».

Nicht mit einem Kritiker oder einem Poeten, sondern mit dem angehenden Mediziner David Veit führte Rahel in diesen Jahren das intensivste literarische Gespräch.

Wie stark manchmal Kleinigkeiten im Gedächtnis bleiben! Rahel erinnert sich noch Jahre später, was sie auf ihren wehenden braunen Locken trug, als sie den Neffen ihrer Freundin Dorothea Veit zum erstenmal auf dem Berliner Schloßplatz sah: einen weißen Strohhut, gehalten mit einem unter dem Kinn gebundenen Gazetuch. Von Anfang an beneidete sie diesen jungen Mann, denn er war einer der ganz wenigen Juden, die ein christliches Gymnasium besuchen und an der Jenaer Universität studieren durften – Medizin, das einzige Fach, zu dem Juden zugelassen wurden. Wenn man von den Freundinnen einmal absieht, war Veit der einzige Jude unter Rahels Jugendfreunden. Verliebtheit war da nicht im Spiel, aber ein beständiges und herzliches Gefühl von seiner Seite, das noch heute rührt und das Rahel mit offenem Vertrauen beantwortete. Nur ihm wird Rahel bewegend klagen, wie ihre jüdische Herkunft sie schmerzt.

Beide sind zweiundzwanzig Jahre alt, als ihr Briefwechsel beginnt. Man schreibt sich oft und regelmäßig: «Liebe Levin», «Lieber Veit»; nie kommt es zum vertrauten Du. Man korrespondiert so, wie später in Rahels Salon geredet wird: ernsthaft und leichthin, spöttisch und gebildet, belehrend und doch einfühlsam. Manchmal unterhalten sich die beiden in ihren Briefen, als säßen sie plaudernd beieinander, und die Bücher, über die sie sprechen, verwandelten sich in lebendige Wesen, die auch ein Wörtchen mitreden wollten.

Durch Veit erfährt Rahel manches, das ihr brennend interessant erscheint. Er ist näher dran, begegnet in Jena und in Weimar den ganz Großen, hört so manches, was man sich in deren Umgebung erzählt, und wird von Rahel aufgefordert, nur ja ausführlichst zu berichten. Wie heißen die Autoren, die in Schillers «Horen» schreiben? Wie hat man sich Herder im privaten Umgang vorzustellen? Wer verkehrt bei Wieland? Keine Einzelheit darf «der Ungenügsamen» unterschlagen werden. Und sie hat Glück: Der Freund ist ein genauer Beobachter, seine Schilderungen sind vortrefflich.

An Intellekt und Urteilskraft ist Rahel dem Freunde weit voraus. «Er war nicht reich, seine Natur nicht ergiebig genug, nicht saftig, nicht üppig», schreibt sie später, als er nicht mehr lebt, aber er «wußte was ihm abging; konnte es oft fühlen, und darum war ich ihm so lieb und nothwendig». Mehr als das. Veit bewundert Rahel, und er will ihr dienen. «Ich bin *Ihnen* alles schuldig; Sie mir nichts.»

Vielleicht rührt Veits Übermaß an Bewunderung auch daher, daß es für Männer im 18. Jahrhundert so außerordentlich neu und überraschend war, in einer Partnerschaft die Frau als Überlegene zu sehen – eine Rolle, von der sie annahmen, daß sie ausschließlich Männern vorbehalten sei. Rahel hat nicht nur Veit eines anderen belehrt. Und dieser, hingerissen von der Intuition, mit der die Anfang Zwanzigjährige das Wesen ihres Freundes erfaßte, von der Eigenwilligkeit ihres literarischen Urteils und dem Reichtum ihrer Persönlichkeit, schuf sich, wie viele nach ihm, Rahel als Kultfigur. Einander näher brachte sie das nicht. Es entrückte Rahel.

Dabei war David Veit dank seiner soliden Schulbildung ungleich gebildeter als Rahel. «Helfen Sie mir, daß ich nicht dumm bleibe», bat die Freundin. «Erst heut' und gestern hab' ich rasend werden wollen..., daß ich nichts weiß.» Also stellt Veit für sie Listen empfehlenswerter Literatur zusammen, leiht Kant und Karl Philipp Moritz an sie aus. Daran liegt ihm, die beiden soll sie kennenlernen. Dann versucht er, auf sie einzuwirken, richtiges Deutsch zu schreiben. «mein gehör Nerffen» – das ist orthographisch falsch; «in den Wohnzimmer... auf einen Sopha» – da stimmt die Grammatik nicht! Geht es besser im Französischen? Veit muß Rahel enttäuschen: «In ihren Briefen stehen alle *französischen* Wörter *alle, alle* falsch geschrieben.»

Mancher, der so viel liest, lernt doch Orthographie und Sprachstrukturen nebenher. Aber Rahel gelingt das nicht. Sie schlägt ein Buch auf, merkt sich anfangs auch die Schreibweise der Wörter, aber liest diese nicht buchstabengetreu. Und wenn sie liest, denkt sie an den Text, sucht nach Wegen, aus den Ideen und Phantasien anderer etwas Eigenes herauszufiltern. Buchstaben, so und so gesetzt, sind für sie von zweitrangiger Bedeutung. Ziel bleibt die Entwicklung der Persönlichkeit im Goetheschen Sinn: «mich selbst, ganz wie ich da bin, auszubilden».

Überhaupt Goethe! Veit kennt ihn! In den Jahren 1793 / 94 wird der Glückliche zweimal im Weimarer Haus am Frauenplan empfangen und kann der Freundin schildern, wie der Göttliche in menschlicher Gestalt erscheint: groß, breitschultrig und ziemlich korpulent. Die Stirn ist außerordentlich schön, doch fehlt den Augen jenes verzehrende Feuer, ohne daß man sich einen Olympier nicht vorstellen kann. Auch der Mund ist schön, entstellten ihn beim Lächeln nur nicht diese gelben krummen Zähne. Die Gesichtsfarbe: männlich, braun, das Vorderhaar ratzekahl geschoren, ein langer Zopf, weiß gepudert. Man steht dem Schöpfer des «Götz» und «Egmont» gegenüber – keine Spur von Aufgeblasenheit. «Kleidung: ein blauer Überrock mit gesponnenen Knöpfen, doppeltem Kragen... eine schmalgestreifte Weste... vermuthlich Beinkleider: der Ueberrock bedeckte sie; kalbviederne ordinäre Stiefel.» Wüßte man nicht, wer er ist, David würde auf einen Minister, einen Rat, allenfalls auf einen Amtmann setzen, keineswegs auf einen Gelehrten oder Virtuosen, ohne recht zu wissen, ob vielleicht auch Virtuosen Mitte Vierzig, darin diesem ähnelnd, Tränensäcke, Falten im Gesicht und Hängebacken bekommen. «Es ist selten, daß die Dichter der Vorstellung entsprechen, die wir uns von ihnen machen. Wir erwarten einen Olympier, einen Nektar- und Ambrosiamann, und sehen statt dessen einen Gourmand einen Putenbraten verzehren» (Theodor Fontane, «Schach von Wuthenow»).

Dem klassischen, nicht dem jungen Goethe gilt Rahels Verehrung. Das Werther-Fieber hat sie nicht befallen; sie hatte den «Werther» noch nicht einmal gelesen, als sie Veit kennenlernte. Ihre Bewunderung haben «Iphigenie» und vor allem «Tasso» ausgelöst; ihr Goethe wird der Autor des «Wilhelm Meister» sein. Dieser Goethe gerät ihr zum Maß; die einzelnen Elemente der menschlichen Existenz, Natur und Geist, die Kraft des Herzens und die Forderung des Verstandes, deren Gegensätzlichkeit sie in sich selbst schmerzhaft spürt, fügt er zur Einheit, zur erstrebten Harmonie: «Goethe mit seiner Macht... seiner Vollendung... Gewalt des Ausdrucks, kampfgekämpfter Weisheit, beschauender überschauender Melancholie, weiser ausgerungener Heiterkeit, mit seiner vue d'oiseau, mit seinem Sternenblick... mit der Götterbrust, an der man nicht allein ruht, sondern Ruhe findet...»

Der Briefwechsel zwischen der Levin und Veit gibt beredte Auskunft über ihren Goethe-Kult. Entweder müssen die Freunde für sie aus dem Goethe lesen, oder sie liest ihnen vor. Zitate werden zu Belegen für das eigene Denken, zu Chiffren der Verständigung und zu von Rahel empfohlenem Trost: «Hören Sie auf Goethe... lesen Sie es nach, wie man die Bibel im Unglück liest.» Manchmal vermengen sich Goethe- und Levin-Sentenzen, und man kann nicht mehr unterscheiden, stammt der Satz von ihr oder findet er sich irgendwo in seinem Werk?

Die Figuren aus dem «Wilhelm Meister» sind Rahel besonders nah. Mignon – ja, das ist «die interessanteste». Rahel ist es lieb, daß sie an gebrochenem Herzen starb. Hingegen haßt sie die Therese. «Daß Wilhelm die nicht bekommen hat, hat mir ordentlich die Brust befreit.» In Philine findet sie sich selber wieder, wohingegen Veit Rahels Ähnlichkeit mit Aurelie auffällt: Aureliens Geist und Hang zur Schwermut, ihre Gutmütigkeit und Menschenkenntnis, ihr Witz noch in der Verzweiflung – all das erinnert ihn an seine Freundin. Man kann es auch noch anders deuten. Goethe hat dieser Frauengestalt im «Wilhelm Meister» etwas «hartnäckiges Selbstquälendes» zugewiesen, das auch Rahel Levin besitzt.

Rahel und Davids Leben war ungleich eingeschränkter als das von jungen Menschen heute. Aber indem sie die Grenzzäune zwischen Literatur und Leben überwanden, gewannen sie einen weiten, kunstvollen Raum. In diesem lebten glücklich miteinander Rahel und Tassos edle Leonore, David und Orest, Götz und Gualtieri und auch Laertes und der Fürst de Ligne.

Am 5. Juni 1795 kündigt Veit aus Jena ein aufregendes Ereignis an. «Indem ich dieses schreibe, ist Goethe entweder schon in Karlsbad oder kömmt doch bald hin.» Wichtig sei zu wissen, daß er nicht «in Gesellschaft mit irgend einem Vornehmen kömmt... daß er jetzt besser gelaunt ist als jemals... und äußerst gerne in völliger und fröhlicher Ungezwungenheit lebt. Ich denke, Sie kommen gewiß mit ihm zusammen, besonders da er ohne Zweifel begierig ist, die Unzelmann kennen zu lernen.»

Veit soll recht behalten. Goethe trifft am 4. Juli 1795 abends in Karlsbad ein, und Rahel, auf der schon beschriebenen Reise nach Teplitz, macht mit der Unzelmann in Karlsbad gewiß nicht unbeabsichtigt Station. Ein glücklicher Zufall will es, daß zu den dort gerade weilenden Damen auch die beiden Schwestern Sara und Mariane Meyer, Freundinnen Rahels, gehören. Goethe hat gleich nach seiner Ankunft einen «kleinen Roman» angefangen, in dessen Mittelpunkt Mariane steht, und sucht, wo immer möglich, die Gesellschaft der beiden schönen Jüdinnen aus Berlin. Da sollte es doch möglich sein, sich anzuschließen.

Man trifft sich bei der Dichterin Friederike Brun aus Kopenhagen, die auf dem Wege nach Italien für den Sommer ein angenehmes Quartier in diesem böhmischen Bad bezogen hat und durch gemeinsame Freunde und Bekannte wie Schiller, Wieland, Herder viel Gesprächsstoff mit dem Geheimen Rat aus Weimar teilt. Am Abend des 12. Juli 1795 ist für Rahel der große Augenblick gekommen: Zusammen mit der Unzelmann bei Madame Brun eingeladen, begegnet sie dort erstmals Goethe, ihrem Geistesvater. «Und das ist nicht Wunder? Das ist nicht Glück?» Oder – wenn man es bedenkt, «nicht eigentlich das größte Recht»? «Wer soll ihn dann sehen, immer seine Wäscherin und Hausknechte und vornehme Leute und Menschen, die über den Ursprung der Steine» schreiben? Warum nicht Menschen, die ihn so bewundern und vergöttern wie die junge Rahel Levin!

Veit und sein Freund Horn werden Goethe später nach seinem Urteil über Rahel befragen und erfahren, man sei beständig zusammengewesen, sehr freundschaftlich, vertraulich, und er, Goethe, habe an Rahel besonders die Mischung von Empfindungen und außerordentlichem Verstand bewundert: «Sie ist stark in ihren Empfindungen und doch leicht in ihrer Äußerung», erläutert der Geheime Rat. «Jenes gibt ihr eine hohe Bedeutung, dies macht sie angenehm. Jenes macht, daß wir an ihr die große Originalität bewundern, und dies, daß diese Originalität liebenswürdig wird, daß sie uns gefällt. Es ist nicht zu leugnen, es gibt viele wenigstens original erscheinende Menschen in der Welt. Aber was sichert uns dafür, daß es nicht bloßer Schein ist... Nicht so ist es bei ihr. Sie ist, soweit ich sie kenne, in jedem Augenblick sich gleich, immer in einer eignen Art bewegt und doch ruhig – kurz, sie ist, was ich eine schöne Seele nennen möchte.»

Rahel kann ihr Glück kaum fassen. «Wenn Sie ihn... sehen, ... so grüßen Sie ihn, von dem Menschen, der *ihn immer* angebetet, vergöttert hätte, auch wenn ihn *niemand* rühmte... Ja, ja, ich bet ihn an.»

Während die Levin in ihren Briefen Goethe huldigt, ist Europa in Bewegung geraten. Davon kein Wort: die Haupt- und Staatsaktionen des ausgehenden 18. Jahrhunderts werden in Rahels Briefen nicht erwähnt. Politik wird nur bei Hof gemacht, selbst der Adel hat nicht mitzureden, und für gewöhnliche Sterbliche ist es nicht leicht, sich überhaupt zu informieren.

Die beiden Berliner Zeitungen enthalten zwar Theaterrezensionen von beachtlichem Niveau, politische Meinungen dürfen sie nicht verbreiten. Der Hauptteil gehört der Hofberichterstattung. «Zur Nation euch zu bilden, ihr hofft es, Deutsche, vergebens. Bildet, ihr könnt es, dafür freyer zu Menschen euch aus», dichtet Friedrich Schiller in den «Xenien» und enthält sich in seiner Korrespondenz jeder Äußerung über Politik.

Doch seit die Revolution in Frankreich zum hitzig diskutierten Konversationsthema geworden ist, gibt es so etwas wie ein allgemeines, allerdings den Männern vorbehaltenes Räsonieren über Politik. Ausnahmen wie Madame de Staël, die zu Beginn des 19. Jahrhunderts zur militanten, europaweit bekannten Gegnerin Napoleons werden wird, setzen sich über derartige Beschränkungen zwar hinweg, bestätigen den Grundsatz jedoch fürs übrige weibliche Geschlecht: Frauen haben nichts mit Politik zu tun, ihr Bereich bleibt das Private.

Was weiß Rahel schon über die Koalitionskriege gegen die Franzosen? Was von dem 1795 eingesetzten Direktorium in Frankreich, dem Sonderfrieden zwischen Preußen und Paris? Da ihr der öffentliche Raum verschlossen bleibt, richtet sie sich in dem ihr zugewiesenen ein und kostet die Vorteile des Nichtöffentlichen aus. Verwiesen auf das ganz Private, sucht Rahel im «rein Menschlichen» ihr Feld und im Persönlichen das Allgemeine. «Wir träumen von Reisen durch das Weltall – ist denn das Weltall nicht in uns? Nach Innen geht der geheimnisvolle Weg. In uns, oder nirgends ist die Ewigkeit mit ihren Welten.» (Novalis)

Doch auf diesem Wege tun sich Schwierigkeiten auf.

Wie haben die Aufklärer, Männer wie Kant, Mendelssohn und Lessing, das wohl gemeint: Sie erheben die Vernunft zur obersten Instanz, sie rufen Menschen dazu auf, sich ihres Verstandes zu bedienen, selbst zu denken, selbst zu urteilen, auf daß sie befreit von Unmündigkeit und geistigem Zwang einander gleich werden und glücklich.

Aber wie und wo sollen Mädchen denken lernen?

Bürger- und Adelssöhne ziehen auf die Universitäten und unternehmen ausgedehnte Bildungsreisen. Frauen ist der Besuch von Hochschulen verwehrt. Aufklärer wie David Friedländer richten in Berlin die erste Freischule für jüdische Knaben ein. Mädchenschulen gibt es nicht. Junge Männer beschäftigen sich mit Geisteswissenschaften, der Philosophie, ihre Schwestern lesen Romane und werden schon gescholten, wenn sie das zu häufig tun. Rahel Levin will von der «Männer»-Bildung nicht ausgeschlossen bleiben. Daher muß sie ignorieren, daß Kant, Mendelssohn und Lessing sie, das Frauenzimmer, eigentlich nicht meinen. Mensch heißt für die Aufklärer Mann und Bürger sein.

Ich «bin wie in einem Walde» aufgewachsen, «mir wurde *nichts* gelehrt» – Rahels Klage zieht sich durch die Briefe. Veit und andere Freunde helfen nachzuholen, aber sie ordnen den Wissensstoff nach den Kategorien, die sie, die Belehrenden, für wichtig halten, und stellen vorgedachte Zusammenhänge her. Das befriedigt Rahel nicht. Sie will das Gelesene und Gelehrte selbst zum Ganzen ordnen.

Ähnlich wie für Karl Philipp Moritz' jungen Anton Reiser in dem gleichnamigen autobiographischen Roman liegt alles, was sie noch nicht selbst durchdacht hat, wie ein zu eroberndes unbekanntes Land vor ihr, und die immerwährende Begierde, das Ganze zu übersehen und zu erfassen, leitet sie durch alle Schwierigkeiten beim Verständnis des Einzelnen hindurch. Rastlos denken ist ihr: «die einzige Pflicht, das einzige Glück». Zunächst inhaltsleere Zeichen verwandeln sich durch neue Kombinationen und Vergleiche in ihr deutliche Begriffe; vorher Dunkles und Verworrenes lichtet sich. Fragen, auf die Rahels Zeit noch keine Antwort weiß, bleiben wie Wolken an den Bergen hängen, bis der forschende Geist sie aufgelöst haben wird.

Nur wer denkt, kann sich der Wahrheit nähern. Die Aufklärer wollen Dogmen durch Zweifel untergraben, nichts für wahr anerkennen, nur weil es alt, seit langem gültig ist. Und eine Erkenntnis nicht einfach deshalb nur verwerfen, weil sie sich nicht auf Autoritäten stützt.

Auch darin folgt ihnen Rahel Levin. Ihre eigene Wahrheit finden, unablässig danach fahnden, Wahrhaftigkeit im Umgang mit sich selbst und anderen bezeugen wird zu ihrem Ziel. In einem Brief an den jungen Kaufmann Bokelmann mahnt sie nachdrücklich: «Werden Sie immer den Muth haben, sich durch Fragen und Zweifel zu verletzen? den reizendsten bequemsten Bau, der für's Leben hielte, zu zerstören? Werden Sie Fragen in sich, und nur an Sie aufwerfen, die jeden Freund, jede Freundin, jede Freundschaft, aus ihrem *festesten* Grundstein erzittern? Werden Sie sich nicht von einer einmal aufgestellten, schützenden, gut schützenden, und gut kleidenden Moral, und gut haltenden, beruhigen, einschläfern, oder gar zur Bewunderung reizen lassen? Werden Sie sich nicht an eine gewisse Art sich auszudrücken, an eine Lieblingsnation, Sprache, Witz, gewöhnen und ihrem herrlichen einfachen Geiste Pforten versperren? Werden Sie rastlos, ewig mit Unruhe und Angst vor dem Gegentheil, rege sein wollen? Werden Sie meiner und der ewigen Bewegung und Freiheit gedenken, werden Sie mich und die strenge, ewig untersuchende Wahrheit nicht vergessen?»

Aber sehen das die Aufklärer auch so? Als 1796 die erste Abbildung eines weiblichen Skeletts erscheint, wird sichtbar: Die Knochenfrau unterscheidet sich vom Knochenmann durch schmalere Schultern, breitere Hüften und einen kleineren Schädel. Es wird geschlossen: kleinerer Schädel = weniger Gehirn = geringeres Denkvermögen. Frauen, die «wider die Natur» wissenschaftlich denken und gar Gelehrsamkeit erwerben wollen, erinnern Johann Gottfried Herder an ein arabisches Sprichwort, das gleichermaßen vor einer krähenden Henne wie vor einem gelehrten Weib als Vorboten des Unheils warnt, denen man, um Schlimmeres zu verhüten, am besten gleich den Hals abschneidet. Eine emanzipierte Frau ist in Herders Welt nicht vorgesehen, und er weiß sich darin einig mit anderen Pastoren sowie Pädagogen, Dichtern wie Jean Paul, Anstandslehrern wie dem Herrn von Knigge und den Philosophen.

1799 kommt der bekannte Verfasser der «Wissenschaftslehre», Johann Gottlieb Fichte, von Jena nach Berlin. In seiner äußeren Gestalt wirkt er eher komisch als bedeutend. Auf seinen stämmigen Beinen sitzt ein vierschrötiger Körper, und hätte er nicht einen Spenzer und Gamaschen an, man könnte meinen, in das fleischige, zerfurchte Gesicht einer alten Frau zu blicken. Im Umgang wirkt Fichte zwar respektgebietend, doch nicht liebenswürdig. «*Rühren* kann er nicht», bemerkt Veit, der ihn aus Jena kennt.

Rahel begeistert Fichtes Lehre. Das hat sie doch an sich selbst erfahren: Wer aus Unwissenheit und Unmündigkeit sich befreien will, braucht ein starkes Ich. Und dieses Ich bildet für den neben Schelling bedeutendsten Philosophen in der Nachfolge von Kant den Mittelpunkt des Universums, von dem alles herrührt, was ersonnen und geschaffen wird. Das Ich erbaut die Welt, schafft sich die Wirklichkeit. Rahel fühlt sich in dem Wunsch bestätigt, ihr eigenes unverwechselbares Ich zu finden und darzustellen.

Wieder handelt es sich um ein Mißverständnis. Die Philosophie des Ichs soll für die Levin nicht gelten; ein doppelter Vorbehalt steht dem entgegen: Für Fichte besteht die Würde der Frauen im Dienen, ja, in der «unbegrenzten Unterwerfung»; Würde und Triumph des Ich, Selbstbestimmung und Souveränität bleiben den Männern vorbehalten. Und Juden, Anhänger eines «altpalästinensischen Sektenglaubens», die sich ihrer Auserwähltheit rühmen, gehören auch nicht in die Kategorie des freien, selbstverantwortlichen Ichs. Ihr Zusammenschluß zu einem Staat im Staate verbietet es jedem aufgeklärten Gemeinwesen, ihnen die Bürgerrechte zu gewähren. Am besten, man schickt sie alle ins Gelobte Land.

Also doppelt ausgegrenzt: als Frau, als Jüdin. Aber kein Wort der Kritik bei Rahel; diese Beschränktheit will sie nicht zur Kenntnis nehmen. Im Gegenteil: «Verehrt, verehrt Fichte'n!» fordert sie ihre Brüder auf. «Er hat mein bestes Herz herausgekehrt, ... mir zugeschrien: ‹Du bist nicht allein!›»

Wer sein Ich so ernst nimmt, wie es Rahel tut, neigt zu intensiver Beschäftigung mit diesem Ich. Seinen inneren Regungen nachzuspüren, Selbstbeobachtung zu betreiben und dabei die Landschaft seiner Seele zu erforschen gilt ja als Kennzeichen des aufgeklärten Menschen. Rousseaus «Bekenntnisse» und Lavaters «Geheimes Tagebuch» werden zu Lehrbüchern der Seelenforschung.

Rahel, auf Wahrheit über Rahel aus, erforscht fast peinlich rücksichtslos das eigene Ich, zergliedert hellsichtig Gedanken und Gefühle, zerlegt Stimmungen in ihre Elemente – ein «brunetter Hamlet», so die Selbstbeschreibung, der jeder Erscheinung unbekümmert um das Resultat auf den Grund gehen will.

Zutage tritt ein seltenes Doppelwesen: ein Löwe und ein Hündchen, eine Frau, vereint mit einem Mann, eine Freundin, die zugleich auch Freund sein will, rastlos denkend und tief fühlend, selbstzerstörerisch und selbstsicher, produktiv und ... Überwiegt das Sanfte oder das Rebellische? Das Analysierende oder das Zusammenfügende? Das Derbe oder Zärtliche, Schüchterne und Scheue? Welches ist die «wahre Rahel»? Die Jüdin aus der Jägerstraße fügt sich nicht in festgeschriebene Geschlechterrollen, nicht in das Klischee von der gefühlsbetonten Frau und dem vernunftbegabten Mann, und pocht auf das Außerordentliche ihres Wesens: «Aus der Welt hat mich Geburt gestoßen, Glück nicht eingelassen, ich halte mich ewig an meines Herzens Kraft und an was mein Geist mir zeigt. Dies ist der mir von der Natur angezeigte Kreis, und in dem bin ich mächtig und die Anderen nichtig.»

Berlin 1797, an einem Wintersamstagnachmittag im Königlichen Nationaltheater am Gendarmenmarkt. August Wilhelm Iffland spielt den Karl Moor in Schillers «Räuber». Die Vorstellung beginnt erst in zwei Stunden, doch schon um halb vier ist das Parterre überfüllt. Wer keinen Sitzplatz mehr gefunden hat, steht geduldig in den Gängen oder im Orchesterraum und wartet darauf, den berühmten Schauspieler zu sehen. Wie jeden Samstag sieht man zum Sabbatausklang besonders viele jüdische Familien im Parkett. In der Begeisterung für die Kunst, das klassische Theater finden sie Gemeinsamkeiten mit den anderen, fühlen sich zugehörig.

In dem vom Schauspielhaus nur ein paar Schritte entfernten Levinschen Haus hat sich die Liebe zum Theater vom Vater auf die Kinder übertragen. Rahel, die zeitweise fast täglich in den Logen befreundeter Familien sitzt, berichtet in ihren Briefen sachkundig und treffsicher über Rollenauffassungen, Regieeinfälle und Kostüme. «Ich *bin* einer der größten Theaterkenner», sagt sie später. Ihre Brüder Markus und Liepmann, der spätere Ludwig Robert, werden selbst Theaterstücke schreiben; der Ältere für Familienfeste, der Jüngere für die Bühne. Und der kleine Moritz, dieser «alte Komödiengänger», hat seine halbe Kindheit im Foyer verbracht.

Seit 1796 ist Iffland Direktor des Nationaltheaters am Gendarmenmarkt. Um ihn zu einem respektablen Mann zu machen, hatte Friedrich Wilhelm II. noch in seinem letzten Lebensjahr vierzehntausend Gulden Ifflandscher Schulden beglichen, und der von dieser Last Befreite dankt es dem bald darauf verstorbenen König, indem er Berlin zu einer bedeutenden Theaterstadt in Deutschland macht.

Auf Ifflands Spielplan stehen Shakespeare, Lessing und auch Schillers Dramen, mit den besten Schauspielern besetzt. Das weniger anspruchsvolle Publikum kommt auf seine Kosten bei schaurig-schönen Ritterdramen oder Kotzebues und Ifflands Bühnenwerken, denn der Direktor spielt und inszeniert nicht nur, er schreibt auch selber Stücke. Die Berliner bewundern den berühmten Mann, und das Theaterpersonal ist seinem Direktor so ergeben, daß ein Wort von ihm hinreicht, allerlei Zusätzliches und Unvorhergesehenes zu übernehmen. Nur Rahel Levin mag den Iffland nicht.

Da sie sich nicht seinen Kopf zerbrechen muß, wie genügend Geld in die Theaterkasse kommt, nimmt sie Iffland übel, wie oft er eines der zahlreichen seichten Stücke August Wilhelm Kotzebues, des meistgespielten deutschen Bühnenautors, in das Repertoire aufnimmt. Gewiß vermutet sie zu Recht, daß Iffland die Stücke Kotzebues gefallen, entsprechen doch seine eigenen, ebenfalls so beliebten Lustspiele und Dramen den Kotzebueschen in ihrem Sinn für Spannung, Pathos und Effekte und sind genauso mittelmäßig wie diese.

Zudem läßt sich nicht übersehen, daß Iffland unvergleichlich häufiger als Goethe Friedrich Schiller spielt. Rahels Abgott gilt in Berlin als wenig bühnenwirksamer Autor. Seine «Iphigenie» kommt über zwei Aufführungen nicht hinaus, und auch vom «Egmont» will das Berliner Publikum nichts wissen. Die Schuld daran schreibt Rahel Iffland zu.

Erstaunlich bleibt, daß die Levin, und zwar im Unterschied zu Goethe, der von Ifflands Theaterkunst beeindruckt war, die Erneuerung des Theaters durch diesen vielseitig begabten Mann nie hat anerkennen wollen. Iffland, der Regisseur, setzte an die Stelle des Deklamatorischen, der großen Gesten ein möglichst natürliches lebensnahes Spiel. «Muß ich nicht rasend werden», schreibt sie noch nach seinem Tod, «auf allen Theatern Deutschlands *einen* zu finden, der ganz wie er spielt, schnarrt, glupt, spricht, die Hände dreht, fingeriert... Solche verfolgen mich *noch*, wo ich ihn schon lange vergessen hätte, und heizen den alten Ärger wieder in mir gegen ihn auf.»

Leute vom Theater und der Königlichen italienischen Oper waren schon zu Lebzeiten des Vaters ins Levinsche Haus gekommen. Auch Rahel und ihre Brüder legten Wert darauf, mit angesehenen Künstlern zu verkehren. Der Komponist und Opernkapellmeister Vincenzo Righini und die italienische Sängerin Marchetti, die in Righinis «Enea» und in Glucks «Alceste» glänzte, waren oft zu Gast bei ihnen, und Rahel freute sich, wenn sie Righinis Opernproben besuchen konnte und die Marchetti für sie allein eine Arie sang. «*Der* Gesang, *dieses* Girren, *der* Ausdruck... Diese Güte und Lieblichkeit gegen uns – o! wahrer Zauber! ... Das heißt Passion... das heißt Musik...»

Besonders stolz waren die Levins darauf, daß die berühmte Friederike Unzelmann, die mit Rahel in Teplitz kurte, zu ihren Hausfreunden gehörte. Sie galt als Beispiel für die zeitgenössische Regel, daß ein darstellender Künstler alles spielen können müsse. Friederike war als Lady Macbeth ebenso überzeugend wie als das Mädchen von Domremy, aber sie konnte auch Opernpartien singen und in der Operette tanzen. Erst im 19. Jahrhundert werden sich die Künstler sehr zu Rahels Bedauern für ein bestimmtes Rollenfach entscheiden. «Da will der eine nur schmachtender Liebhaber, der andere nur Bösewichter, der dritte nur edle Helden spielen», beschwert sie sich. Das sei der sicherste Weg, einseitig und maniert zu werden.

Immer wieder umwerben die Levins «ihre» Künstler, sorgen sich um ihr Wohlergehen, sparen auch nicht mit Komplimenten und schicken zu Weihnachten Geschenke. Markus setzt die Tradition des Vaters und im Fall von Iffland die Großzügigkeit des Königs fort: mit diskret gewährten Darlehen werden zerrüttete Finanzen hilfreich neu geordnet. Iffland hat das Levin Markus nie vergessen.

Dabei weiß der Herr Direktor, daß die meisten Adligen und Bürger ihn trotz seines Postens und des Rufes, einer der besten deutschen Schauspieler zu sein, jenem «scheußlichen

Komödienvolk» zurechnen, vor dem man seine Türen verschließt. Die Freundschaft zwischen Schauspielern und Juden gründen sich auch auf ihre gemeinsamen Erfahrungen als gesellschaftliche Außenseiter.

In besonderem Maß gilt das für die Frauen. In Jüdinnen sieht man sinnliche Töchter des Orients. Von Schauspielerinnen heißt es, ihr Beruf verlange, unsittliche, verführerische Weibspersonen so überzeugend darzustellen, daß ihnen die Rückkehr zur Tugend außerhalb der Bühne nicht mehr möglich sei. Etwas von dem nachgeahmten Charakter bleibe an dem der Frauen hängen. Offizieren der Berliner Garnison gilt als selbstverständlich, sich ohne Umschweife irgendeine «Komödiantin» ins Bett zu holen. «Spröde» Damen müssen als Vergeltung während ihres Auftritts im Theater das Scharren, Pochen und Rumoren der Herren Leutnants fürchten.

Wenn Rahel abends nicht im Theater oder in der Oper sitzt, besucht sie im Winter mit Freunden und Geschwistern häufig Bälle, festliche Redouten, zu denen jedermann für einen Taler Zutritt hat, und während der Karnevalssaison Maskenbälle und andere karnevalistische Vergnügen, auf denen nüchterne Preußen ungeahnte Fröhlichkeit entfalten. Paare liegen einander in den Armen, hüpfen und schwenken sich auf bisher unbekannte Weise nach dem Takt des neuen Modetanzes. Es hilft nichts, Rahel muß wieder Tanzstunden nehmen, sie muß walzen lernen.

Ob dieses neue, von Wien herkommende Tanzvergnügen moralisch tragbar sei, darüber streiten sich die Geister. Es müsse ja moralisch sein, erklären die einen, denn schließlich habe niemand anders als die junge Königin Luise ein paar Jahre vor der Thronbesteigung erstmals den Walzer im Berliner Schloß getanzt. Der «Berlinische Damenkalender» von 1798 will hingegen wissen, «die üppigen Stellungen und Verschlingungen des Walzers» sowie «muthwillige Tanzmeister» hätten eine «Schule der Wollust» aus dem Tanz gemacht.

Wollust? Nein, Wollust empfindet Rahel beim Walzen nicht. Zwar ist sie während der Tanzstunden jeweils montags bei Levins «eine der wüthendsten und unermüdetsten Walzerinnen» geworden und hat es schon so weit gebracht, daß sie die Brüder loben. Doch gleichzeitig behauptet sie, «bei diesem deutschen Schwenken» so gar nichts denken und empfinden zu können, und setzt sich damit in bewußten Gegensatz zu Goethes Werther, der mit Charlotte, dem liebenswürdigen Geschöpf im Arm, derart beim Tanze sein Gemüt erregte, daß er alles ringsumher vergaß.

Veit wirft ein, im Unterschied zu Werther sei Rahel beim Walzen nicht verliebt gewesen! Daraufhin walzt Rahel als Verliebte. Und wieder: «Ich empfinde nichts.» Nun ist sie überzeugt, Goethe habe nie selbst gewalzt und könne deshalb auch nicht wissen, wie einer sich beim Walzen fühle – spricht's und walzt davon.

O! welche Krankheit
ist eine Liebe!

Rahel und Graf Finckenstein

Ich bitte dich laße die Welt (in) ihren fugen,
du kriegst sie nicht wieder rein...
deine dich liebende Mutter
Chaie Levin

Rahel mag solche Opernabende; sie fühlt sich gleichsam en famille. Auf dem Programm steht eines der neuen Werke ihres Freundes Righini. Auf der halbdunklen Bühne singt ihre Freundin, die Marchetti. Und neben ihr, in einer großen, aber ziemlich leeren Loge sitzt Anselm Weber, der Musikdirektor; auch er ist Rahel herzlich zugetan.

Das Publikum hat längst vergessen, daß die Königliche italienische Oper Unter den Linden zu Lebzeiten des großen Friedrich Nichtadligen verschlossen blieb. Erst seit 1789 darf jeder, der sich das leisten kann, die Vorstellungen besuchen, und erst seit dieser Zeit wird ab und an auch deutsch gesungen, zum Beispiel in Mozarts «Zauberflöte», die auf dem Spielplan jetzt den ersten Platz einnimmt. Doch an diesem Vorfrühlingsabend des Jahres 1796 behauptet sich die italienische Tradition.

Nicht weit entfernt von Rahel, in der Nachbarloge, sitzt ein blasser junger Mann im blauen Rock, mit grauer Weste und einer hohen weißen Binde um den Hals. Er wirkt leicht abwesend, ein wenig ungeduldig, als überzeuge ihn das Dargebotene nicht. Weber flüstert Rahel zu, das sei Karl Graf von Finckenstein.

In der Pause wird er ihr vorgestellt. Und erst jetzt, von nahem, beim Kerzenlicht, sieht Rahel, was für ein blondgelockter, bildschöner Kavalier das ist. Rahel entzücken schöne Männer; dieser hier gefällt ihr sehr.

Vom ersten Augenblick an verbindet die beiden die Musik. Sie liebt Mozart, den alten strengen Bach, natürlich Righini, und sie spielt Klavierauszüge Gluckscher Opern. Er steht ihr an musikalischem Urteil und Kenntnissen nicht nach. Daheim auf dem Schloß in Madlitz singt er mit seinen Schwestern mehrstimmige Lieder, Opernpartien, auch Kanons und Kantaten. Jetzt, hier in Berlin, hat er sich mit seinem wohlklingenden Tenor in die Singakademie aufnehmen lassen, deren öffentliche Proben, die «Auditorien», Rahel zuweilen besucht. Was für ein angenehmer, liebenswürdiger Mensch!

Als der Frühling kommt, sind Karl und Rahel ein Liebespaar.

In einem Dorf der englischen Grafschaft Hampshire sitzt um ebendiese Zeit, im Frühjahr 1796, die einundzwanzigjährige Pfarrerstochter Jane Austen am Familientisch, um einen Roman zu schreiben. Oft muß Jane die Arbeit unterbrechen, sich um den Haushalt kümmern, den Tisch zum Essen decken oder einer Frau im Dorf beim Flicken helfen, denn sie ist für ihre Nähkünste bekannt. Dann legt sie wieder kleine weiße Bögen auf den Tisch und schreibt. Unter dem Titel «Pride and Prejudice» (Stolz und Vorurteil) wird der Roman noch heute gelesen. Im Mittelpunkt steht die nach vielen Hindernissen und Verwirrungen glücklich endende Liebesgeschichte zwischen einem reichen aristokratischen Gutsherrn und einer geistreichen, warmherzigen, aber nicht standesgemäßen jungen Dame. Obgleich sich die Charaktere unterscheiden, ähnelt die Situation des englischen Paares zunächst jener, in der sich Rahel und Finckenstein befinden. Kündet der Roman der Pfarrerstochter vielleicht von einer neuen Zeit? Endet die Liebe zweier Menschen aus verschiedenen Ständen nicht länger unausweichlich wie ein bürgerliches Trauerspiel?

Gerade erst hat Rahel ihn der Familie vorgestellt, da geht Finckenstein in der Jägerstraße auch schon ein und aus. Wenn er seine Akten in der Kurmärkischen Kriegs- und Domänenkammer zugeschlagen hat, kommt er vorbei, um die Freundin zum Spaziergang oder zu einer Ausfahrt abzuholen. Er plaudert mit der Mutter, und die traktiert den jungen Mann mit ihren Torten; er verabredet sich mit einem der Brüder, freundet sich mit Rahels Freundinnen an. Und während der Graf Rahel in ihrer Dachwohnung besucht und stundenlang da oben bleibt, fragen sich Chaie Levin und ihre Söhne, wie sie sich verhalten sollen und, vor allem, was daraus wohl werden wird.

Einerseits fühlen sich die Levins geschmeichelt. Ein *Graf* im Haus, dazu ein Finckenstein, das ist doch etwas anderes als das Künstlervölkchen oder der jüdische Freundes- und Bekanntenkreis. Andererseits fürchten sie um ihren und um Rahels Ruf. Wie, wenn sie als Grafenliebchen ins Gerede kommt! Einerseits möchten die Levins nur allzu gern an die große Liebe zwischen Karl und Rahel glauben. Könnte aus Rahel eines nicht allzu fernen Tages eine Gräfin Finckenstein werden? Andererseits klafft zwischen den Moralvorstellungen Rahels und denen der übrigen Levins, besonders zwischen jenen der Mutter und der Tochter, ein nicht zu überbrückender Gegensatz.

Die Mutter ist mit Religionsgesetzen aufgewachsen, die

Sexualität außerhalb der Ehe zur Sünde erklären. Ihr hat man noch eingeschärft, daß Ehepaare sich nur im Dunkeln mit bedeckten Körpern lieben dürfen, und dies nicht zu ihrem Vergnügen, sondern um der Nachkommen willen. Frühzeitig hat sie ihre Älteste ermahnt: Liebe Tochter, Gott hat «mich behüt vor der Sorge, daß ich Dich Dir selben anvertraut habe. Denn das Mädchen was man ihr selben nicht trauen kann, hilft auch alle Vorsorge nicht. Aber für Gelegenheit muß sich jedes Frauenzimmer hüten. Auch muß sie sich vor den Scheihn hüten, daß ihr Namen nicht läut. Denn der Namen ist alles bei der Mensch, im Voraus bei ein Frauenzimmer.» Die Tochter widerspricht: ‹Denn die *Liebe* ist alles bei der Mensch.›

Unter jüngeren Gebildeten in Adel und Bürgertum hat sich Ende des 18. Jahrhunderts die romantische Überzeugung von der Priorität des echten Gefühls gegenüber Konvention und überlieferter Moral durchgesetzt; diesem Gefühl zu folgen sei heilige Pflicht, ihm zu widerstehen töricht und gemein. Dorothea Veit, die älteste Tochter Moses Mendelssohns, wird die Geliebte Friedrich Schlegels, Frau von Stein bekennt sich öffentlich zu Goethe, Charlotte von Kalb proklamiert die freie Liebe; Rahel stimmt mit diesen kühnen Frauen überein und setzt sich über Ermahnungen und Einsprüche der Familie hinweg. Das ist nicht leicht. Voll Mitgefühl äußert ihr Freund Burgsdorff, übrigens ein Vetter Karls: «Ihr häusliches Verhältnis hat mir das Herz zusammengeschnürt.»

Zunächst muß Rahels Familie froh darüber gewesen sein, daß die Liebenden sich längere Zeit nicht sehen können. Rahel, die schon im vorangegangenen Winter unter Atemnot, Brechreiz und Migräne zu leiden hatte, wird Anfang Mai von neuem krank und kann sich sieben Wochen lang kaum zwischen Bett und Sofa hin- und herbewegen. Karl hat inzwischen Gutsangelegenheiten in Madlitz zu erledigen. Als er zurückkommt, muß Rahel zur Kur nach Teplitz reisen. Danach liegt Karl krank in Madlitz und kann erst Anfang 1797 wieder in der Hauptstadt sein. Über ein halbes Jahr sind sie getrennt gewesen. Aber der kommende Winter, das hat Rahel versprochen, soll ganz ihm gehören, und der Frühling auch. Sie werden Zeit haben, sehr viel Zeit füreinander. Zeit bis zum Juni – bis Rahel wieder kuren muß.

Rahel macht sich fein. Sie zieht eines ihrer tiefausgeschnittenen, lose bis zur Erde fallenden duftigen Kleider an, die nur unter der Brust eng gezogen sind, vielleicht ein pfirsich- oder apfelfarbenes, und wirft über ihre Schultern einen langen, breiten Kaschmirschal, dessen dunkle Farbe mit der des Kleides kontrastiert. Aus ihrem toupierten Kraushaar zieht sie kleine Löckchen, streicht sie mit Hilfe eines Kammes über einem Finger glatt und rollt sie wieder leicht und luftig, Locke neben Locke auf dem Kopf zusammen. Anstelle von Moschus oder Amber, diesen aus der Mode kommenden schweren Düften, tupft sie einen Tropfen Lavendel- oder Resedawasser hinters Ohr. Wenig später wird man sie am Arm von Karl über die Linden schlendern sehen.

Der Prachtboulevard, wie ihn die Berliner nennen, ist in seinem längsten Teil eine gewöhnliche städtische Avenue mit ein paar Hotels und Restaurants sowie zwei- bis dreigeschossigen Häusern, in denen Generalswitwen und Handwerksmeister wohnen und der Landadel sich Stadtwohnungen eingerichtet hat, eher provinziell als weltstädtisch. Hinter dem Pariser Platz spaziert das Paar in den Tiergarten hinein, wo sich besonders sonntags «die schöne Welt in ihrem vollen Glanze» zeigt. Auf schattigen Alleen lustwandeln modisch gekleidete Damen und Herren, junge Offiziere, auch Spitzbuben und leichte Mädchen. Gegen sechs Uhr abends trifft sich alles «In den Zelten», um einen kühlen Trunk zu nehmen. Und wenn die Sonne scheint, fährt Rahel mit ihrem Karl zum Charlottenburger Schloß hinaus.

Die herkömmlichen Rollen und Verhaltensnormen sind bei diesem Paar vertauscht. Rahel ist die Überlegene, sie gibt Anstöße, ist die Entschlossene. Finckenstein äußert sich manchmal wie eine jugendliche Naive, die dem bewunderten Geliebten «artig» und «gehorsam folgen will».

Er stützt sich auf sie, nicht umgekehrt. Er sitzt still auf ihrem Sofa, weint, weil sie nicht bei ihm ist: ein anhänglicher, ein lieber Hätschelknabe mit einem weichen, mädchenhaften Gesicht und sanften blauen Augen. Rahel als Stärkere fühlt sich verantwortlich für ihren zarten Freund.

Wenn Karl der Freundin klagt, wie er sie vermißt, zeichnet er in immer gleichen klischierten Bildern die Idylle in der Dachstubenwohnung: beide aneinandergeschmiegt am Fenster, «dem lieblichen Geräusch des Regens» folgend. «Es war mir, als wäre ich nirgends zu Hause als bei Dir...» Beide, Hand in Hand, wiederum am Fenster, schweigend in den Himmel schauend, auf den Mond, die Sterne. «Mir ist so unbeschreiblich wohl bei Dir...» Karl kann Rahel sein Herz ausschütten, alles sagen, was ihm auf der Seele liegt, von keinem anderen Menschen fühlt er sich so verstanden, nirgends so geborgen.

«Du liebe, liebe Kleine... Warum bin ich nicht bei Dir?» Karls Sehnsuchtsbeteuerungen und Liebesschwüre sind nicht gerade einfallsreich. Karoline von Humboldt hat schon recht, wenn sie «Mannigfaltigkeit und Vielseitigkeit» an ihm vermißt. Karl rührt, doch er beeindruckt nicht.

Der Rolle, die Rahel ihm zugedacht hat, ist er jedenfalls nicht gewachsen. Sie wünscht sich Ebenbürtigkeit, charakterlich und intellektuell. Das überfordert Karl. Er seinerseits drängt ihr die Rolle der großen Schwester, der mütterlichen Freundin auf. Das will sie gerne für ihn sein, doch vor allem hofft sie, seine Frau zu werden, und baut auf sein Versprechen: «Verlaß Dich ganz auf mich, auf mich kannst Du rechnen, wie auf nichts mehr... Ewig, ewig der Deinige.»

«Man muß doch *heraus*» aus der jüdischen Nation, hat sie Veit vor der Bekanntschaft mit Finckenstein geschrieben. Die Heirat mit einem, der nicht jüdisch ist, das ist der Weg von draußen in das warme Drinnen, zu den anderen, vielen, zu einem Stückchen Gleichberechtigung und Glück. Keine ihrer jüdischen Freundinnen hat sich in einen jüdischen Mann verliebt, manche sind zu Ehen mit Juden gezwungen worden und versuchen, sich daraus wieder zu befreien. Liebe bedeutet für sie alle, sich auf die Suche nach einem «richtigen Namen» zu begeben, hat die Literaturwissenschaftlerin Barbara Hahn bemerkt. Rahel glaubt, den «richtigen Namen» gefunden zu haben. Wer dürfte eine Gräfin Finckenstein beleidigen!

Auch sehnt sich Rahel nach Gemeinsamkeit. «Ein Schmerz ist es aber doch, alles so allein zu genießen, zu sehen, zu hören!» hat sie Freund Brinckmann vor der Bekanntschaft mit Finckenstein geschrieben. Karls Frau zu werden, das würde bedeuten: erlöst zu sein von dem Alleinsein und der Willkür der Familie, vom Hohn, mit dem die Gesellschaft sogenannte späte Mädchen überschüttet: «Eine Sitzengebliebene», wie verachtenswert! «Eine Übriggebliebene», wie lächerlich. «Eine Frau mit einem Makel...» Die Ehe gibt dem Leben Ziel und Richtung und einer Frau gesellschaftlichen Wert und Halt.

Sie werden eine Familie gründen! Sie werden Kinder haben! Rahel vergöttert Kinder. Zärtlich umsorgt sie ihre beiden Nichten, Markus' Töchter. «O! hätte ich ein Kind!, alles würd ich dem opfern. Dies ist des Weibes, der Mutter Geschäft und ihr Talent.»

Wenn Karl sich nur erst offen zu seiner Liebe bekennen und

dieses demütigende Verstecken und widerwärtige Konspirieren aufhören würde!

Wie ein Kind im Haus wird Karl von den Levins behandelt. Allerdings hat von ihnen noch keiner das Gräflich-Finckensteinsche Palais am Wilhelmplatz betreten. Der Großvater, bei dem Karl dort wohnt, soll nichts von der Geliebten wissen. Natürlich darf Karl jederzeit an Rahels Krankenbett, um, auf der Bettkante dort oben sitzend, mit ihr zu plaudern. Ebenso natürlich scheint es für ihn zu sein, daß sie ihn während seiner Krankheit in Madlitz nicht besuchen, ja ihm nicht einmal direkt dorthin schreiben kann. Und weil das Paar in Gegenwart von Dritten sich noch immer siezt (die wenigen Vertrauten ausgenommen), beschließt Rahel aus lauter Angst, ihn zu kompromittieren, etwas zu verderben, Karl auch in jenen Briefen zu siezen, die sie über Mittelspersonen an ihn schickt. Das geht zwar selbst ihm zu weit, aber wozu das alles überhaupt? Vor wem hat dieser Fünfundzwanzigjährige Angst?

Wenn in Gesellschaften über den Grafen Finckenstein geredet wird, fällt sein Name in Verbindung mit mehreren Damen. Einmal heißt es, er sei der bevorzugte Liebhaber der Unzelmann, ein Jahr später, das Fräulein von Berg habe sich in ihn verliebt und seine Familie begünstige die Verbindung. Karl könnte allem Gerede mit einem Satz ein Ende machen: ‹Meine Braut heißt Mademoiselle Robert.› Warum tut er's nicht?

Rahel ist unglücklich. Karl lamentiert: Sie solle doch nicht glauben, daß ihm die Verhältnisse, so wie sie seien, gefielen! Auch er klage das Schicksal an und würde gern alle glücklich beieinander sehen: Eltern, Schwestern und die liebe Rahel. Aber ach, so sei es nun mal nicht. Solle er deshalb mit dem Kopf durch Wände laufen? Lieber umgehe er diese. Das Lamentieren erspart ihm eine wirkliche Erklärung. Rahel will

Klarheit haben. Aber Karl lebt in den Tag hinein und möchte das Leben genießen, solange es eben geht. Nur nicht planen oder gar Entscheidungen treffen, deren Verwirklichung zu viel im Wege steht! Schwierigkeiten mit leichtem Sinn übergehen und sich Freuden nicht verderben lassen! Rahel nehme alles viel zu schwer.

Aber was soll werden? Von der Zukunft mag er nicht reden; «laß sie kommen wie den Tod... still! still... Ich schlage mich auf den Mund und gehe zu Bett! Zu Bett! Schlaf wohl, geliebter Engel.»

Als Rahel im Juni 1797 zur Kur nach Pyrmont reist, will Karl am frühen Morgen zur Stelle sein, um seinem geliebten Engel «Auf Wiedersehen» zu sagen. So ist es abgesprochen. Doch Karl erscheint nicht; er verschläft.

Jetzt tritt die Gräfin Pachta auf den Plan. Im Herbst besucht sie für mehrere Wochen Berlin und macht Rahels Sache zu der ihren. So könne es nicht weitergehen; Finckenstein müsse sich entscheiden.

Die Freundinnen, die sich seit zwei Jahren aus Teplitz kennen, haben beide Grund, unglücklich zu sein. Josephine Pachta hat sich leidenschaftlich in den Hofmeister ihres Sohnes verliebt und erwartet nun ein Kind von ihm. Ähnlich wie Rahel kränkt es auch sie, die heftigen Gefühle für den geliebten Mann öffentlich verbergen und Rücksicht nehmen zu müssen auf Konventionen, die ihr verlogen und heuchlerisch erscheinen. Als Katholikin kann sie sich nicht scheiden lassen – aber sie ist überzeugt, im Fall von Rahel ließe sich das Glück herstellen. Wenigstens Rahel soll nicht länger leiden.

Karl, befindet sie, müsse nun gezwungen werden, «zu halten, was er zu halten schuldig ist» und «was er schon versprochen hat». Aber was hat Karl versprochen? Die Heirat, urteilt Josephine; allein schon in dem Schwur ‹Ich liebe dich› läge «das heiligste Versprechen zu jeder innigsten Verbindung... Man lerne doch verstehen, was man sagt!»

Und wie kann Rahel durch Druck erreichen, was Karl ihr freiwillig nicht zugestehen will?

Sie muß sich ihm entziehen, verweigern, so daß er schmerzlich zu begreifen lernt, was er an ihr besitzt! Die böhmische Gräfin lebt wirklich in der Illusion, Glück ließe sich erzwingen.

Der spätere Adjutant des Prinzen Louis Ferdinand, der Leutnant von Nostitz beispielsweise, hat seit Jahren ein Verhältnis mit der Tochter eines verstorbenen Justizrats, die mit ihrer Mutter Unter den Linden lebt. Ihn binden an das bürgerliche Fräulein, wie er es später darstellen wird, «Liebelei und Liebe, ein Sichgehenlassen und Berechnung». Auch er lebt wie ein Sohn im Haus; auch er fühlt sich verstanden und geborgen. Das hübsche Mädchen schlägt andere Bewerber aus. Doch der Leutnant weicht einer Heirat aus. Die Mutter entschließt sich, zwölftausend Taler Schulden des Herrn von Nostitz zu begleichen. Der Leutnant läßt die Dinge treiben. Die Mutter hilft mit weiteren Geldern aus, gibt fast das ganze Erbe ihrer Tochter her und bringt schließlich selbst den Vater zu der Überzeugung, daß sein Sohn verpflichtet sei, sich mit dem Fräulein zu verbinden. Dieser, dem Druck nicht mehr gewachsen, willigt schließlich ein. Die Trauung wird, wie er es wünscht, geheim vollzogen. Nach dem Abendessen zieht Nostitz seinen Ehering vom Finger, legt ihn auf den Tisch, verschwindet und wird in dem Haus nicht mehr gesehen.

Rahel verfährt, wie die Freundin ihr geraten hat. Sie läßt Karl wissen, daß sie ihn nicht mehr sehen wolle, bis er sich entschieden habe. Und dieser reagiert, wie Josephine es erwartet hat: Er ist außer sich vor Schmerz. «Warum muß ich das erdulden...?» Dann denkt er darüber nach, wie er Rahel umstimmen könnte. Wenn er krank werden würde! Dann würde sie nicht hart bleiben können! «Gott! Gott! Ich muß es wünschen!, krank zu werden.» Aber Karl wird nicht krank. Nun bittet er sie brieflich wenigstens um eine halbe Stunde, in der er sich weinend vor ihr niederwerfen, ihr die Füße küssen, sie anbeten und seine Liebe gestehen will.

Rahel läßt ihn wissen, daß auch sie ihn liebe, bleibt aber fest, will ihn nicht sehen. Doch dann teilt Karl ihr mit, daß er, der sich für den diplomatischen Dienst entschieden hat, demnächst zum Rastatter Kongreß beordert werde, wo über die Friedensbedingungen nach dem ersten, von Frankreich gewonnenen Koalitionskrieg verhandelt werden soll. Nun erlaubt sie ihm, daß er ihr abends im Theater die Hand drückt und adieu sagt. Rahel kann Finckenstein nicht widerstehen, und ohne daß sich etwas zwischen ihnen geändert hat, versöhnt sie sich mit ihm. Die Pachta ist empört und wendet sich von Rahel ab. Karl hingegen schickt nun aus Rastatt heiße Liebesbriefe, verspricht erneut, alles zu tun, was die Geliebte wolle, und verbringt mit ihr im Frühjahr vierzehn schöne Tage in Berlin. «Ich exakter Narre!» – Rahels Selbstanklage, in einem anderen Zusammenhang formuliert, sollte auch hier gelten.

Hofft sie denn noch immer, Karls Frau werden zu können? Sie weiß doch, daß die Ehe mit einer Bürgerlichen im preußischen Adel als Verletzung der Standesehre gilt, geradezu als Verrat an allem, was dem Adel heilig ist: Tradition und «Stammbaum» – und nun noch eine Jüdin!

Vielleicht baut sie auf Ausnahmen! Schließlich gibt es Beispiele dafür, daß christliche Adelsfamilien Jüdinnen als Schwiegertöchter akzeptieren! Doch geschieht das fast immer unter Bedingungen, die Rahel nicht erfüllen kann. Die auserwählten Frauen sind entweder auffallend schön oder auffallend reich, oder schön und reich dazu. Die Adelsfamilien, die eine so außergewöhnliche Einheirat nach vielen Bedenken akzeptieren, sind häufig in wirtschaftlichen Schwierigkeiten und tauschen Status gegen Geld. Doch so viel Geld besitzt Rahels Familie nicht, und die Finckensteins brauchen es auch nicht.

Vielleicht setzt Rahel auf Veränderungen, die sich seit einigen Jahrzehnten in der Adelswelt vollziehen und in deren Gefolge sich auch Moral und Sitte wandeln. Immer mehr Junker schicken ihre Söhne in den Militär- und Staatsdienst, weil die Güter nicht genug Ertrag abwerfen, um die Großfamilien zu ernähren. In der Stadt jedoch sehen sich die jungen Grafen und Barone mit neuen Werten, Ideen und Freuden konfrontiert. Das gilt auch für Karl und seinen Freundeskreis.

Doch bei den Finckensteins in Madlitz bestimmen weiterhin die Tradition, der Standesdünkel. Stolz blickt die Familie auf berühmte Ahnen. Ein Vorfahr war Königlich preußischer Feldmarschall. Karls Großvater, ein Jugendfreund des großen Friedrich, diente Preußens Königen als Diplomat und als Minister; stolz trägt er den Schwarzen Adlerorden. Der Vater, ein Mann der Wissenschaft und Kunst, studiert und übersetzt Theokrit, Pindar und Virgil, zugleich aber hält er Karl am kurzen Zügel und zwingt ihm seinen Willen selbst in Kleinigkeiten auf. Burgsdorff versucht, Rahel das zu erklären: «Der Geist der Eltern wirkt mächtig in dem Ganzen, wie ein großes Rad in einer großen Maschine das viel leeren Raum erfordert, – er erhält das Ganze in seinem ewig gleichen Familientackt.» Und dieser Vater, der selbst Karls Besuchstermine im Elternhaus bestimmt – ‹jetzt noch nicht› und ‹dann nicht mehr› –, sollte Rahel als Schwiegertochter akzeptieren?

Wie preußische Junker sich Bräute und Ehefrauen vorstellen, das hat Ludwig von der Marwitz, der zusammen mit Graf Finckenstein, Karls Vater, 1812 die Adelsopposition gegen die preußischen Reformen anführen wird, in seinen Memoiren beispielhaft beschrieben. Ungefähr so alt wie Karl, kommt er als junger Mann von seinem Schloß und Gut in Friedersdorf, nur wenige Kilometer vom Sitz der Finckensteins entfernt, nach Berlin und lernt dort im Haus der Gräfin Brühl deren Tochter Fanny kennen. Sowohl in ihrer äußeren Erscheinung als auch in ihrem Wesen stellt Fanny das genaue Gegenbild zu Rahel dar. Nach den Worten ihres späteren Gatten ist sie mit Reizen ausgestattet, die geeignet sind, nach dem Geschmack der Zeit rechten Stolz auf sie zu wecken, sie repräsentiert das Anmutige, Gefällige, Schöne und ist zugleich fügsam, lenkbar und von makelloser Frömmigkeit. Auch gefällt dem Werbenden, daß sie bei geringsten Anlässen errötet; «ein Merkmal jungfräulicher Einfachheit, Eingezogenheit und Häuslichkeit». Nicht nur das Mädchen, auch die Familie «stimmt»: Vom Lande kommend, erlebt der verliebte Junker hier «den feinen Ton, die zarte Sitte und das bis an die äußerste Grenze gehende Schicklichkeitsgefühl».

Diesem ausgeprägten Sinn für Schicklichkeit entspricht, wie Fanny reagiert, als Marwitz sie bittet, seine Frau zu werden: Sie fällt in Ohnmacht und wird, wieder zu sich kommend, gesenkten Blickes von der Mutter fortgeführt. Bald darauf vergißt der Bräutigam die feinen Sitten und küßt Fanny die Hand, was ein Ehrenmann nicht tut. Er kompromittiert die Braut. Fanny vergibt, und sie verspricht, eine folgsame, nur auf Ludwigs Glück bedachte Ehefrau zu sein.

Dagegen nun Rahel Levin, wie sie Adelsleute aus Friedersdorf und Madlitz sehen: eine Bürgerliche jüdischen Geblüts, ein nicht mehr unschuldiges, von Natur aus unansehnliches, bereits leicht verblühtes schwächliches Geschöpf, manchmal derb und burschikos; eine Frau, die Anspruch auf Ebenbürtigkeit gegenüber einem Mann erhebt und sicherlich nicht mal gebären kann. Die und das Geschlecht der Finckensteins – ein aberwitziger Gedanke!

Seit dem Winter 1798/99 treibt die Liebesgeschichte des ungleichen Paares ihrem Ende zu. Rahel schwankt zwischen Verzweiflung und Zorn, Auflehnung und Ergebenheit. In einem Atemzug beschimpft sie Karl, weil er sie leiden läßt, und beteuert, ihn mehr als je zu lieben, «und so wirds immer sein».

Nur wenig später scheint sich eine dramatische Wende anzubahnen. Es klingt wie ein Jubelschrei, als Rahel ihre Schwägerin wissen läßt, bald werde sie verheiratet und in einem Jahr vielleicht schon Mutter sein! Wie? Hat Karl sich nun entschieden? Nein, das nicht. Aber ein anderer Bewerber ist aufgetaucht. Auch er brächte einen Adelstitel in die Ehe ein, auch er ist Diplomat, Gesandtschaftsrat, und zwar an der spanischen Gesandtschaft in Berlin. Graf Casa-Valencia heißt der Mann. Kaum haben sich die beiden kennengelernt, da schenkt er ihr schon seinen Ring, dann sie ihm den ihren, darauf kommt sein Bild; «*muß* er mich nun nicht den Sonntag heiraten?» fragt sie übermütig ihre Schwägerin. Ein Gran Ernst, zwei Gran Übermut; auch Genugtuung mit Blick auf Karl ist beigemischt. Doch obgleich Rahel den Spanier gern in ihrer Gesellschaft sieht, kann sie sich «keine Äußerung der Liebe für ihn abgewinnen; und es geht also nicht...»

Im Sommer 1799 sitzt sie, unglücklich wie nie zuvor, in ihrer Dachstubenwohnung und wartet darauf, daß sie der nach Berlin zurückgekehrte Karl besucht. Doch der erscheint immer seltener bei ihr, er besucht Diners und Soireen und amüsiert sich mit seinen Schwestern. Endet auch diese Liebe als ein bürgerliches Trauerspiel?

Gestorben wird hier nicht; und wenn Finckenstein vom Sterbenwollen spricht, so schwadroniert er nur. Zum Beispiel, wenn er von dem Zwiespalt seiner Gefühle, von dem Hinundhergerissensein zwischen Rahel und seinen sechs

Schwestern spricht. Seit er sie kennt, schwärmt er der Geliebten vor, wie heiß und innig er die Mädchen liebe, besonders Henriette, Karoline und Barnime, die drei ältesten. Karl will sie glücklich machen, sagt er, und sei es unter Aufopferung des eigenen Glücks. Um Rahels willen, sagt er, könne und dürfe er sie nicht verlassen. Was soll er tun? Karl, wieder einmal von Selbstmitleid übermannt, erwägt, «für seine Lieben zu sterben»; doch er überlegt es sich noch mal. Das erweist sich als ein richtiger Entschluß, denn nachdem Rahel ihn verlassen hat, brennen seine Schwestern durch: Henriette mit einem Dichter, als Dritte im Bunde in der Ehe Ludwig Tiecks, Karoline mit einem Architekten namens Genelli, Sohn eines Kunstperlenstickers und ein guter Freund von Karl. Der Stand ihrer Liebhaber spielt bei den Damen keine entscheidende Rolle, sie sind wahrhaftiger als Karl.

Um alles in der Welt: Was bindet Rahel an diesen Menschen? Gewiß, er ist nicht schlecht, doch schwach und eitel, nicht böse, sondern einfältig; und aus der Einfalt rührt, wie oft bei Kindern, seine Grausamkeit. Rahel ist so stolz darauf, Menschen zu durchschauen – bei Karl versagt die Gabe. Und die Glückssehnsucht, zu der auch immer ein Stückchen Illusion gehört, ist stärker als der Anspruch auf Wahrhaftigkeit im Umgang mit dem eigenen Ich.

Im Herbst 1799 wird Finckenstein an die Preußische Gesandtschaft nach Wien versetzt. Noch einmal macht er Rahel vage Versprechungen; und wieder hält er sie nicht ein. Im Februar 1800 findet sie die Kraft zum Bruch: «Die Jahre, die Du weg bist, will ich dazu anwenden, unbekannt mit Dir zu werden. Überreden kannst Du mich nicht mehr.» Er versucht es auch nicht mehr.

Rahel täuschte sich über Karls Charakter und wohl auch über sein eher kindlich-vertrauensvolles als leidenschaftliches Gefühl für sie. Und doch blieb er, der Junge mit der «blonden» Seele, der Bestimmende. Sie unterlag gerade deshalb, weil sie die Überlegene war. Das für ein gemeinsames Leben zu akzeptieren, hatte Karl nicht das Format. Doch ihr unbedingter Heiratswunsch, der Wille, auf dem für Frauen gängigen Schleichweg aus dem Judentum herauszukommen, brachte sie in eine Abhängigkeit von Karl, die dieser zu nutzen verstand.

Rahels Familie beeilt sich, aus der von allen als schmachvoll empfundenen Affäre die Konsequenz zu ziehen. Rose, der jüngeren Schwester, wird ein achtbarer jüdischer Justizbeamter aus Amsterdam als Gatte ausgesucht und die ältere Schwester von der Hochzeit ferngehalten. Man ist erleichtert und durchaus einverstanden, als Rahel sich entschließt, ein, zwei Jahre nach Paris zu gehen. So «bleibt die Traurigkeit, die Einsicht, der Ernst: es ist vorbei», schreibt sie der Schwester.

Und Finckenstein? Er macht Karriere. Ohne sich besonders auszuzeichnen, steigt er zum preußischen Gesandten auf, heiratet die Schwägerin eines berühmten italienischen Tenors, sammelt Folianten und gilt als liebenswürdiger und gefälliger, wenngleich unbedeutender Diplomat. Er stirbt, noch nicht vierzigjährig, im Herbst des Jahres 1811.

«Ich habe ihn noch diesen Sommer bei mir gesehen», schreibt Rahel einem Freund, «kalt wie ein Frosch, verlegen wie ein Gauner, den man erwischt hat… Da ist er nun von dieser Erde ausgestrichen, unter ihr verscharrt; mit samt seinem falschen Ehrgeiz, und seinen Treulosigkeiten, Lügen, Niedrigkeiten, all seinem Hochmut!… ich verachte ihn, diesen Finckenstein…»

Zwanzig Jahre hat sie ihn überlebt. Sie bewahrt alle seine Briefe auf und eine seiner seidenweichen blonden Locken.

Gesellschaft war mir von je
die Hälfte des Lebens

Levins gute Stube

«Was ist herrlicher als Gold?», fragte der König.
«Das Licht», antwortete die Schlange.
«Was ist erquicklicher als Licht?», fragte jener.
«Ein Gespräch», antwortete diese.
Johann Wolfgang von Goethe,
Märchen von der grünen Schlange

Garlieb Merkel wundert sich. Das soll Berlin, die Hauptstadt Preußens, am Ende des 18. Jahrhunderts sein? Der Reisende aus Livland, ein umgänglicher und welterfahrener Mann, findet rasch Zugang zum gesellschaftlichen Leben und stellt dabei bemerkenswerte Unterschiede fest. Ja, es kommt ihm vor, als sei die preußische Metropole gar keine einheitliche Stadt, sondern ein Bündel von kleinen, durchaus verschiedenen Städten, miteinander verbunden durch ein Schauspielhaus. Und in jedem dieser Stadtteile haben die Frauen einen anderen Stand.

Wichtig sind für den philosophisch-literarisch interessierten Merkel jene in der Hochzeit der deutschen Aufklärung entstandenen intellektuellen Vereinigungen wie der Montagsclub oder die Mittwochsgesellschaft, wo man regelmäßig über wissenschaftliche Neuerscheinungen, Bücher und Ideen diskutiert.

Allerdings, Frauen sind nicht zugelassen. Die Mitglieder sind sich darin einig, daß es Orte geben müsse, «wo Männer gegen Männer sich frei ausschwatzen» können, ohne Rücksicht nehmen zu müssen, ob dieses oder jenes derbe Wort verstörend auf ein Frauenzimmer wirken könne.

Eingeladen bei dem Verleger Friedrich Nicolai, einst gemeinsam mit Mendelssohn und Lessing Wortführer der Aufklärung in Berlin, stellte der Besucher fest, daß die anwesenden Damen sich «sehr vernünftig und anständig» betrugen. Sie «hörten aufmerksam den munteren oder ernsten Unterhaltungen ihrer Väter oder Männer zu und wagten kein anderes Urteil über die neueren Erzeugnisse der Literatur, als sie von jenen hörten». Merkel langweilte sich bei Nicolai.

Munterer ging es in der französischen Kolonie der preußischen Hauptstadt, bei den Hugenotten, zu. Auch hier beschränkten sich die älteren Damen, «ehrbare Höhrerinnen» zu sein, aber die jüngeren «übten wenigstens so lautes Stimmrecht als die Herren». Doch sie wurden weit übertroffen «von weiblichen Mitgliedern der jüdischen Kolonie». «Hier galt die Stimme der Männer fast nichts», jedenfalls nicht in literarischen Debatten, «die der Frauen und Mädchen war entscheidend.»

Weil sie sich nicht damit abfinden wollten, ausgeschlossen zu sein, wo sie teilhaben, nur zuzuhören, wo sie mitreden wollten, begründeten einige aus wohlhabenden jüdischen Häusern stammende junge Frauen im letzten Jahrzehnt des 18. Jahrhunderts eine neue Form der Geselligkeit: den nicht mehr aristokratischen, sondern bürgerlich-jüdischen Salon.

Die Wohnungen der Gastgeberinnen lagen nahe beieinander zwischen Alexanderplatz und Brandenburger Tor, in den Parallelstraßen der Linden, so daß die Gäste zu den üblichen Salonzeiten zwischen dem späten Nachmittag und neun Uhr abends auch schon mal von der einen in die andere Gesellschaft wechseln konnten. Das geistige Leben Berlins, wenn man es auf diese Form der Geselligkeit beschränkt, spielte sich in etwa zehn Salons und unter schätzungsweise hundert Leuten ab.

Die beiden bekanntesten und in der Folgezeit berühmtesten Berliner Salons wurden von Rahel Levin und der um einiges älteren schönen Henriette Herz geführt, deren Mann, ein hochangesehener Arzt, jeden Freitag seine wissenschaftlichen Diskurse über Kantsche Philosophie und Experimentalphysik abhielt, während seine Frau nebenan, in ihrem Salon, mit jungen Damen und Herren über Literatur und das Theater plauderte.

Zwar gehört zum Kennzeichen des Salons, daß ihn eine Dame führt. Aber die Besucher waren in der Mehrzahl Männer. Das galt auch für die Jägerstraße. Frauen von Bürgern und vom Hof ließen sich zwar gern erzählen, was für ein Völkchen sich bei diesen Jüdinnen traf und was in den Salons «getrieben» wurde, aber sie gingen nicht hin, um ihren Ruf zu wahren. Denn außer den adligen Herren, die als aus der Art geschlagen galten, verkehrten dort auch Dichter, Leute von der Oper, dem Theater, die man nie ins eigene Haus gelassen hätte.

Rahels Salon entwickelte sich aus dem familiären Freundeskreis. Da sie als einzige der Berliner Salondamen nicht verheiratet war und zusammen mit ihrer Mutter, den Geschwistern und der Schwägerin lebte, war die Familie am gesellschaftlichen Leben im Haus beteiligt. Rahels Freunde, wie zum Beispiel Gualtieri und die Unzelmann, waren Familienfreunde; sie kamen auch ins Haus, wenn Rahel auf Reisen war, und nahmen an Familienfesten teil. Als Empfangsraum für einen größeren Gästekreis diente die gute Stube, das rote Eckzimmer in der Beletage, und nur wenn einzelne Vertraute

Rahel allein besuchen wollten, stiegen sie in deren Dachstube hinauf.

Drei junge Adlige, nämlich Rahels Paladine Brinckmann, Burgsdorff und Gualtieri, gehörten zum inneren Zirkel des Levinschen Salons.

Der schwedische Diplomat Brinckmann, ein kleiner, ziemlich schwächlicher, aber lebhafter und begeisterungsfähiger Mann mit einer großen Nase, war unglücklich verliebt, und zwar in die Musen Kalliope und Erato, aber auch in leibhaftigere Damen. Leider blieb sowohl dem Liebhaber als auch dem Dichter nachhaltiger Erfolg versagt. Als einer der ältesten Freunde und Bewunderer Rahels kam er oft in das Levinsche Haus und führte dort eine Reihe anderer Leute ein. Brinckmanns durch nichts zu bändigende Schwatzhaftigkeit bereitete seinen Freunden oft Verlegenheit und Ärger; andererseits schätzten sie seine Hilfsbereitschaft und seine umfangreiche Bibliothek. Was sonst nur schwer aufzutreiben war, bei Brinckmann fand man es und lieh es aus.

Der eindrucksvollste der drei Männer war Gualtieri, den man in der Jägerstraße, seinen Namen eindeutschend, meistens Walter nannte. Diesen eigenwilligen Charakter bestimmten eine bis zur Verschrobenheit gesteigerte Beharrlichkeit, Eitelkeit und Mut – heute würde man es Zivilcourage nennen.

Gualtieri war ein erfahrener und gewandter Hofmann; ein Höfling war er nicht, denn er sagte überall und jedem, auch dem König, was er dachte. Die Ansprüche der vornehmen Welt hielt er für anmaßend und töricht. Für ihn zählte einzig und allein die Aristokratie des Geistes; zu ihr wollte er gehören. Goethe kennengelernt zu haben, das war etwas! Wie wenig galt dagegen, mit Prinzessinnen zu dinieren! Oft verließ er eine Hofgesellschaft, um zu Mademoiselle Levin zu gehen, denn dort träfen sich die wahrhaft Gebildeten und Klugen, belehrte er die Königin.

Kaum hatte Gualtieri das rote Eckzimmer betreten, rief er oft: ‹Laßt uns über irgendeinen Gegenstand streiten›, denn das tat er allzu gern. Unaufhörlich disputierend, räsonierend, verteidigte er die absonderlichsten Ideen. Überlegenheit, ausgenommen bei seiner Freundin Rahel, konnte er nur schwer ertragen. Sie anzuerkennen ließ seine Eitelkeit nicht zu. «Weinen, sich rächen, drohen... zwingen, klügeln, sich anstrengen, schmeicheln», schrieb Rahel über ihren wunderlichen Walter, «alles konnte und gebrauchte er, nichts war ihm zu groß, nichts zu klein», nur um nicht nachzugeben.

Als Rahel im Sommer 1801 aus Paris heimkehrt, beginnt die Glanzzeit ihres Salons. Abwechslung und Kunstgenuß, Liebelei und Freundestrost hatte ihr die fremde Stadt geboten. «Ich bin verwundet nach Frankreich gereist», schrieb sie an Veit, «und kehre gefaßt zurück.»

Wenn jetzt Gesellschaft in die Jägerstraße kommt, gilt sie als Gastgeberin, ist sie der Mittelpunkt. Ihretwegen lassen sich auswärtige Besucher bei den Levins einführen, denn ihr gelingt es, einen Kreis um sich zu sammeln, der als der anziehendste und geistreichste in ganz Berlin gilt. Das erhöht auch ihr Prestige in der Familie.

Äußerlich unterscheidet sich Rahels Salon kaum von den anderen. Auch hier wird Tee, das typische Salongetränk, gereicht. Auch hier steht, um Gesprächspausen zu überbrükken, ein geöffnetes Klavier bereit. Es ist die Gastgeberin, die der Gesellschaft ihre Exklusivität verleiht.

Rahel Levin muß ein Geselligkeitsgenie gewesen sein. Ähnlich wie vor ihr Moses Mendelssohn, der berühmte Berliner Philosoph, kommt sie jedem Gast mit ausgesuchter Höflichkeit entgegen, wendet sich ihm unbefangen liebenswürdig zu, gibt ihm ein Gefühl für seinen Wert. So etwas gelingt nur Menschen, die neugierig auf Menschen sind und Menschen mögen.

«Nichts freut mein Herz so sehr», schreibt Rahel 1811, «als wenn sich meine Freunde anerkennen; und ich kann triumphirend sitzen und denken, du bist die Erste, du hast den entdeckt; und nun müssen sie ihn lieben! Oft hab' ich Heterogenscheinendes vereinigt; oft aber, wollten die besten Seiten an den Menschen nicht zu einander passen... daher fühl' ich mit lebendiger Freude wenn es mir gelingt, meine Lieben in Liebe füreinander zu entzünden, und wenn sie *meiner* bestimmen und huldigen müssen.»

Wenn es sein mußte, gestand Rahel ihren Gästen auch mal schlechte Laune zu, stummes melancholisches Beiseitesitzen oder ein gerüttelt Maß an Widerspruch. Nur zuhören mußten sie, besonders wenn sie redete, nur begriffsstutzig durften sie nicht sein. Dummheit und Zerstreutheit machten Rahel unwillig und ärgerlich. Sie selbst war in Gesellschaft ganz auf diese konzentriert, beobachtete schnell und genau, reagierte, kombinierte; einem hübschen Einfall ließ sie eine Springflut von Gedanken folgen. In solchen Augenblicken fühlte sich die Gästeschar wie inmitten eines Wirbels, und kaum einer konnte unterscheiden, was an Rahels unerwarteten Sentenzen Tiefsinn, Witz, Genie oder Grille war.

Lebenslang schwankte ihr Selbstwertgefühl zwischen Überheblichkeit und Zerknirschung, Verzagtheit, Exzentrik, Arroganz, Verletztsein. Aber ihre Begabung als Gesellschaftsdame war ihr bewußt. «Ich liebe unendlich Gesellschaft», heißt es in einem Brief an Clemens Brentano, «und bin ganz überzeugt, daß ich dazu gebohren, von der Natur bestimmt und ausgerüstet bin. Ich habe unendliche Gegenwart und Schnelligkeit des Geistes um aufzufassen, zu antworten, zu behandlen. Großen Sinn für Naturen und alle Verhältnisse, verstehe Scherz und Ernst und kein Gegenstand ist mir bis zur Unschicklichkeit fremd, der dort vorkommen kann. Ich bin bescheiden und gebe mich doch preis durch Sprechen und kann sehr lange schweigen und liebe alles Menschliche, *dulde* beynah *alle* Menschen.» Da Gastgeberin und Gäste Geselligkeit als Kunstwerk sahen, agierten sie auch wie Künstler. Obgleich mit unterschiedlicher Intention, betrat jeder der Beteiligten Rahels Salon wie eine Bühne, auf der es galt, gesehen und, vor allem, gehört zu werden, sich darzustellen mit einem unverwechselbaren Ich. Meist bot es sich an, daß Rahel als Gastgeberin die Hauptrolle übernahm, und sie tat das mit Vergnügen. Allen Antrieb, den sie dazu brauchte, auch die Begabung hatte sie; sie war berauscht von ihren Ideen, erregt durch eigenes Sprechen, entzückt von dem Gedanken, ihre Seele vor anderen spielen zu lassen. Mochten die entscheiden, was dieses Spiel beflügelte und trübte. Eine leicht zum Theatralischen neigende Selbstdarstellerin von hohen Graden bot sich dar. Ihre Liebe zur Wahrhaftigkeit stand ihrem Narzißmus nicht im Weg. Eher das Gegenteil ist richtig: Diese Inszenierungen legten die Theatralik ihres Wesens dar. Nicht zufällig fühlte sie sich heimisch im Theater und ging so gern mit Leuten vom Theater um. Der Salon ersetzte der doppelt Verhinderten, der Autorin und der Schauspielerin, die Bühnenbretter.

«Nie wieder hat sie so gewirkt wie in dieser Zeit, nie wieder hat sie solche Macht über Menschen gehabt, nie wieder erschien sie den Menschen so ganz sie selbst in ihrer Einzigartigkeit.» (Hannah Arendt)

Mortimer ist krank geworden; Iffland stellt den Spielplan um. So kommt Friederike Unzelmann, die die Maria Stuart spielen sollte, unverhofft zu einem freien Abend in der Gesellschaft der Levins. Ein anderer Gast, Friedrich Schlegel, August Wilhelms jüngerer Bruder, der Verfasser der berüchtigten «Lucinde», möchte an diesem Winterabend des Jahres 1801 mit Friederike gern über ihre Auffassung bestimmter Rollen sprechen. Aber über unterschiedliche Interpretationen in der Schauspielkunst weiß die berühmte Dame nichts zu sagen, darüber hat sie noch nie nachgedacht.

Die Gesellschaft hat sich in kleinere Gesprächsgruppen aufgeteilt. Man plaudert, sorgt sich um den schwerkranken Ferdinand Fleck, den berühmten Schauspieler, um gleich darauf die neuesten Ereignisse, auch die letzte Opernpremiere zu bereden.

In einer Ecke steht Brinckmann mit dem Grafen Salm, einem neuen, von ihm eingeführten Gast, und flüstert ihm die Namen der anderen Gäste zu. ‹Sehen Sie dort, Gualtieri und der Major von Schack, bekannt für seinen Mutterwitz, und links von den beiden Friedrich Gentz. Einer seiner Schreibtische steht in irgendeiner preußischen Kanzlei. Doch bekannt ist Gentz durch seine Veröffentlichungen; er ist ein hochbegabter Publizist.›

Sich dem Kreis um Gentz hinzugesellend, erfährt der neue Gast, wie dieser Mann durch die Vielfalt seiner Argumente, Gesten, Töne für sich einzunehmen weiß. Im schnellen Wechsel kann er scharfsinnig, fast schneidend und dann wieder liebenswürdig und verbindlich sein. Woran soll man sich halten? An sein dreistes Wort oder den sanften Aufschlag seiner Augen? Noch Jahrzehnte später wird sich Graf Salm an diesen Abend mit Gentz erinnern: Wie er vornehm, scheu, fast schüchtern die Teetasse zur Seite stellt und, animiert von einem Satz, von irgendeiner Wendung des Gesprächs, wieder selbst anhebt zu reden: Er «sprach von dem Glück und dem Unglück der Liebe, von ihren Gründen und Bedingnissen, ihren Wirkungen und Ausgängen; erst nur in kleineren Sätzen, die er noch konversationsartig an seine Nachbarn richtete, frageweise, problematisch, allmählich entwandt er sich diesem Bezug und Ton, nahm einen freieren Schwung, wagte kühnere und festere Behauptungen, und als er sich der Gesinnung und Beistimmung seiner Zuhörer völlig versichert halten durfte, öffnete er gleichsam alle Schleusen seiner Beredtsamkeit, deren gewaltiger Fluß nun unwiderstehlich einherströmte und uns mit staunender Bewunderung erfüllte...»

Reflexionen über die Liebe, über die Schauspielkunst... – aber am häufigsten und ausdauerndsten wird über Literatur geplaudert. Neuerscheinungen werden besprochen, Urteile über Jean Paul, Tieck, Novalis abgegeben, und immer wieder regt Rahel zum Gespräch über Goethe an. Sie und andere Salondamen machen ihn durch ihre kultische Verehrung erst in Berlin bekannt.

Politik bleibt meistens ausgespart. Die Damen interessieren sich nicht für Haupt- und Staatsaktionen – es sei denn, ihnen begegnete ein Akteur.

Da kommt schon einer, der nach Abstammung und Titel zu den Akteuren zählen könnte, an den Staatsgeschäften aber nicht beteiligt wird. Wer sitzt, erhebt sich kurz; «Königliche Hoheit!» ruft Rahel und begrüßt den Prinzen Louis Ferdinand. Was für ein stattlicher Mann! «Sechs Fuß hoch aufgeschossen», wenn man Fontane glauben darf. Aber korrektes Deutsch kann Louis Ferdinand genausowenig sprechen wie der Alte Fritz, sein Onkel. Der Prinz ist blauäugig, blond, verwegen, wiederum laut Fontane, «der Liebling der Genossen, der Abgott schöner Frauen». Aber seine Art zu sprechen wirkt gewöhnlich und auch arrogant; er bedient sich dieses schnarrenden «ton de corps de garde», der Madame Herz so stört und andere gewiß auch. Der Prinz beeindruckt als gewandter Reiter, tüchtiger Fechter und gesuchter Tänzer. Aber in der Haltung und den Gesten liegt etwas beleidigend Herablassendes. Königliche Hoheit sucht Zerstreuung, also bitte, was bietet die Gesellschaft ihr? Wenn er nicht ins Feld ziehen kann und sich der Banalität des Hofalltags ausgeliefert sieht, fühlt er sich unausgefüllt, gelangweilt, trinkt zuviel und möchte unterhalten werden. Louis ist ein Held wie Alkibiades, ein Halbgott wie Adonis sowie ein stadtbekannter Schuldenmacher und Verschwender.

Gualtieri hat ihn Rahel kurz vor deren Frankreichreise vorgestellt. Seit sie aus Paris zurück ist, kommt Louis öfter in die Jägerstraße. Sie ist rührend stolz darauf und möchte ihm beweisen, wie geistreich und gebildet eine Berliner Jüdin sein kann; «solche Bekanntschaft soll er noch nicht genossen haben».

Zu vorgeschrittener Zeit bewegt Rahel den Prinzen, sich an ihr Klavier zu setzen. Er improvisiert; extravagante Modulationen sind typisch für sein Spiel. Mag Louis Ferdinand «grundsatzlos und rücksichtslos» gewesen sein – so wird ihn Fontane im «Schach von Wuthenow» beschreiben –, am Piano ist er ein Virtuose, seine Kompositionen sind ernsthafte, eigenständige Werke. Beethoven hat es bestätigt.

Bei Rahel Levin traf sich die beste und geistreichste Gesellschaft; die gute Gesellschaft war es nicht, weder im aristokratischen noch im bürgerlichen Sinn.

Wer Rahel persönlich und allein sprechen wollte, und das wollten eigentliche alle, die sie näher kannten, stieg in ihre Mansarde mit den schrägen Fenstern hoch. Im Sommer sangen die Vögel unter dem Dach. An der Wand hing ein Porträt von Lessing. Hier lebte sie, betreut von der Dienstmagd Line Brack aus Königswusterhausen, las, schrieb, «sah Himmel, Gestirne, Welt mit einer Art von Hoffnung; wenigstens mit heftigen Wünschen» und empfing Besucher.

Manchmal kam der erste schon am frühen Morgen, und bis zum Abend setzte sich der Strom der Gäste fort. Später, der Salon in der Jägerstraße existierte schon nicht mehr, besuchte Rahel einmal der bekannte Philologe Wolf. Eigentlich war er nur gekommen, um seine Aufwartung zu machen, doch dann blieb er fast vier Stunden. Hinterher hat er über sich selbst den Kopf geschüttelt. Was hatte diese Frau aus ihm herausgelockt! Nicht nur über seine Arbeiten und wie er sie gewöhnlich vorbereitete, durchdachte, nicht nur über seine Vorlieben, Grundsätze und Pläne. Er hatte Rahel auch sein Leben erzählt, von Liebschaften, der Heirat, seiner Frau. Er hatte von Schiller gesprochen, von «Schleiermacher, Humboldt, Friedrich Schlegel, dessen Frau und Bruder, Goethe, dessen Ehe, und Geschichte; seinem Leben mit ihm... von Mad. Herz, Frau von Berg...» und über Wolken. Und was er über Wolken sagte, fand Rahel besonders schön.

Jeder, der die berühmte Dachstube betrat, spürte etwas von dem Menschenhunger der Bewohnerin, von ihrer Neugier und Entdeckerlust. Zeitlebens blieb es ihre «größte Wonne», Menschen zu ergründen, und «ihre Möglichkeiten, die sie in sich tragen», und da sie von Natur aus eine einfühlsame Psychologin war, gelang es ihr auch oft verblüffend schnell, in die Seele eines anderen Menschen einzudringen und in ihm das Besondere, Unverwechselbare aufzuspüren.

Jungen Männern wie Brinckmann, Burgsdorff und Gualtieri sind diese ausgedehnten Seelenwanderungen an der Hand der Freundin eine Lust. Ähnlich wie Rahel haben auch sie gerade erst ihr Ich entdeckt – ein gewaltiges Erlebnis, erschreckend, aber faszinierend. Sie geben den Spannungen in ihrem Innern nach, sie unterdrücken nicht mehr seelische Konflikte und erfahren, beschäftigt mit sich selbst und ihrer Psyche, wie schwer das ist, sich selbst zu finden und mit sich zu leben.

Rahel weiß, wovon sie reden. Sie beherrscht die Kunst, geduldig zuzuhören, im richtigen Augenblick nachzufragen und nach-zu-denken, nach-zu-fühlen. Sie hört auch das noch, was nicht ausgesprochen wird, und versteht, wofür dem Freund die Worte fehlen. «In meiner Seele las sie, wie in einem offenen Buche *mit breiten Rändern*, wo sie überall etwas hinzuschrieb und verbesserte», schrieb Brinckmann, alt geworden, nach Rahels Tod, «und wo irgend die Handschrift meines unruhigen Geistes mir selbst unleserlich erschien, entzifferte *sie* solche oft schneller und fertiger als ich selbst.»

Solche und ähnliche Bekenntnisse gibt es zuhauf. Aber hat sich diese Menschenkennerin und Seelentrösterin in ihrer Dachstube nicht doch selbst überfordert? Das therapeutische Lehrwort, das sie ihren von ungenauen Wünschen und Verlangen getriebenen Freunden immer wieder vorhält, heißt Wahrheit. Wahrhaftigkeit soll den Umgang in der Dachstube bestimmen. Ich «habe Ihnen gar nichts zu sagen, wenn ich Ihnen nicht die Wahrheit sagen soll», habe sie, sagt sie, Prinz Louis Ferdinand erklärt. Nur erfährt man nie, welche Wahrheit «die Kleine», wie er sie oft nannte, der Königlichen Hoheit wohl vermittelt hat. «Mein Verhältnis zu ihm war sonderbar; beinah ganz unpersönlich», heißt es nach seinem Tod. «Von uns zu einander, war nicht die Rede. Doch mußte er mir alles sagen: komponierte er, sollt' ich bei ihm sitzen; spielte er – am Ende gezwungen – Karten, auch. Mein Gräuel!» Dabeizusitzen wie ein Hündchen! Wer nicht den Mut aufbringt, dem «Gnädigen Herren» nach Jahren freundschaftlichen Umgangs so ein Verlangen abzuschlagen, müßte sich wohl eingestehen, als ständig verfügbares Geschöpf gehörig benutzt zu werden.

Die «ordentliche Dachstuben-Wahrheit», die der Prinz zu hören bekommen sollte, wird wohl dosiert oder angenehm verpackt gewesen sein. Darf denn die Unermüdliche riskieren, durch zuviel Wahrheit unbeabsichtigt zu kränken oder gar den Zorn des Hohen Herren zu erregen und ihn womöglich aus der Mansarde zu vertreiben? Immer muß sie gewiß sein können, daß er wiederkommen wird, also Rücksicht nehmen. Seelentrösterin für einen Königsneffen sein – gegenüber diesem Triumphgefühl zählt es nicht, daß von einem gleichberechtigten, einem offenen Verhältnis mit dem Prinzen nicht zu reden ist.

Die Dachstube ist immer beides: Sprechzimmer einer Seelenkundigen, Ort der Freundschaft und der Liebe und zugleich die Klause einer Enttäuschten und Beleidigten. Rahel war erst sechzehn Jahre alt, als die ersten Rat- und Trostsuchenden sich bei ihr einfanden. Einige Jahre später, des steten Zuspruchs für andere erstmals überdrüssig, erklärte die Dachstuben-Pythia, sie sei schließlich keine Einsiedlerin und halte auch keine Beichte ab. Rahel realisierte zum erstenmal, daß sie in der Mansarde einen als typisch weiblich geltenden, undankbaren Beruf ausübte, nämlich verständnisvolle Freundin und Seelentrösterin zu sein; zu den Bedingungen gehört Verfügbarkeit. Doch Einsicht allein genügt nicht, um sich derartiger Beanspruchung zu erwehren. Die Dachstubenbesuche werden unvermindert fortgesetzt.

Wieder ein paar Jahre weiter und Rahel stört, so wenig Widerhall zu finden. «Ihre Gedanken finden keine Bestätigung, keine Modifikationen durch die Gedanken Anderer; Ihrem Urteil setzt man meistens Geschwätz, und, wo es hoch kommt, flüchtige Bemerkungen entgegen», erkennt Veit. Rahels Freunde genügen ihr nicht, aber sie trennt sich nicht von ihnen.

Ihr Bedürfnis nach Gesellschaft und ihr Wunsch, gebraucht zu werden, sind so unermeßlich groß, daß sie darauf aus sein muß, keinen ihrer Freunde zu verlieren. Sie ist von ihnen abhängig, nicht umgekehrt. Aber da sie alles andere als vernünftig ist und, um nicht zu resignieren, immer wieder rebelliert, verschließt sie sich der nüchternen Einsicht, daß

Menschen, die sich ganz auf das Gebrauchtwerden-Wollen kaprizieren, selten andere finden, die diese Rolle für sie selber übernehmen. Hat Rahel gehofft, Prinz Louis Ferdinand oder Friedrich Gentz könnten verständnisvolle und geduldige Freunde sein? Von ihnen gütige Teilnahme zu erwarten ging an der Wirklichkeit vorbei. Rahel Levin war im Blick auf Menschen und Gegebenheiten manchmal auch erschreckend töricht.

Doch im Winter 1801 wächst in der Dachstube eine Lebensfreundschaft, in der Rahel mit ihrer Unvernunft und Torheit rührt und überzeugt. In ihrer Zuneigung zu Friedrich Gentz beweist sie, wie unabhängig herzlichste Gefühle für einen anderen Menschen von dessen Qualitäten und Überzeugungen sein können.

Der Ruf von Gentz ist nicht der beste. Sein Charakter gilt als schlecht, sein Lebenswandel als verworfen. Man erzählt von ausschweifenden Gelagen mit zweifelhaften Damen und von einem hohen Schuldenberg. Gentz sei unerträglich eitel, hoffärtig und zynisch, heißt es. Aus dem einstigen Lobredner auf die Französische Revolution, so sagt man, sei ein «eingefleischter Aristokrat» und «nichtswürdiger Freiheitsfeind» geworden. Und bestechlich soll er auch noch sein.

Rahel hört und weiß das alles; es wird viel Schlechtes über diesen Friedrich gesagt, und es ist alles wahr.

Er ist anspruchsvoll und arrogant – doch auch gescheit, so wunderbar gescheit! Endlich einer, der ihr intellektuell ebenbürtig ist und sie durch seine geistige Anmut und Beweglichkeit bezaubert!

Er ist ein Frauenverführer, ein Verschwender – aber besitzt er nicht ein Herz, weich und empfänglich wie bei Kindern?

Er ist egozentrisch, egoistisch (Rahel wird das oft genug erfahren) – aber ist er nicht im Grunde naiv? Vorsätzlich will er sicherlich nicht böse sein.

Rahel kennt ihn, kennt auch seine Fehler, aber sehen alle Guten, Edlen, über ihn Empörten denn nicht ein, daß Gentz einer der «vortrefflichsten schlechten Menschen» ist?

Eine vergeistigte Leidenschaft, mehrmals empfindlich gestört durch seine Treuebrüche, verbindet Rahel und Friedrich. Geäußerte Gedanken erzeugen erotische Spannung, Anziehung und Erregung entstehen durch Geistigkeit. Wörter liebkosen, werden zu Küssen.

Zwar bedauert er, ab Sommer 1802 in Wien, für längere Zeit von ihr getrennt, auf dem «Bißchen», wie sie es nannte, nicht bestanden zu haben, und will es nachfordern und genießen bei dem nächsten Wiedersehen; vielleicht ist das verführerisch, sicherlich von ihm nicht ernst gemeint. Beide ahnen, es wäre wirklich nur ein «Bißchen». Sie erzeugen gegenseitige Lust durch Phantasien, etwa wenn er ihr Rollenspiele suggeriert – sie als Mutter, er als Kind, er ein Greis und sie Lustknabe. «So groß und so vollkommen», schreibt er, sei ihr Verhältnis nur durch das Verkehren der Geschlechterrollen. Sie: ein *«unendlich-produzierendes»*, er: ein *«unendlich-empfangendes Wesen»*: sie: «ein großer *Mann»*, er: «das erste aller Weiber». Aber das ist auch ein Spiel.

Ihre wechselseitige, zurückgedrängte Sinnlichkeit teilt sich ihren Briefen mit. Ihre kommen für ihn daher wie Menschen, die der Freundin gleichen und «mit schönen, lieben, weichen Händen, vollen busen, kleinen Füßen, göttlichen Augen, besonders göttlichen rothen Lippen... vor mir auf und ab spazieren, mich küßen, mich an ihre brust drücken» und aus der Fassung bringen.

Der Dialog ist ein fortwährendes imaginäres Liebesspiel dieser beiden, zärtliches Spiel mit Worten, und so gebären sie, schreibt Gentz, «Ideen, und Gefühle, (und Lieben) und Sprachen...»

Im Vergleich zu seinen Beteuerungen wirken die ihren bodenständiger und herzlicher, weniger durch den Augenblick, das eigene Lustgefühl bestimmt: «wie ich ihn liebe... und wie nothwendig und wie un, un, uner–!!!!!!!!setzlich er mir ist». Ahnt sie seine Verrätereien?

Viel später, längst in Wien, erläutert Gentz in einem Brief an Brinckmann, woran er in Berlin gescheitert sei: Am «Beispiel verführerischer Wüstlinge» und dem «*mir* unleugbar verderblichen Umgang mit einem so mächtig entfesselnden, so durchaus desorganisiertem Genie, wie das der Levy damals war...»

Für ihn ist sie ein «göttlich-teuflisches Geschöpf». Für sie ist er «ewig mein Gentz», ein «lieber alter dicker Gentz...»

Lieber alter, dicker Gentz, auf Geld aus und auf schöne Kleider. Wie oft wird er sie noch enttäuschen! Und wie oft werden sie noch voneinander hingerissen sein!

Ein nie versiegendes Dachstubenthema bildeten jene Liebesaffären, die sich unten im Salon anbahnten oder, woanders angebahnt, dem Salonklatsch Nahrung gaben. Rahels Freunde waren sinnesfrohe junge Leute, empfänglich für Schönheit, Koketterie und Liebschaften. Kirchlich abgesegnete Bindungen hinderten sie nicht an anderweitigen Beziehungen. Das galt für die Liebespärchen August Wilhelm Schlegel und Friederike Unzelmann oder auch für Wilhelm von Burgsdorff und seine Leidenschaft für Frau von Humboldt. Gentz lernte in Rahels Salon die Schauspielerin Christel Eigensatz kennen und verliebte sich in sie. Deren Mann, Zinnow, stellte wiederum Pauline nach, angetraut dem Kriegsrat Wiesel, und dann löste Gentz den Zinnow bei Pauline ab, während Christel in die Arme jenes Spaniers sank, der mit seinem Ring und Bild um Rahel geworben hatte.

Rahel, eingeweiht in die Affären ihrer Freunde, erfüllte die gewohnte Rolle, beruhigte Eifersüchtige, tröstete Verlassene, kümmerte sich, beauftragt von den adligen Vätern, um deren uneheliche Kinder und galt als treueste Freundin jener Frau, die im Mittelpunkt des Liebesreigens stand: Pauline Wiesel.

Als diese einundzwanzigjährig dem Kriegsrat Wiesel angetraut worden war, hatte sie schon zwei aufregende Liebesgeschichten hinter sich. Ein Domherr wollte Pauline unbedingt zum Altar führen, betrieb jedoch die dafür nötige Säkularisierung so wenig nachdrücklich, daß daraus nichts wurde. Ihm folgte in Paulines Gunst ein sonderlicher Graf, aus Rußland stammend, der seiner jugendlichen Geliebten aus Dankbarkeit eine Rente auf Lebenszeit aussetzte.

Auch spätere Liebhaber erinnerten sich zeitlebens mit Entzücken an Pauline, die man auch Pelle nannte. Brinckmann zum Beispiel wollte den Göttern ewig dankbar dafür sein, «dieses himmlische Phänomen» gekannt zu haben. Friedrich Gentz blickte auf sein Verhältnis mit «diesem bezaubernden Geschöpf» mit reinem Wohlgefallen, «mit der innigsten, und vollkommensten Zufriedenheit» zurück.

Was war es denn, was die Männer so ins Schwärmen brachte, wenn sie von Pauline sprachen? Natürlich ihre Schönheit und ihre Sinnlichkeit. Diese Göttin, schwärmte Gentz, werde eines Tages zurückkehren in den Himmel und wieder zu Jupiters Rechter sitzen. Solange sie jedoch auf Erden wandelte, entfachte sie in Männern die leidenschaftlichsten Ausbrüche, Ausdruck schwärmerischer Anbetung oder wollüstigen Verlangens. Pauline war solche Anbetung gewöhnt; begehrt zu werden, fand sie natürlich. Männern, die ihr gut gefielen, gab sie ungezwungen zu verstehen, daß sie in ihrem Bett willkommen seien.

Langweilig war es nie mit ihr. Obgleich sie nicht im gewöhnlichen Sinn gebildet war, erinnerte Madame Wiesel an eine nach Preußen verpflanzte Hetäre, an eine Lais, Phryne oder Thais. Brinckmann, der Paulines Reden in Rahels Salon zuhörte, saß vor Bewunderung wie versteinert da: Sie weiß von vielem nichts und «weiß doch alles»! Welche Lust, mit ihr zu plaudern!

Natürlich war Scheinheiligkeit im Spiel; die Herren wählten den Umweg über die Tugend, um sich der Herrlichen erneut zu nähern. Natürlich war auch ein Quentchen Eifersucht dabei; aber es hat auch etwas Rührendes, wenn die abgehängten Liebhaber Gentz und Brinckmann ausgiebig darüber korrespondieren, wie die leichtsinnige Freundin mit dem lasterhaften Ruf vor dem Verderben zu bewahren, wie ihre zerrüttete bürgerliche Existenz wiederherzustellen, kurzum, wie «Paulinen zu retten» sei.

Vergebens versuchen Gentz und Brinckmann Pauline von ihrem neuesten Liebhaber abzuhalten, dem Prinzen Louis Ferdinand. Tatsächlich sind die Begleitumstände dieser neuen Verbindung so schwierig, so verworren, daß Pauline, und übrigens auch der Prinz, dringend des freundschaftlichen Rats bedürfen. Dafür bietet Rahel sich an. Zwischen 1804, da sich die beiden kennenlernen, und 1806, dem Todesjahr des Prinzen, wacht «die Kleine» über der romantischen Beziehung zwischen Pelle und dem Prinzen.

Schon in Paris hatte Rahel die ebenfalls dorthin gereiste Pauline häufiger getroffen. Jetzt bewohnte die Freundin mit dem Prinzen eine Villa etwas außerhalb Berlins, und Rahel sah sie dort oder in der Jägerstraße.

Pelle war glücklich. Und unglücklich zugleich. Der Prinz, nach seinen eigenen Worten «rasend vor Liebe, Wollust und Genuß», schwor der Geliebten ewige Treue und malte ihre Zukunft in den hellsten Farben aus. Aber was war mit ihrer Vorgängerin, der Mutter seiner beiden Kinder, Henriette Fromm? Ahnte Pauline, was Rahel wußte, daß die Beziehung nicht abgebrochen war?

Heute versprach der Prinz Pauline, sie allein solle über ihrer beider Leben bestimmen: «ganz für Dich, meine Pauline, will ich leben.» Und dann war doch vieles andere wichtiger. Unnachahmlich Pelles Beschwerde: «Du Krieger, Du Jäger, Du Musikus. So viel geht mich ab, Louis – und dann erst kömmt die Liebe. – Nein, Louis, erst die Liebe und dann das übrige.» Es tröstete Pauline, ihr Herz bei Rahel auszuschütten.

Und der Prinz? Pauline hatte schon viele Liebhaber gehabt, wer bürgte ihm, daß sie ihn nicht betrog? Wie andere vor ihm schwankend zwischen Anbetung, leisem Mißtrauen und der Retterpose, flehte Louis Rahel an: «Wachen Sie auf Pauline – seien Sie Wahr gegen mich.»

War der Prinz wehleidig gestimmt, beschloß er, sich auf die Rolle des Opfers, des Überforderten zu verlegen und Rahels Mitleid zu erheischen. Weniger den beiden Frauen sollte Rahels Anteilnahme gelten, sondern hauptsächlich ihm, dem «Unverstandenen». Durch die Blätter seiner Briefe hallt die altbekannte Klage von Männern mit zwei Frauen: «Ach, ich wußte es, daß ich das Opfer dieses allen würde! – ... O Kleine, beklagen Sie mich!»

Einen «Vielverworrenen» hat Rahel den Prinzen Louis Ferdinand genannt und blieb doch bis zum letzten Augenblick darauf bedacht, teilzunehmen an dieser Liebe, als Freundin mit dabeizusein.

Auf einer imaginären Bühne stellt sich Rahels Salongesellschaft zum Schlußbild auf. «Die Kleine» in der Mitte, rechts von ihr Pauline als schöne Helena, links der Prinz in einer prächtigen Uniform, auf dem Kopf den Dreispitz mit der eingelegten Straußenfeder. Mit dem Säbel in der Rechten hat er ein Schuldscheinbündel aufgespießt. Um diese drei gruppiert: Christel Eigensatz im Kostüm einer venezianischen

Gastwirtsfrau, denn so wird sie später leben, jetzt noch am Arm des spanischen Grafen in seiner goldbetreßten Diplomatenuniform; Brinckmann und Gentz, die den Blick nicht von Pauline lassen. In einem Lehnstuhl Chaie Levin, umgeben von den Söhnen und der Schwiegertochter. Gualtieri trägt einen Eselskopf – so zeigt ihn auch ein zeitgenössisches Gemälde inmitten anderer Masken; unverwandt blickt er auf Rahel. Aus der Kulisse zieht die Unzelmann den widerstrebenden Bethmann, ihren neuen Ehemann. Burgsdorff mit Spitzenmanschetten und schwarzbezogenem Degen sieht aus, als käme er geradewegs vom Dresdner Hof. Damen, Diplomaten, Höflinge und Offiziere. Ein Trompetensignal ertönt. Der Prinz durchschlägt die Luft mit seinem Säbel und eilt nach Saalfeld, dem Gefecht, dem Tod entgegen. Der Vorhang fällt. Das Spiel ist aus.

Verlust ist gekommen;
Wirrwahr; Krieg und Noth
Die Franzosen in Berlin

Wo ist unsere Zeit! wo wir alle zusammen waren.
Sie ist anno 6 untergegangen. Untergegangen
wie ein Schiff: mit den schönsten Lebensgütern,
den schönsten Lebensgenuß enthaltend...
Rahel Varnhagen

Jetzt ist Ruhe die erste Bürgerpflicht!» befiehlt der Gouverneur. Aber in der Friedrichstadt, rings um die Jägerstraße, herrscht Panik. Durch Meldungen und wilde Gerüchte aufgeschreckt, laufen unzählige Menschen über den Gendarmenmarkt und strömen über die Linden. Vor den Palais hoher Würdenträger hält die Menge inne, hofft vergebens auf irgendeine Auskunft und wälzt sich weiter in die Behrensstraße vor das Haus des Grafen von der Schulenburg. Er ist der Gouverneur der Stadt.

Die Berliner haben Siegesmeldungen erwartet und Hiobsbotschaften empfangen. Prinz Louis Ferdinand gefallen! Die preußische Armee geschlagen! Napoleon auf dem Vormarsch nach Berlin!

Die Menschen bleiben unschlüssig und verzagt vor den Anschlagzetteln stehen, die sie über ihre Bürgerpflicht belehren. Der Gouverneur läßt sich nicht sehen. Manche eilen zurück in ihre Häuser, um alles zu verstecken, was ihnen wertvoll ist. Und während junge tatendurstige Männer nach Waffen rufen, um den Feind zurückzuschlagen, befindet sich die Garnison schon auf der Flucht.

Und dann kommen die Franzosen. Seit dem frühen sonnigen Morgen sammeln sich die Schaulustigen vor der Stadt und säumen Rondell und Straßen um das Hallesche Tor. Die Neugier ist stärker als die Furcht. Schmetternde Trompeten kündigen die Sieger an: in weitem Abstand reitende, rotgekleidete Husaren, sonnenverbrannte Jäger, Chasseurs à cheval, mit von Roßschweifen umflatterten Helmen. Artillerie wird aufgefahren. Trommelwirbel hallen durch die Luft, dann erscheinen Pioniere, die Sappeurs: abenteuerlich wirkende ruppige Gestalten mit langen Bärten, blinkenden Äxten auf den Schultern und mit roten Federbüschen verzierten hohen Bärenmützen. Was für ein farbenprächtiges, unheimliches, ohrenbetäubendes Spektakel!

Doch dann ändert sich das Bild. Den Elitetruppen folgen ungeordnet durcheinander laufende Soldaten mit aufgerissenen Stiefeln und zerschlissenen Uniformen, einige mit einem aufgespießten Brotlaib auf dem Bajonett, andere mit gestohlenen Hühnern am Pallasch. Ist der Pudel dort am Strick ein Maskottchen oder Beutestück? Anstelle der aufgesteckten Locken und steifen Zöpfe der preußischen Soldaten hängen den Franzosen die Haare wirr herab. Auf die kleinen schräg verwegen aufgesetzten Hüte haben sie ihre Blechlöffel gesteckt. «Die Löffelgarde!» ruft ein Mann. Und diese zerlumpten schmächtigen Kerle sollen die auf Sauberkeit und Ordnung gedrillten Preußen bei Jena und Auerstedt gleich haufenweise in die Flucht geschlagen haben? Wie ist das möglich? fragen sich die Berliner. Gibt es etwas, das wirksamer als Zucht und Ordnung ist?

Am 27. Oktober 1806 reitet Napoleon an der Spitze seiner Garden durch das Brandenburger Tor. Die Kirchenglocken läuten; Berliner, die kürzlich noch Mordgedanken gegen den Eroberer hegten, stellen sich auf die Gegebenheiten ein: «Vive l'empereur!» schallt es vom Straßenrand. Zwanzig Jahre nach dem Tod Friedrichs des Großen liegt seine Stadt besiegt am Boden.

Zunächst schaut es so aus, als werde Rahels Leben von der Besatzung kaum berührt. Franzosenfeindschaft kennt sie nicht. Im Gegenteil: Seit früher Jugend in Umgangs- und in Lebensformen durch französische Beispiele geprägt, sieht sie keinen Anlaß, ihre Vorliebe für alles Französische in irgendeiner Form zu revidieren. Paris, diese «uralt-gebildete Stadt», bleibt für sie der «Mittelpunkt der ganzen Weltbewegung», Zentrum des alten und des neuen Europa und wird, so schreibt sie 1807 an Ludwig Robert, «in vielem noch lang unser Vorbild bleiben».

Vorurteilsfrei begegnet sie Bribes, dem bei den Levins einquartierten französischen Offizier, und freundet sich mit einigen gebildeten Franzosen aus der Zivilverwaltung an, die allerdings bald abberufen werden.

Auch in den kommenden Jahren, so scheint es, nimmt sie am politischen Geschehen kaum teil. Besatzung, Krieg und Rebellion bestimmen das Leben von Millionen Europäern; der Kontinent verändert sich. Rahel lernt Italienisch. Napoleon erobert Österreich; Rahel begeistert sich für den Naturforscher Henrik Steffens und seine Theorie über den Zusammenhang von Erde, Gestirnen und Atmosphäre. Das Weltgebäude bebt – Rahel zimmert an der Seele. Wie Karoline von Humboldt ist sie davon überzeugt, den Frauen sei erlaubt, «bloß in der Zauberwelt ihrer Empfindung und ihrer Sehnsucht zu leben und die Wirklichkeit und Gegenwart wie ein Schattengebild an sich vorübergehen zu lassen». Nur, das

«Schattengebild» bricht unaufhaltsam und verändernd in Rahels Leben ein.

Hat sie es sofort begriffen, oder dämmert es ihr mit der Zeit? Die Kriegserklärung Preußens an Napoleon vom Oktober 1806 bedeutet das Ende des Salons. Heute entschuldigt sich der eine Gast, daß er künftig nicht mehr kommen kann; ein paar Tage später verabschiedet sich der nächste, und ein dritter, gerngesehener, erscheint nicht mehr, und niemand weiß, wo er geblieben ist. Im Roten Zimmer bleiben die Stühle leer, und der Tee wird kalt. Rahels Freunde und Bekannte sind in alle Gegenden verstreut. Der Prinz ist tot, Pauline wird nach Frankreich gehen. Brinckmann haben die Schweden schon seit längerem nach Paris versetzt, und Gualtieri ist mit der königlichen Familie und dem Hof nach Königsberg geflüchtet.

Rahel, bisher umringt von Freunden, Gleichgesinnten, von Ratsuchenden bedrängt, mit unzähligen Menschen im Verkehr, sieht sich plötzlich allein an ihrem Teetisch sitzen, umgeben von Wörterbüchern, «Nie war ich so allein.» Und nie erschien ihr ihre Heimatstadt so abweisend und ausgestorben.

Aber einige ihrer alten Freunde sind doch dageblieben! Die Unzelmann spielt immer noch am Königlichen Schauspielhaus, der Herr von Schack erscheint weiterhin zum Tee, und auch Wilhelm von Humboldt, dem Rahel schon als junges Mädchen bei den Mendelssohns und bei Henriette Herz begegnet war, spricht in der Jägerstraße vor. Nur, von ihm fühlt Rahel sich nie recht verstanden: «Er goutiert mich nicht.»

Aber Rahel findet doch auch neue Freunde! Die um einiges jüngere Rebecca Friedländer schließt sich ihr an. Sie lernt den klugen Alexander von der Marwitz kennen und erhebt sich im Gespräch mit diesem jungen Aristokraten über die «gemeine Welt». Von ihrem nahgelegenen Gut kommen die Fouqués öfter in die Stadt, Rahels neue Freundin Karoline und ihr Mann, der Dichter.

Doch die Salontüren bleiben geschlossen. Die Salongeselligkeit braucht ein Klima, das in Besatzungszeiten nicht gedeihen kann. Es fehlen Unbekümmertheit, Aufgeschlossenheit und gute Laune, Zeit zur Muße, auch Leichtigkeit und ein Schuß Frivolität. Alle Heiterkeit hat sich verflüchtigt; die Menschen haben Sorgen und Lasten. Auch stehen in diesen Zeiten Humanität und Kosmopolitismus, die, aus der Aufklärung und Klassik überkommen, den Salongeist prägten, nicht gerade hoch im Kurs. Der typische, erst vor einem Jahrzehnt entstandene Berliner Salon scheint nicht mehr in die Zeit zu passen. Hingegen werden patriotisch gesinnte Männerbünde wie die Christlich-deutsche Tischgesellschaft entstehen, aus denen Juden und Frauen ausgeschlossen bleiben. Rahels Welt schwindet dahin. Jetzt, da Rücksichtnahme nicht mehr nötig scheint und Rahel der Rückhalt durch die Gäste fehlt, gibt die Familie zu erkennen, mit wieviel Mißtrauen und Widerwillen sie den Salon in ihrem Haus zuletzt betrachtet hat. Je mehr die gute Stube Rahels Raum wurde und je mehr die Gäste allein Rahels wegen kamen, um so mehr ist bei den übrigen Familienmitgliedern offenbar die Abneigung gegen diese Art von Geselligkeit gewachsen.

Die nun deutlich ausgesprochene Kritik an Rahels Lebensstil steht am Anfang eines schweren Zwistes zwischen der Tochter, der Mutter und den Brüdern. Chaie Levin würde am liebsten allen Unbill, allen Ärger der vergangenen Jahre zurückführen auf den Umgang mit jenen nichtjüdischen, christlichen Exoten, die ihre Älteste ins Haus gezogen hat. Frauen wie dieses schlechtbeleumdete, leichtsinnige Geschöpf Pauline Wiesel, Männer wie dieser Schuldenmacher Friedrich Gentz oder der Unhold Friedrich Schlegel, der die Mendelssohnsche Tochter Dorothea Veit, Mutter zweier kleiner Knaben, verführt und von der Familie gerissen hat – solche Leute, da hatte ihr Markus völlig recht, verpesteten die Luft in Rahels Salon so weit, daß sich darin kaum noch atmen ließ. Und dabei wurde sowohl der Ruf als auch die Gesundheit ihrer Tochter angegriffen. Überhaupt, dieser Salon, dieses inkommodierende ständige Ein und Aus! Da sei viel unnützes Geld verschwendet worden und nach gutbürgerlichen Maßstäben nichts dabei herausgekommen.

Was hätte denn herauskommen sollen?

Rahel muß erkennen, daß der Großzügigkeit ihrer Familie gegenüber Freunden und Liebhabern auch Spekulationen zugrunde lagen, es könne sich durch den Besuch vermögender Herren dies und jenes nützliche Geschäft ergeben und, nicht zuletzt, die Älteste werde unter die Haube kommen. Chaie Levin und ihre Söhne hatten den Salon auch als Heiratsmarkt betrachtet und finden sich nun in ihren Erwartungen getäuscht.

Was ist das für ein Ton! Die Brüder, namentlich Moritz und Markus, lassen es an Aufmerksamkeit und Achtung gegenüber ihrer Schwester fehlen. Sie nehmen sich Ungehöriges heraus und schreiben auch noch beleidigende Briefe. Jedenfalls empfindet Rahel es so und folgert, die Brüder liebten sie nicht mehr.

Wie anders war das doch gewesen, damals, als sie aus Paris zurückgekommen war und die Glanzzeit des Salons begann. Die Geschwister, ein Herz und eine Seele, dinierten und soupierten ständig miteinander, scherzten, lachten, freuten sich, ja, und liebten sich mehr als je zuvor.

Wie erklärt sich ihr verändertes Verhalten? Nutzen die Brüder die größere Abhängigkeit der Schwester aus? Haben sie sich im Salon zurückgesetzt gefühlt durch die Brillanz der

Ältesten und wollen sich rächen? Oder was für Gründe gibt es noch?

Obwohl Rahels Briefe darüber keine Auskunft geben, läßt sich ahnen, wie schockiert die Familie über den in diesen Jahren auftauchenden neuen Liebhaber der Schwester ist. Die Vorgänger hatten immerhin noch etwas dargestellt; dieser hat nichts, ist nichts, heißt Varnhagen und zählt dreiundzwanzig Jahre, vierzehn weniger als die Schwester. Die Nächte verbringt das Liebespaar in einer von Rahel angemieteten Sommerwohnung in Charlottenburg.

Man ist ja einiges gewöhnt von dieser Schwester, aber dies, wird die Familie meinen, gehe nun zu weit. Hat man nicht schon genügend Sorgen mit erhöhten Steuern, zusätzlichen Abgaben, unterbrochenen Geschäften! Wäre es nicht an der Zeit zusammenzurücken, Eskapaden zu unterlassen und sich möglichst einzuschränken? Doch gegenüber solchen Klagen stellt Rahel sich taub. Davon will sie nichts hören.

Die Stimmung bleibt gereizt. Rahel teilt Varnhagen mit: «Bei denen bleibe ich nicht.»

Den Absprung wagen! Unabhängigkeit gewinnen! Allein oder zusammen mit Rebecca Friedländer, der neuen Freundin, will sie nach dem «freien wohlfeilen Frankreich» reisen. Pauline Wiesel, die nach Paris gezogen ist, soll dort eine Wohnung suchen, wo man gemeinsam leben kann. Freilich, zusammen mit Varnhagen, der jetzt in Tübingen studiert, würde sie auch gern nach Österreich gehen, nach Wien, weil es dort noch billiger als in Frankreich ist. Oder doch Paris? Oder Südfrankreich, vielleicht die Schweiz? Und mit wem nun? Und wie das nötige Geld auftreiben? Bei irgend jemand borgen oder etwas Wertvolles verkaufen? Nur weg von diesen Brüdern und aus diesem «Nest» Berlin.

Ernstlich hat Rahel sicherlich nicht erwogen, die Familienbande womöglich ganz zu kappen; das hätte damals noch geheißen, eine Welt zurückzulassen, ohne neuen festen Halt zu finden, «ohne Netz» zu leben. Die Mutter, Markus und Moritz zwingen sie fast ‹zu springen›, denn sie haben beschlossen, die Jägerstraße aufzugeben. Markus hat mit seiner Frau und den zwei Töchtern längst ein eigenes Haus; die beiden jüngeren Brüder sind nur zeitweise in Berlin. Chaie Levin sucht sich eine ungleich kleinere, am Kälbermarkt gelegene Wohnung, ohne die Tochter zu benachrichtigen, wann sie umziehen wird.

Rahel fühlt sich drangsaliert. Ausreichende finanzielle Mittel, ihre Pläne wahr zu machen und Berlin zu verlassen, meint sie gegenwärtig nicht zu haben. Schon gar nicht könnte sie die Jägerstraße allein halten.

Da der große, aus eigener Entscheidung getroffene Absprung von zu Hause durch einen Wohnortwechsel nicht gelingt, bleibt nur ein erster, noch dazu erzwungener Schritt in eine größere Unabhängigkeit: der Wohnungswechsel innerhalb der preußischen Residenz.

Im Herbst 1808 nimmt sich die siebenunddreißigjährige Rahel Levin zum erstenmal in ihrem Leben eine eigene Wohnung, und zwar in der Charlottenstraße, ebenfalls ganz in der Nähe der Linden und des Gendarmenmarktes. Neben dem Kammermädchen Line wird ein Bedienter engagiert, «ein Mann im Haus» und eine Begleitung in der Stadt, ohne die Rahel als alleinstehende Frau nicht auszukommen meint.

Aber damit ist der Familienfrieden noch nicht wiederhergestellt; der Streit zwischen Chaie Levin und ihrer Ältesten hält an. Jede der beiden Frauen mißbilligt, wie die andere lebt. «Na, du wohnst ja wie in einem Palast! Wozu brauchst du die Stuben alle?» Die Tochter liegt fiebernd auf dem Bett, als die Mutter, erstmals bei ihr auf Besuch, Unmut über die in ihren Augen neuerlichen Verschwendungen äußert. Ein

Bedienter – völlig überflüssig! Hat Rahel immer noch nicht begriffen, daß man sparen muß?

Die Tochter hingegen, mit kränkender Gleichgültigkeit am Kälbermarkt empfangen, ist entsetzt über die düstere, unbequeme Behausung, in der die Mutter zurückgezogen lebt. Wird sie je diese übertriebene Sparsamkeit, diesen «erbarmungswürdigsten Geiz» aufgeben? Hat sie noch nicht begriffen, daß zu einem würdigen Leben Großmut und Großzügigkeit gehören?

Versuche, sich gründlich auszusprechen, scheitern. Sie «versteht keine Sprache als jüdisch», schreibt Rahel an Varnhagen, «ich mußte ihr sagen: ich spreche russisch und sie ägyptisch; wir können nicht reden.» Also versucht sie, der Mutter ihren Standpunkt schriftlich darzulegen und das Bündnis Mutter-Markus-Moritz aufzubrechen; ein Bündnis, das, was die beiden Töchter anbetrifft, auch noch Rose gegen Rahel auszuspielen versucht.

Rahel macht die Rechnung auf. Was hat sie der Familie zu verdanken? Den Lebensunterhalt? Was sie an Geld erhält, das steht der Tochter des Levin Markus unabhängig von ihrem Familienstand als Zins aus ihrem Erbe zu. Daß die Familie ihr viel Freiheit ließ? Sie ist erwachsen, und «jedem Menschen gehört seine eigene Person».

Und was haben die Levins ihr, der Ältesten, zu danken? Viel! «Welche von Ihren zwei Töchtern war der Familie bis jetzt hülfreich, befließen nützlich zu seyn welche war angerufen in Noth, um Rath gefragt, die Freundin jedes Einzeln; und welcher ist es gelungen Ihren Kindern das Leben durch gesellige freuden angenehm zu machen. der Verheiratheten geschützten, gelobten; oder der Unglücklichen? Sagen Sie Vernünftige Mutter! Wo soll ich Liebe suchen? ich will sie gerne finden!»

Im Grunde weiß die Tochter, daß sie Chaie Levin nicht

ändern wird. Verständnis ist von ihr nicht zu erwarten. Doch versucht sie, sich mit der Mutter einzurichten; auf sie sich einzustellen und ihr nachzugeben erscheint weniger entwürdigend, als Erniedrigungen von den jüngeren Brüdern hinzunehmen.

Durch sanftes Einreden, scheint es, ist die Mutter doch noch zu belehren. In einem Übereinkommen zwischen ihr und ihren drei Söhnen sowie der Tochter Rahel bestimmt sie am 1. März 1809, daß ihre fünf Kinder nach ihrem Tod «in gleichen Theilen» erben sollen. Und da sowohl Markus als auch Rose anläßlich ihrer Heirat bereits fünfzehntausend Taler sowie eine Aussteuer von zusätzlich dreitausend Talern ausbezahlt bekommen haben, wird den übrigen Geschwistern aus dem Gesamtvermögen von knapp hunderttausend Talern ein Erbteil von jeweils achtzehntausend Talern gutgeschrieben, die mit je fünf Prozent verzinst werden sollen. Davon werden von der Bank beglichene Lebenshaltungskosten wie etwa Miete abgezogen.

Und was Rahel so besonders wichtig ist: Markus und die Mutter verpflichten sich, jährlich eine Bilanz anzufertigen und jedem der Geschwister eine Abschrift zuzustellen. «Auch soll es jedem meiner Kinder frey stehen sich zu jeder Zeit vom Stande meines Vermögens in den Handlungsbüchern zu informieren.» Einsicht in die Kassenbücher, um die eigenen Ansprüche kennenzulernen und bewerten zu können – das war es, was Rahel sich oft erbeten und nie erhalten hatte.

Wenig später, im Sommer 1809, erkrankt die Mutter. Die Härte, alles Schroffe fällt von Chaie Levin ab; sie wird friedlich, sanft und dankbar für ein liebevolles Wort und ein zurechtgerücktes Kissen. Rahel, nun ein letztes Mal in der gewohnten Rolle, die der hilfreichen und für alle sorgenden Ältesten, übernimmt die Pflege. Für ein paar Monate ist alles wieder so, wie es zuweilen in ihren Kindertagen war: Rahel bildet den Familienmittelpunkt. Zusammen mit Markus und Ludwig kniet sie betend an der Mutter Bett, als diese im Oktober stirbt. Noch im Tod hält ihr die Älteste die Hand. Aller Zwist, so wünscht sie, soll vergessen sein. «Wir hier», schreibt sie ihrer Schwester Rose, «wollen füreinander sorgen; und so die Mutter ehren.»

Doch nach dem Tod muß Rahel erkennen, daß alles «Handeln und Sprechen» absolut vergeblich gewesen ist. Entgegen der getroffenen Übereinkunft hat die Mutter in ihrem Testament verfügt, daß keines der Geschwister von Markus, dem Hauptverantwortlichen für die Levinsche Bank, Rechenschaft zu fordern habe. Erbstücke, auf die die Geschwister Anrecht haben, sind schon vor dem Tod veräußert worden. So stellt es später jedenfalls Varnhagen dar, der Markus vorwirft, nur auf den eigenen Vorteil bedacht gewesen zu sein, das ganze Vermögen «verwahrlost» und «vergeudet» und gegen Rahel «wahre Abscheulichkeiten» verübt zu haben.

«Verwahrlost» und «vergeudet»? Schließlich blieb das Vermögen, wenngleich um einiges verringert, doch erhalten. Und Varnhagen, Rahels parteiischer Vertrauter in allen Auseinandersetzungen mit den Brüdern, wußte wohl auch wenig von den kriegsbedingten Schwierigkeiten der Levinschen Bank ab 1806.

Die Niederlage gegen Napoleon und die damit verbundenen hohen Kriegsschulden hatten die preußischen Behörden gezwungen, die bisherigen Steuern zu erhöhen und weitere einzuführen. Handel und Gewerbe lagen danieder. Die Arbeitslosigkeit nahm zu, viele Menschen waren verarmt.

Verluste während des ersten Kriegswinters hatten die Levins frühzeitig zu ersten Einschränkungen gezwungen. Ein Teil des Familiensilbers war veräußert worden. Doch Rahel meinte, vom Bruder falsch unterrichtet, ja übervorteilt zu werden und den Aufstand proben zu müssen. Sie versuchte, die jüngeren Brüder zu überreden, zusammen mit ihr auf einer Auszahlung der Geschwister-Anteile zu bestehen, um dann fort aus Berlin zu gehen. Es hätte das Levinsche Unternehmen sicherlich ruiniert, wenn das Geld ausbezahlt worden wäre. Rahels Versuch mißlang, doch zeigt er, mit welcher Hartnäckigkeit und Härte Levins Älteste ihren Lebensentwurf auch gegen die veränderte Wirklichkeit verteidigt. Sie will nicht auf jenen Rahmen verzichten, der für ein Gesellschaftsleben unerläßlich ist, in dem sie ihre Persönlichkeit entfalten kann. Was bleibt ihr sonst! Auch in der Folgezeit erwägt sie, ihr Vermögen aus dem Geschäft zu ziehen. Und kennt immer noch nicht die Realitäten der Ökonomie, kann sie nicht kennen.

Zwar verlassen die Franzosen einige Monate nach dem Friedensschluß, im Dezember 1808, die Stadt, aber die durch die hohen Kontributionszahlungen entstandene Wirtschaftskrise, verbunden mit empfindlichen Teuerungen, mindert erneut Geschäfte und Vermögen der Levins. Jetzt meldet Markus sich zu Wort. Um einen erneuten Vorstoß seiner Schwester zu verhindern, versichert er ihr, «daß, bei aller Einschränkung, die durch den Fall des preußischen Staates und ein Zusammentreffen vieler ungünstiger Umstände bei uns notwendig geworden ist, ich und wie ich auch nicht anders weiß, unsere überaus brave Mutter immer darauf bedacht gewesen sind, Dir für Deine Person solche nicht bemerkbar zu machen, und auch ins Künftige soll alle Anstrengung darauf gerichtet sein, daß Dir diese unsere Absicht noch fühlbarer werde». Er stellt der Schwester frei, wenn sie «die Anstalten, die wir für einige Jahre werden machen müßen», zu sehr beengen sollten, nach einem ihr «gefälligen Ort» zu gehen und ihren Neigungen zu leben, bis es ihm gelungen sei, «das Vermögen zu realisieren, wo Du alsdann die erste sein sollst, die auf Verlangen dasjenige erhalten soll, worauf Du Anspruch zu machen hast». Wohl wissend, daß sie seiner Geschäftsführung mißtraut, bittet er die Schwester davon abzulassen, «Dein und meiner Geschwister Herz mit Galle gegen mich zu erfüllen... Deine Absicht mag Dir richtig erscheinen, allein sie macht nichts gut...»

Angesichts der Armut und des Hungers in der Stadt und gemessen an dem Leben bürgerlicher Durchschnittsfamilien, die mit vierhundert bis sechshundert Talern im Jahr auskommen müssen, führt Rahel Levin, von der Familie mit dem Doppelten und Dreifachen, nämlich zwölfhundert Talern, ausgestattet, das Leben einer wohlhabenden Dame. Dennoch will ihr nicht gelingen, sich auf die schlechtere Wirtschaftslage einzustellen. Sie hat die frühere Unbefangenheit verloren, über Geld nicht nachdenken zu müssen, auf jeden Fall genug zu haben. Geldnot hat sie nie gekannt. Reaktionen gegenüber Freunden und Brüdern zeigen, wie verunsichert sie ist.

Heute kauft sie eine Flasche Champagner für zwei Taler und acht Groschen, morgen wird sie klagen, «bettel-bettel-arm» zu sein, um übermorgen für einen Schmaus mit Freunden köstlich angerichtete Kapaune aus der teuersten Küche kommen zu lassen. Eine kapriziöse Dame, die die Realitäten nicht sehen will.

Im Januar 1809 verläßt sie sich ganz auf Moritz, ihren jüngsten Bruder, der als Hüter der Gerechtigkeit gesehen werden und, falls nötig, das «Rachschwerdt» zücken will. Doch dann droht sie ausgerechnet ihm, auf dessen Schutz und Hilfe sie doch baut, mit ihrer baldigen Verheiratung. Das soll Markus «zur Besinnung bringen», «dann muß man mir meine Mitgift zahlen, und Kinder kann ich auch noch kriegen». Ungereimtheiten, Lamentos, Erpressungsversuche... Überzeugend ist das nicht.

Zwei Jahre nach dem Tod der Mutter, im Oktober 1811, teilt Moritz seiner Schwester mit, Zinsen und Geschäfte hätten sich derart ungünstig entwickelt, daß sie sich künftig mit achthundert Talern einzurichten habe, einem Drittel weniger als bisher. Zwar sieht Rahel dem Jüngsten an, wie schwer ihm die Übermittlung dieser Hiobsbotschaft fällt, wie leid es ihm tut, der Schwester Sorgen zu bereiten, doch er bleibt dabei: die Dinge ständen derart schlecht, daß die Reduzierung der Apanage zwingend sei. «Ich antwortete auf der Stelle: was er forderte, müßte ich...» Moritz scheint seine Schwester überzeugt zu haben, jedenfalls im ersten Augenblick.

Doch der Frieden hält nicht an. Wieder werden die Brüder falscher Vorstellungen über Rahels Bedürfnisse, der Ignoranz, Gemeinheit und Lieblosigkeit bezichtigt. Wieder meint die Schwester ganz verzweifelt, «bettel-bettel-arm» zu sein. Achthundert Taler! Davon Miete, Holz, «Essen, Domestike, Kleider, Wein, Kaffee, Thee, Anstand, Licht, Oel, Schuh, eau de Cologne, kurz oblique Ausgaben, Ambition, *alles*... An einen Bedienten, an einen Wagen, an ein Sommerquartier ist nicht zu denken...»

Rahel, die Uneinsichtige, verbissen Streitende und scheinbar unvernünftig Anspruchsvolle – ist das die einst so liebenswürdige Gesprächspartnerin der Teplitzer Adelswelt, die verständnisvolle Freundin und bewunderte Salondame? «In Einer Art so aufgeklährd – und in Einer Andre so zurück», hat ihr Pauline in einer vorübergehenden Verstimmung vorgeworfen.

Rahel hat sich aufgerieben in diesem jahrelangen, mit ungleichen Waffen geführten Zwist um Geld. Dort die Mutter und die Brüder, versiert in den Geschäften, mit Wissen und Erfahrungen ausgestattet, die der Tochter fehlen mußten. Hier die Älteste, ohne Kenntnisse und Kompetenzen, mißtrauisch durch Mißachtung und in dem Gefühl lebend, nicht nur materiell zu kurz zu kommen, sich Blößen gebend durch Drohungen, Forderungen ohne Realitätsbezug.

Aber Rahel hat eben auch ungleich bewußter als andere Frauen das Unerträgliche ihrer doppelten Abhängigkeit empfunden und es nicht hinnehmen wollen. Als Frau ohne Recht zu sein, ohne Einwirkungsmöglichkeit auf die wirtschaftliche Grundlage des eigenen Lebens und ohne berufliche Alternative, das ist schon demütigend genug. Und hat man nicht Schönheit, Stand und Namen und ist dazu noch «falsch geboren», so muß man wenigstens, wie Rahel es nennt, «Opulenz» besitzen. Was für andere selbstverständlich ist, bekommt die Jüdin nicht umsonst: gesellschaftliche Achtung, Anerkennung, Zugehörigkeit.

‹Nun sei doch mal vernünftig!› Mit einer solchen Mahnung darf man Rahel in dieser Situation nicht kommen. Das hieße, sich in das Gegängeltwerden zu schicken, und verlangte, «ihr erregendstes Sein aufgeben zu müßen»: ein Leben inmitten einer Gesellschaft gebildeter und reifer Menschen.

Die Brüder haben ihre Familien, die Geschäfte, den Beruf, Rahel hat den ihren und nichts als diesen: In einem angemessenen gesellschaftlichen Rahmen den Reichtum ihres Wesens zu entfalten, Menschen anzuregen, ihnen hilfreich zu sein, sie zu beglücken und von ihnen beglückt zu werden. Die Ideen anderer aufzufangen, anzureichern und eigene darzustellen, Verstand und Gefühl, Wissenschaft und Kunst nicht länger als Gegensatz zu sehen und sich so jenem vollkommenen Menschenbild zu nähern, das die Dichter und die Philosophen preisen. Niemals wird Rahel aufgeben, diesen Platz zu beanspruchen, mögen sie andere uneinsichtig und unvernünftig nennen.

«Ich weiß sehr gut pauline», heißt es in einem Brief an

diese, «daß es allenthalben, ohne Liebe, ohne opulenz und steter Gesellschaftlicher bewegung in einem edlen Lokal sowohl, von Land als Gärten und Häusern, und mit *Pferden*; oder ohne Narrheit, auf irgendeine Sache, oder Stolz auf etwas, und mit *Einsicht*; und Liebe zum Wahren in den dingen, allenthalben melancholisch ist...»

«Gottverlassener ist kein Mensch.» Als Rahel 1811 vierzig Jahre alt wird, hat sie den Tiefpunkt ihres Lebens erreicht. Noch einmal zieht sie innerhalb des altvertrauten Viertels um, mietet in der Behrenstraße zu ebener Erde eine billigere Wohnung und gibt auch den Bedienten auf. Gewiß, bald wohnt Ludwig oder Moritz mit ihr in dem neuen Quartier, und einmal im Monat kommt Freund Marwitz aus Potsdam nach Berlin. Doch zuweilen fürchtet sie, an dem Alleinsein zu ersticken. Weil sie sie nicht angemessen bewirten kann, bittet sie kaum noch Gäste zu sich. Gelegentliche Einladungen schlägt sie aus, weil sie nicht ohne Wagen und Bedienten ausgehen mag. Auch für Konzerte, Oper und Theater, meint sie, reiche das Geld nicht mehr. «Ich habe keine Freude, kein Vergnügen, keine Zerstreuungen, keine Luft, keinen Frühling, keinen Spaziergang, nichts...»

Die Stadt sieht sie mit überreizten Nerven. Allein durch die Straßen spazierend, weil sich niemand zur Begleitung findet, erscheint ihr die Gegend um den Gendarmenmarkt plötzlich fremd und ruppig, ausgedörrt, ausgelebt und furchterregend grinsend aus Steinen, Fenstern, Häusern und «ausgehöhlten abgebürgerten Gesichtern». Menschen lösen Beklemmungen aus. Unter den Linden gerät sie in eine Gruppe eitler Damen, vermutet Baroninnen, Legationsrats-gattinnen, Bankiers- und Staatsratstöchter, meint, sich unter Toten zu bewegen. Sie nimmt sich vor, nicht wieder auf den Boulevard zu gehen.

Einsamkeit macht bitter und empfindlich. Leere wird mit

Argwohn aufgefüllt. Solcher Argwohn deutet Gesten, dahingesagte Worte ohne tiefere Bedeutung als Zeichen der Verschwörung; Wahrheit und Einbildung vermengen sich. Durch allerlei Mutmaßungen, angestellt in den drückenden vier Wänden ohne einen vertrauten Freund, verstärken sich Menschenscheu und Verlassenheit.

«Die W.» hat Rahel nicht eingeladen! Aber ohne Wagen und Bedienten will sie doch gar nicht in Gesellschaft gehen! Eingeladen will sie trotzdem werden. Also warum hat die W. die Einladung versäumt? Ist Rahel ihr nicht stets ehrerbietig, ja mit Zartgefühl begegnet? Das müßte die W. doch gleicherart vergelten. Oder meint sie etwa, etwas Besseres zu sein? Und warum hat die W. die M., die B., die K. geladen und Rahel übersehen?

Das ist jetzt ungeheuer wichtig, irgendwann von irgend jemand zu irgend etwas eingeladen zu werden, zumal Rahel nicht verborgen geblieben ist, daß die Leute sie noch Jahre nach dem Tode des Prinzen mitverantwortlich machen wollen für den «Irrweg seiner Leidenschaft», das Verhältnis mit Pauline Wiesel.

Schwermut und Trostlosigkeit bestimmen Rahels Tage; «hölzern und zu bin ich geworden, stumm, und eine Talbotsche Verachtung drückt mir das innere Reich wie mit einem unerbittlich-künstlichen, höllischen Grabstein zu; ein Indignationsgefühl nur steigt wie scheuer Seufzer oder Blick nach dem ehemals gekannten lichten, reichen Jugendhöhen...»

Nach einem schönen Sonntag steht Rahel frohgemut am Montagmorgen auf, um Papiere durchzusehen. Eine Bewegung löst plötzlich Kreuzweh aus. Im Lauf des Tages verstärken sich die Schmerzen, und der Körper wird ganz steif. Die Starre löst sich später wieder, das Kreuzweh spürt sie auch am nächsten Tag. Doch soll sie das nicht hindern, eine Freundin zu besuchen. Dort schreit sie plötzlich auf und sinkt weinend auf das Kanapee. Es kommt ihr vor, als werde ein Dolch in ihrem Rücken umgedreht. Langsam löst sich der Krampf; sie kann spazierengehen und abends ins Theater. Doch in der Nacht muß sie dreimal nach dem Mädchen rufen; wieder ist sie völlig steif. Erst gegen zwei Uhr morgens schläft sie ein.

Dieser elende, malade Körper! Rahels Briefe, besonders an Varnhagen, sind angefüllt mit Schilderungen solcher Schmerzausbrüche, mit Berichten über Kopfweh und Erbrechen, Halsweh, Gliederschmerzen, Brustkrämpfe und Atemnot. Sie beschreibt akribisch den Verlauf von «Nervenschmerzen», Fieberanfälle und andere Gebrechen. Briefe müssen unterbrochen werden, weil ihr plötzlich schwindelt; ein andermal, weil sie die Feder nicht mehr halten kann. Oft liegt sie wochenlang.

Am leichtesten zu diagnostizieren sind die mit dröhnendem Kopfschmerz, Ohrensausen und Erbrechen verbundene Migräne sowie ein schwerer Rheumatismus, der sich mit heftigem Fieber auf die Muskeln und die Nerven legt. Die Schmerzen ziehen vom Rücken ins Genick, strahlen von dort auf die Arme aus und befallen von der Hüfte abwärts das ganze rechte Bein.

Line schleppt in schweren Kübeln heißes Badewasser in die Wanne; sie streicht der Kranken Meerrettich hinters Ohr. Das schmerzt, doch hilft es auch; sie reibt das schlimme Bein mit Seifenspiritus ein, und auf den Rücken legt sie Senfpflaster. Löffelweise flößt das Mädchen der Geschwächten Weißwein ein, auch Saft und Limonade. Oft wacht es nachts an Rahels Bett.

Würde Line Brack ernsthaft krank, müßte sie in irgendein Armenhospital. Rahel kann sich einen Doktor leisten. Der ihre, Dr. Böhm, macht wie alle seine Kollegen nur Hausbesuche und wird von seinen begüterten Patienten nach Gutdünken, jedenfalls recht großzügig bezahlt. Arztpraxen und Sprechstunden wird es erst ab Mitte des 19. Jahrhunderts geben. Ärzte gehören gleichsam zur Familie. Böhm setzt Blutegel, läßt zur Ader, wie das üblich ist, empfiehlt Landluft und Brunnentrinken oder verschreibt eines jener bewährten Naturheilmittel, die Line sorgsam aufbewahrt. Rahels Verhältnis zu ihrem Arzt schwankt zwischen übertriebener Neigung und dem übertriebenen Vorwurf, vernachlässigt zu werden. Zeitweise sieht er jeden zweiten Tag nach ihr. Auch die Familie sorgt sich oft um Rahels Gesundheit und bemüht sich um die Schmerzgeplagte.

Hauptsächlich ihr Rheumatismus macht Rahel so wetterfühlig; wenn Temperatur, Luftdruck und Luftbewegung sich verändern, spürt sie das schon Tage vorher durch zunehmende Nervosität, unruhigen Schlaf und Mattigkeit. Tiefdruckgebiete, mit denen abwechselnd feuchtwarme und feuchtkalte Luft heranzieht, lösen heftige körperliche Beschwerden aus. Rahel fühlt sich wie zerschlagen, geht nicht aus und läßt die Fenster schließen. Beständigkeit mit Sonnenschein und blauem Himmel, trockenen, ruhigen Lüften, dazu Vogelstimmen und Blumenduft – da fühlt sie sich leichtbeschwingt, wie ins Paradies versetzt. Doch Berlin mit seinem rauhen, feuchten Klima und den scharfen Winden aus Nordost liegt weit entfernt vom Paradies.

Schon früh gewöhnt sich Rahel an, ihren Briefen «Wetternotizen» voranzustellen, und sie wird das bis zu ihrem Lebensende tun. Vor allem anderen erfahren die Adressaten, ob es da, wo sie sich aufhält, diesig oder sonnig, kühl oder warm, naßkalt oder trocken ist. Zuweilen geht eine akribische Notiz («graues, südwestwindwetter») in eine idyllische Betrachtung über: «Tauben fliegen, blaue Fenster brechen in den Himmel» – es hat sich aufgehellt.

Wetter und die eigene Befindlichkeit, Leben und Schreiben sind für Rahel eng miteinander verbunden; eines ergibt sich aus dem anderen, läßt sich niemals voneinander trennen. Auch in ihrem unbeständigen Charakter gleichen sich die Elemente: Ein Wettersturz bedingt die rasche Veränderung der körperlichen Symptome, die unmittelbar auf ihr seelisches Befinden und damit auch auf das Schreiben einwirken. Es nimmt nicht wunder, daß bei einem solchen wechselhaften, angestrengten, intensiven Leben Rahels Nerven ständig überreizt werden. Zeitlebens bleibt sie nervenleidend, krankt an einem unerforschten Übel.

Rahel gehörte nicht zu jenen Menschen, die sich um der Selbsterhaltung willen eine Schutzschicht zulegen, die, was sie schmerzt, kränkt, aus der Fassung bringen könnte, gar nicht erst an sich heranlassen. Eine solche Schutzschicht hat sie nie besessen; alles drang direkt auf ihre Psyche und damit auch auf ihren Körper ein.

Das unstillbare Bedürfnis, angenommen zu werden, hält die ständige Furcht vor Zurückweisungen und Kränkungen wach. «Ist Teschke sehr böse auf mich?» fragt sie ängstlich. Und gilt das womöglich auch für R. und E. und sonstwen noch? Sie möchte es nicht wahrhaben, versucht es häufig zu verdrängen und spricht in ihren Briefen nur ganz selten von Zurücksetzungen und Beleidigungen, die der Jüdin gelten. Natürlich spürt sie das Klima der Voreingenommenheit, auch der Befangenheit, das sie umgibt. Selbst Freunde achten darauf, daß der Umgang mit der Jüdin sie nicht ins Gerede bringt. Burgsdorff beispielsweise, Rahel herzlich zugewandt, versucht doch alles zu vermeiden, was als «anstößiger Beweis» seiner «Anhänglichkeit für die [jüdische] Nation» gewertet werden könnte.

An einem Sommerabend im Konzert wird Rahel von einigen Leuten zwar durch Kopfnicken gegrüßt, doch niemand

spricht sie an. Dabei gehört sie doch seit langem zur Konzert-
gemeinde, und man kennt sich gegenseitig. Wieder eine dieser Zurückweisungen, die sie so schwer ertragen kann, dieses
stumme: ‹Du gehörst doch nicht dazu!› Entnervt verläßt sie
vor dem letzten Stück den Saal und wischt sich mit dem
Handschuh ihre Tränen ab.

Rahels Psyche mangelt es an Gleichgewicht. Auf überwa-
che Spannung, ja Ekstase folgt Erschöpfung, der Zusam-
menfall. Gegensätze reiben sich: das Bedürfnis nach Ruhe,
Harmonie stößt sich an dem Wunsch, bisweilen «außer sich»
zu sein, sich zu berauschen an den Ausgeburten des Geistes
und der Phantasie. Das alles irritiert ihre Umgebung und
strapaziert ihre Nerven.

«Mein feines Nervenspiel – ach, wie es mich erhöht, und
erhellt, kann es mich sehr elend, in gräuenvolle Abgründe
stürzen machen.»

Beschäftigt mit der neuentdeckten Wechselwirkung zwischen Physis und Psyche, entdecken Mediziner im 18. Jahrhundert, daß bestimmte Krankheitsbilder eindeutig psychi-
schen Ursprungs sind. Ein außergewöhnliches Gefühl der
Kälte und der Wärme, verbunden mit Schmerzen in verschiedenen Körperteilen, Herzklopfen, unregelmäßiger Puls,
Kopfschmerz, Schwindel und Ohnmachtsanfälle, Niederge-
schlagenheit und Melancholie – solche zusammen auftreten-
den Symptome diagnostizieren sie als Hysterie. Im Lauf der
Zeit stellt sich heraus, daß besonders Frauen dazu neigen, die
sich durch einen ungewöhnlichen Reichtum an Herz und
Verstand auszeichnen, die zu begabt, zu ‹männlich intellektuell› sind, um sich widerstandslos in die festgelegten starren
Geschlechterrollen einzupassen und die mit Hilfe ihres Körpers aufbegehren.

Wenn Hysterie verstanden werden muß als Revolte gegen
weibliche Verkümmerung, als unbewußter Widerstand ge-

gen erwartete Gefügigkeit, dann gehört zu Rahels Krankheitsbildern auch die Hysterie. Die als Frau und Jüdin doppelt Gehinderte und Unterdrückte rebelliert mit der Sprache ihres Körpers gegen die vorgeblich gottgewollte Einrichtung der Welt.

Außerdem: Krankheit ist gesellschaftsfähig. So etwas wie Gesundheitskult, verbunden mit der Herabsetzung der Schwäche, der Verachtung des Leidens und der Schmerzverdrängung gibt es kaum zu Rahels Zeit, jedenfalls nicht unter Intellektuellen und Künstlern. Für den von Rahel verehrten und geliebten Romantiker Novalis zeichnen Krankheiten den Menschen vor den Tieren und Pflanzen aus, sie gelten ihm als Ausdruck der Persönlichkeit, als Lehrjahre der Gemütsbildung und Lebenskunst. Solche Veredelung durch Leiden wird im allgemeinen Frauen zugewiesen; Kranksein gehört zur Weiblichkeit.

«Wenn ich keine Kranke wäre, so wäre ich eine grobe Trine», so sieht das die junge Rahel. Zwar versucht sie, Rebecca Friedländer «gerechten Haß u Ekel» gegen Krankheit einzuprägen, denn «gesund werden Personen wie wir nur... wenn sie durchdrungen davon sind, daß Gesundseyn höchst liebenswürdig ist». Aber solch ein Zureden soll einer Gedrückten Mut einflößen. Rahel redet von Zeit zu Zeit auch auf sich selbst so ein. Doch dem bewunderten Novalis folgend, versucht auch sie, in Krankheit einen Sinn zu sehen, eine Prüfung für den Menschen, in der er durch Leiden zur Glückseligkeit gelangt: «Mir wird bei Leiden das Herz offen; und wie eine Schleuse strömt Liebe ein, Liebe aus: und viele, die besten Gedanken werden rege. Wär's nicht Sünde, würde ich sagen: ich weiß dann mehr von Gott...» Die Schmerzgeplagte huldigt einem Schmerzenskult und wandelt da auf Pfaden, auf denen ihr Frauen, beeinflußt von christlichen Heilsvorstellungen, bis heute folgen. Lieber Schmerzen er-

leiden, besagt die Levinsche Wegweisung, als unempfindlich, tumb, versteinert oder feige zagend das Leben vorbeiziehen lassen! Vielleicht geht es ihr wie Börne, der sich
darum sorgen wird, «zu gesund» zu sein, denn nur im Zustand krankhafter Reizbarkeit steigern sich seine Empfindungen und seine Ausdruckskraft.

«Schmerzen erleben, heißt auch leben», verkündet Rahel.
Wahres Leben gibt es nicht ohne Schmerz, denn Schmerz ist
nichts anderes als die Kehrseite des Glücks. «Ich glaube, daß
ich wachse, wenn ich leide», wird Rilke später schreiben.

Gewiß, ohne erlittene Schmerzen wüßten die Geheilten
nicht, was für ein erhebendes Gefühl es ist, schmerzfrei zu
sein. Aber Rahel, die Geschundene und sich Schindende,
richtet sich in ihrem Schmerz so ein, daß das Glück ganz aus
dem Blick gerät. Die Literaturwissenschaftlerin Jutta J.
Laschke schildert sie als Leiderfahrene, der sich Welten
aufgetan haben, die sie für einzigartig und der Vermittlung
würdig hält. «Alles in der Welt, nur nicht ‹sich trösten›»,
bemerkt Rahel; denn sich zu trösten hieße, das Leid verkleinern, ihm ein Maß zu geben, es unwichtig zu machen. Für
Rahel war der Schmerz zeitlebens ein Begleiter, ein Geliebter, der sie den Himmel und die Hölle kennen lehrte und dem
sie ausgeliefert blieb. In ihm fühlte sie sich als lebendiger
Mensch.

Im März 1812 kommen wieder die Franzosen nach Berlin.
Wie vor sechs Jahren strömen auch jetzt die Schaulustigen
vor die Stadt und säumen Rondell und Straßen um das Hallesche Tor. Und wieder ziehen unter den Klängen der Feldmusik Kürassiere, Infanterie, Chasseurs à cheval, Sappeure in
die Stadt. Ältere Berliner, die schon den ersten Einzug miterlebten, können vergleichen, erkennen, was jetzt anders ist:
Die Sappeure tragen keine Bärte mehr, und ihre Bärenmüt

zen haben sie gegen Tschakos eingetauscht, die Einheits-helme der Infanteristen. Niemand läuft mehr fröhlich durch-einander; diese Soldaten wirken disziplinierter, steifer und folgen ihren Fahnen sichtlich mit mehr Zwang. Ahnen sie, was kommen wird?

Napoleon hat beschlossen, gegen Rußland Krieg zu füh-ren, und Friedrich Wilhelm III. zu einem Allianzvertrag ge-zwungen, der Preußen zum Durchzugs- und Aufmarschge-biet für Frankreich und die mit ihm verbündeten Truppen macht. Diesmal also kommen die Franzosen als Verbündete, doch sind sie noch unbeliebter als 1806.

Wieder muß die Stadt viel Geld aufbringen und für die Un-terbringung von vielen Tausenden sorgen. Auch die Behren-straße bleibt von Einquartierung nicht verschont. Rahel spart jeden Groschen, rüstet sich für die zu erwartenden Kosten und ist erleichtert, als ein junger, freundlich wirkender Kom-missair mit seinem Bedienten und dem Quartierzettel er-scheint. Es hätte schlimmer kommen können. Wie wird es weitergehen? «Ich sehe *niemand*, gehe nicht aus: und fürchte mich unvernünftig.» Sie liest Spinoza, um sich zu beruhigen.

Im Sommer 1812 haben sich die Franzosen aufgemacht, Rußland zu erobern. Im Herbst und Winter kehren die Reste ihrer geschlagenen Armee zurück: abgemagerte, herunterge-kommene Gestalten, die sich mit letzter Kraft fortschleppen, laut jammernde Verwundete auf mit Stroh gefüllten Leiter-wagen, denen die Glieder erfroren oder zerschossen worden sind und deren eitrigen, brandigen Wunden ein entsetzlicher Gestank entströmt. Nicht Mitleid, sondern Haß schlägt ih-nen entgegen.

Diesmal bleibt die französische Besatzung für ein Jahr, dann vertreiben sie die Kosaken. Im März 1813 kommen, diesmal vom Norden und Osten, durch das Oranienburger und Neue Königstor, die Sieger, die russischen Truppen in die Stadt und setzen sogleich den letzten, durch das Hallesche Tor im Süden flüchtenden Franzosen nach. Die Berliner, seit General Yorcks Frontwechsel in Tauroggen und dem jüngst geschlossenen Bündnis Preußens mit dem Zaren erstmals auf der Siegerseite, ertragen die neuen Freunde gutwilliger als die Franzosen, obwohl man sich mit ihnen verbal nicht verständigen kann. Rahel läßt es klaglos über sich ergehen, daß direkt vor ihren Fenstern «sehr schöne, muntere Kosaken» zwei Tage und zwei Nächte Ostern feiern: singend und tobend an die Läden schlagend.

Etwa um die gleiche Zeit, eines Tages halb vier früh, ziehen ihre Mitbewohner, ausreichend mit Proviant versorgt, auf Mietwagen hinaus nach Spandau, um mit eigenen Augen und in Gesellschaft unzähliger anderer Berliner Belagerung und Erstürmung der noch immer von den Franzosen besetzten Festung zu erleben. Pulver droht in die Luft zu fliegen, Tote werden weggetragen, Verwundete geborgen – Hauptsache, man ist Augenzeuge der makabren Unterhaltung und erlebt, wie die Franzosen abziehen müssen.

Doch solche fragwürdigen Vergnügen können nur für kurze Zeit die dramatische Situation vergessen lassen, in der die Stadt und ihre Bürger sich jetzt, im Frühjahr 1813, befinden. Der Krieg von 1806 war nach wenigen Wochen durch die preußische Niederlage beendet worden; die Schlachten waren anderswo geschlagen worden. 1812 hatte die Hauptstadt nur den Aufbruch und Rückzug anderer, fremder Truppen miterlebt; für den Rußlandfeldzug Napoleons mußte Preußen nur ein Hilfskorps stellen.

Jetzt aber liegt Berlin im Mittelpunkt eines Kriegsgeschehens, an dem das gesamte, mit Rußland verbündete preußische Heer beteiligt ist. Napoleon soll nun endgültig geschlagen werden, aber noch stehen seine Truppen in Preußen. In der Stadt biwakieren täglich über zwanzigtausend russische und preußische Soldaten mit mehreren tausend Pferden, Waffen und Geschirr.

Rahels Hauptlektüre ist jetzt die Zeitung; was gibt es Neues von der Armee? Werden die Franzosen einen Angriff auf die Hauptstadt wagen? Wird Berlin und seine Umgebung womöglich Schlachtfeld werden? Abends geht sie zu Markus oder er kommt in die Behrenstraße. Sorge und Zukunftsangst vereinen die Geschwister wieder. Man hört, daß Bürger dazu herangezogen werden, Schanzen vor den Stadttoren, auf den Rixdorfer und Tempelhofer Höhen, auszuheben. Es wird zu Spenden aufgerufen; Juden geben mehr als viele Christen. Besorgte Einwohner horten Lebensmittel und richten sich auf eine Belagerung ein. Andere flüchten.

Rahel Levin fürchtet sich. «Soll denn kein Atom bei dem anderen, kein Stern neben dem anderen bleiben» und «die Erde in ihrem eigenen Schutt untergehen?»

Ich möchte
Ihnen Gut thun können

Die Freundinnen

Warum Leb man,
um Liebe und Freundschaft,
alles Andere ist Gewohnheit
und Eitelkeit und zuweilen
Zwang zu exsistiren.
Pauline Wiesel

In Rahels Jugend stimmten alle aufgeklärten Menschen
überein, daß zu ihrem Glück die Freundschaft unerläßlich sei,
und zählten diese zu den höchsten Lebensgütern. Sie sehnten
sich nach Mitteilung, Verständnis und Bestätigung; sie hoff-
ten auf Ergänzung und Erweiterung des Ich durch ein ver-
trautes Du und fühlten sich bestätigt durch das Hohelied der
Freundschaft, das die Dichter sangen.

Die gelebte Freundschaft belehrte die beschriebene. Während Schiller und andere Autoren sich wahre Freundschaft
nur unter Männern vorstellen konnten, befreundeten sich
junge Adlige und bürgerliche Intellektuelle auch mit Frauen
und Mädchen. Doch zuweilen waren die so Verbundenen
sich ihrer Gefühle nicht recht sicher. Der junge Wilhelm von
Humboldt fiel vor seiner Freundin Jette, der schönen Henriette Herz, die ihn Hebräisch lehrte, eines Tages anbetend

auf die Knie. Und wenn er sich später bei ihrer gemeinsamen Freundin Dorothea Veit, der ältesten Tochter Moses Mendelssohns, ansagte, klopfte deren Herz so stark, daß sie selbst erschrak. Friedrich Gentz faszinierte Rahel weit stärker, als Freunde das gemeinhin tun, und Burgsdorff, der Unersättliche, bat «die Kleine» in seinen Briefen, ihm ein paar Küsse zu gewähren. Eros verlieh den Freundschaften Zärtlichkeit und Spannung, und bis zur Liebelei war es nur ein kurzer Schritt.

Obgleich die jungen Leute sich bemühten, die strenge Trennung der Geschlechter zu durchbrechen, mußten die Frauen doch Rahel zustimmen, daß «in Europa Männer u weiber zwey verschiedene Nationen» seien; abhängig, ungleich, benachteiligt die weibliche «Nation». Darum war es den jungen Frauen so wichtig, daß sie gute Freundinnen besaßen.

Eines Geliebten glaubten sie sich nie ganz sicher. Seine Geschäfte mochten ihn an einen anderen Ort verschlagen, seine Freundin konnte ihm dabei aus dem Sinn geraten und seine Liebe sich womöglich einer anderen zuwenden. Zutrauen hatte enge Grenzen. Selten wagte eine Frau dem Mann zu sagen, wie bedrückend sie das Maß der Abhängigkeit empfand und was sie unbefriedigt ließ, worin ihr Argwohn, ihre Angst bestanden; das galt als unklug und nicht schicklich. Darüber sprach sie sich mit ihrer Freundin aus. Mit ihr verband sie Offenheit, Gleichklang und Verläßlichkeit und nicht zuletzt die wohltuende Gewißheit, daß Leid nicht unerhört und die Leidende nicht ohne Trost bleiben würde.

Die meisten Freundinnen Rahels aus Kindheits- und Jugendtagen kamen aus der durch Wohlstand oder Bildung privilegierten jüdischen Oberschicht Berlins. Man kannte sich, wohnte in der gleichen Gegend, in der Spandauer Straße oder nicht weit davon entfernt, und wenn die Mädchen sich nicht sehen konnten, so schrieben sie sich gegenseitig: «Treffe ich

Sie heute Abend in der Oper?», «Wissen Sie, daß Julie Braut geworden ist? – Übrigens, was sagen Sie denn zu Bartholdy?» Billette flogen von Haus zu Haus.

Obwohl sie Schutz und Geborgenheit in ihren Familien fanden, strebten sie hinaus aus ihrem als zu eng empfundenen Leben, hinaus in eine andere Welt. Die Väter bestärkten sie darin, öffneten die Türen nach «draußen». Die Mütter hingegen, die Hüterinnen der Tradition, sahen mit Sorge, welche Erwartungen die Töchter hegten und welche Ansprüche sie stellten. Ja, die Mädchen zeigten sich sogar bereit, für die Erfüllung ihrer Wünsche Konventionen zu durchbrechen, und legten eine Unbefangenheit, ja, Keckheit gegenüber Männern an den Tag, die den Müttern die Schamesröte in die Wangen trieb. Für sie bestand der Sinn des Lebens in der Pflichterfüllung; die jungen Frauen redeten von Selbstzufriedenheit und Glück. Vergaßen sie denn ganz, woher sie kamen und welche Rolle ihnen die Religion zuwies?

Das verdrängten sie, soweit es eben ging. Rahel vertraute sich Veit, dem Freund, an. Im schriftlichen Verkehr der Freundinnen wurde dieses Thema ausgespart; über ihre jüdische Herkunft und die damit verbundenen Zurücksetzungen und Beleidigungen findet sich dort kaum ein Wort.

Ihrer aller Liebe galt der deutschen, vornehmlich der zeitgenössischen Literatur. Sie waren eifrige Theaterbesucherinnen, erstrebten die Bekanntschaft, womöglich auch die Freundschaft berühmter Dichter wie Jean Paul und schwärmten allesamt für Goethe. Nachdem Rahel ihm in Karlsbad zum erstenmal begegnet war, fragten ihre Freundinnen Friederike Liman und Henriette Mendelssohn: ‹Ist er so, wie wir uns ihn gedacht haben?› ‹Was hat er gesagt?› und ‹Wie bewegt er sich?› «Ich bin aufs Äusserste gefaßt!» ließ Henriette wissen.

Im Unterschied zu Rahel hatten ihre Freundinnen, jedenfalls die meisten, ihre jüdischen Vornamen schon früh durch christliche ersetzt. Alle legten Wert darauf, sich mit Nichtjuden anzufreunden und in deren Gesellschaft die jüdische Emanzipation zu erproben.

Dabei erwies sich, daß es leichter war, Freundinnen von adliger als von christlich-bürgerlicher Herkunft zu gewinnen. Die Aristokratinnen, die mit Jüdinnen verkehrten, waren meist wie diese: vorurteilslos und lebenshungrig. Auch sie wehrten sich gegen Dünkel und Beschränktheit in ihrer angestammten Welt. Rahel erlebte das in Teplitz, als sie dort die Gräfin Pachta traf, im Verkehr mit Karoline von Dacheröden, dem thüringischen Landedelfräulein, das Wilhelm von Humboldts Frau geworden war, und mit der Gräfin Schlabrendorf, die ein uneheliches Kind erwartete und deshalb mit Mademoiselle Levin im Sommer 1800 nach Paris entfloh. Von der Feudalwelt hatte sie sich gänzlich abgewandt.

Doch wenn es diesen freiwilligen, eigensinnigen aristokratischen Außenseiterinnen angemessen schien, erinnerten sie sich ihrer Kinderstube.

Goethe hat in seinem «Wilhelm Meister» das von aristokratischer Erziehung geprägte Idealbild eines Edelmannes beschrieben: die harmonische Ausbildung seiner Natur, den vornehmen Anstand, das Gehaltene, Beherrschte und Gemessene seines Wesens, ausgedrückt auch in den Körperhaltungen, den Bewegungen, die angestrebte Vollkommenheit. Ähnlich stellten sich zuweilen die Rahel befreundeten Edelfräulein dar: Wenn sie wollten, konnten sie eindrucksvolle, weithin Respekt gebietende Damen sein, zuvorkommend, höflich, freundlich gegen jedermann und zugleich Abstand heischend, distanziert und würdevoll.

Menschen neigen dazu, an anderen zu bewundern, was ihnen selber fehlt und das sie einzig deshalb für bewunderungswürdig halten. Das galt auch für Rahel. Manche ihrer adligen

Freundinnen strahlten eine Gelassenheit aus, die ihr, der Leidenschaftlichen und Spontanen, abging. Sie bewahrten auch dann noch Haltung, wenn es um Rahels Fassung längst geschehen war. Souverän meisterten sie heikle Situationen. Rahel war zwar den meisten ihrer adligen Freundinnen geistig überlegen. Aber eine Dame im landläufigen Sinn des Wortes war sie nicht und wäre es doch gern gewesen. Auch deshalb gefiel es ihr, die Freundin «richtiger» Damen zu sein.

Außenseiterinnen ganz anderer Art waren jene Künstlerinnen, von denen Rahel einige schon als Gäste ihres Vaters kennengelernt hatte und denen sie sich eng verbunden fühlte: Schauspielerinnen wie die Unzelmann und Christel Eigensatz, später dann in Prag Auguste Brede, bekannte Sängerinnen wie die Marchetti und die Milder. Zu dieser Gruppe berufstätiger oder doch öffentlich wirkender Frauen gehörten auch die mit Rahel befreundeten Schriftstellerinnen Rebecca Friedländer und die ungleich bedeutendere Esther Gad sowie Karoline von Fouqué, die Frau des Dichters.

Im Unterschied zu ihnen, die ihren Lebensunterhalt ganz oder zum Teil durch eigene Tätigkeit verdienten, war Rahel nicht darauf angewiesen, für sich selbst zu sorgen; der Gedanke an weibliche Berufstätigkeit als Alternative zur Ehe und Familie lag ihr fern. Was hätte sie auch tun können? Romane schreiben? Bei all ihren großen Gaben – eine fehlte ihr: mit langem Atem anschaulich zu erzählen. So ist es auch kein Zufall, daß sich in ihren nachgelassenen Papieren kein einziger Romanentwurf und auch keine Erzählung findet. Rahel, die Intellektuelle, konnte analysieren, assoziieren, reflektieren, kritisieren, philosophieren; ihre Begabung entfaltete sich im Dialog, ihre Ausdrucksform war und blieb der Brief.

Aber gerade weil sie selbst keinen Beruf ausübte, sah sie in den ihr nahestehenden Schauspielerinnen und Autorinnen eine ungelebte Seite ihrer Existenz verwirklicht. Etwas

Sichtbares zu schaffen, etwas zu bewirken – das fehlte ihr und das vermißte sie.

Interessiert nahm sie sich der Berufsprobleme ihrer Freundinnen an und genoß es, mit ihnen entweder über Rolleninterpretationen oder über Handlungsabläufe und Rezensionen zu diskutieren. Sie nahm Anteil an Erfolgen wie an Mißerfolgen und erwies sich als kenntnisreiche Partnerin. Wohl möglich, daß die Freundschaften mit ernsthaften berufstätigen Frauen sich auch deshalb als so unkompliziert und dauerhaft erwiesen, weil der Umgang miteinander sich nicht ausschließlich auf Seelenheil und Liebesleid beschränkte.

Aber wohin mit Pauline Wiesel? Pelle, die Vertraute, die Geliebte, weder adlig noch jüdisch und mit keiner anderen als der Liebeskunst vertraut, entzieht sich dem Versuch, sie einzuordnen. Wenngleich auf unterschiedliche Weise waren doch alle anderen Freundinnen Rahels bestrebt, Ansehen und Geltung entweder zu erhalten oder zu erwerben, während Pauline, der solche Werte wenig oder nichts bedeuteten, sie schon früh verschwendet hatte.

Doch sicherlich hätte Madame Wiesel nichts dagegen, in einem Atemzug mit den besonders schönen Rahel-Freundinnen genannt zu werden, mit den großen, wohlgestalteten, die, wo sie auch erschienen, überall sogleich umworben wurden. Das galt sowohl für Henriette Herz als auch für die Schwestern Meyer, für Karoline von Humboldt und Minna von Zielinski, die der alten Rahel eng verbunden war.

Allein durch ihre Erscheinung Bewunderung zu erheischen und Erfolg zu haben – ein solches Glück blieb Rahel versagt. Sie mußte sich immer erst legitimieren, konnte nur durch Anstrengung gewinnen. Die schönen Freundinnen ließen ahnen, wie weibliches Dasein auch sein konnte; sie befriedigten den angeborenen Schönheitssinn. Rahel ging gern mit schönen Menschen um. Zuweilen benutzte sie auch eine anerkannte Schöne, um das heitere Wohlwollen jener zu gewinnen, an denen ihr ähnlich wie an Goethe ganz besonders lag.

Bewundernd erlebte sie, wie Pauline allein durch ihre Schönheit über die Jugend und das Alter, über Geld, Stand, Sitte, Verstand und Bildung immer wieder vorübergehend triumphierte, wie Vorsätze und Prinzipien wankten, weil die Schönheit sie bezwang. Sie begriff, woher Pelle Selbstsicherheit und Mut nahm: Sie brauchte sich nicht anzustrengen, nicht zu werben, andere mühten sich um sie. Eine solche Erfahrung mit einem anderen vertrauten Wesen relativiert den Wert von Anpassung, Anstrengung und Willenskraft.

Pelle, «die Einmalige», war auch frei von jener fast untertänig zu nennenden Ehrerbietung, mit der andere Freundinnen Rahel begegneten. Diese machten, ähnlich wie einige junge Männer, ein Kultobjekt aus der Levin. Friederike Liman schrieb an sie:

«Meine liebe R, ja wohl hast du recht, daß alle unsere Briefe *deinem* Geist nicht entsprechen können, ich habe daß längst eingesehen und traue mir deshalb auch gar nicht, dir über etwas zu schreiben, weil ich so selten was sagen kann...» Das geschah, als beide zwanzig waren.

«Und nun noch die eine, ganz volle Bitte: entziehen Sie der Unbehülflichen, difficilen nicht Ihre Güte und Langmuth; behalten Sie mich nur im geringsten lieb, und laßen Sie Sich genügen daß Sie ein Wunder thun...» So formulierte es die viel jüngere Minna von Zielinski wenige Jahre vor Rahels Tod. Als «erpichter Zögling» und als «treue Jüngerin» wollte sie sich ergeben an die Brust der Älteren legen. Die aber reagierte jetzt unwillig, nervös: «Setzen Sie sich nicht so weit hinter mir: ich kann das nicht vertragen...» Schmeicheleien hörte sie sich immer gern von Männern an, auf die von Frauen war sie weniger erpicht.

Manche ihrer Freundinnen stellten die Bewunderte auf einen Sockel, weil sie auf diese Weise ein Gefühl des Nicht-ebenbürtig-Seins, Minderwertigkeitskomplexe gegenüber Rahel überspielen wollten. Gut tat das der Freundschaft nicht. Neid entstand; ein langandauerndes Gefühl der Unterlegenheit konnte sich in Aggressivität entladen.

Bei Pauline war Rahel vor übermäßiger Bewunderung sicher. Ganz nebenbei gesteht auch Pelle schon mal zu, Rahel könne besser «rauslassen», was sie beide fühlen und denken; aber das ist doch kein Grund, sie über sich zu stellen! Ein Gefühl von Unterlegenheit gegenüber ihrer «Ralle» kommt nicht auf; dazu bewundert diese ihre anders begabte schöne Freundin viel zu sehr und läßt sie das auch spüren.

Beide Geschlechter zelebrierten Freundschaft auf eine uns fremd gewordene Art. Auch Männer, etwa Tieck und Novalis oder E. T. A. Hoffmann und sein Freund Hippel, schrieben sich zärtliche, von Gefühl überschäumende Epistel. Innige Freunde wie Schleiermacher und Friedrich Schlegel in Berlin oder Clemens von Brentano und Achim von Arnim in Heidelberg bezogen als junge Leute gemeinsam eine Wohnung und berichteten emphatisch von ihrem Glück zu zweit.

Auch in den Briefen Rahels und ihrer Freundinnen drückte sich ein Überschwang, ein Freundschaftsenthusiasmus aus, der unter dem Einfluß der Empfindsamkeit, des Sturm und Drang entstanden, seine Fortsetzung in der Romantik fand und weithin üblich war. Freundinnen überschütteten sich mit Kosenamen wie Goldtaube, lieber Engel, Herzenstochter und versicherten sich ständig ihrer Liebe; «laß uns einander angehören, auf ewig», bat die junge Frau von Humboldt Rahel und wechselte vom Sie zum Du. Unschuldig auf eine «Stunde der Seligkeit» mit Rahel hoffend, wählte auch die Gräfin Pachta in Teplitz das vertraute Du. Ihnen, den adligen Freundinnen, war danach zumute, und so taten sie es eben;

die bürgerlichen Freundinnen blieben untereinander beim herkömmlichen Sie. Frauen, die Rahel liebten, äußerten den heftigen Wunsch, längere Zeit mit ihr zusammenzuleben, denn sie waren überzeugt, ein Bestimmtsein füreinander werde das Leben zu zweit bereichern, ein Beispiel wahren menschlichen Zusammenseins abgeben.

Männer entdeckten den Reichtum des Gefühls, Frauen eroberten die Welt des Geistes; in ihren Träumen, Wünschen, Hoffnungen überwanden beide den ihnen in der Realität auferlegten Rollenzwang. Friedrich Schlegel, beeinflußt von Platon, der Antike, sah in jedem menschlichen Wesen Männlichkeit und Weiblichkeit vereint. Er stellte sich die Geschlechter als Hälften einer früheren Einheit, als «Blüten Einer Pflanze oder Blätter Einer Blume» vor. Der Mensch entdeckt in sich auch das andere Geschlecht, und indem er sich bewußt dazu bekennt, erweitert und bereichert er sein Ich.

Es wirkt wie die Umsetzung solcher hauptsächlich aus der Antike übernommenen, um achtzehnhundert wieder auflebenden Ideen, wenn Rahel im Umgang mit ihr Nahestehenden «nicht bloß ihre Freundin, sondern auch ihr Freund» sein wollte und von diesen, vor allem von Gentz, auch in solch doppelter Gestalt gesehen wurde. Männliche Vornamen wurden auf Frauen übertragen – Friederike Liman wurde Franz und Rahels Schwägerin, die Frau von Markus, Hans gerufen, während Rahel, wenn sie an Varnhagen schrieb, ihn oft Guste nannte.

Und doch! Vorherrschend im Umgang der Geschlechter blieb die Ungleichheit im Leben. Die Wiederentdeckung der Androgynität, die Erweiterung weiblichen Lebensraumes für eine kleine Gruppe, reichten nicht aus, um über die immer noch bedrückende Enge und Unbeweglichkeit hinwegzutrösten, über Abhängigkeit und das «Angeschmiedetsein» an dominierende weibliche Verhaltensnormen und familiäre

Zwänge. «Männern ist alles möglich», seufzte eine Freundin Rahels. Frauen mußten sich entscheiden: «Flug durch die Wolken» oder «Hütte und Herd».

«Und doch», meinte Minna von Zielinski, «kann der Mensch nur durch diesen Wechsel das wahre Glück der Mittelstraße finden.» Sie vermißte beides. Die junge Witwe in Frankfurt an der Oder lebte allein, ohne Familie, in einem von Feldern, Wald und Fluß umgebenen Haus. Tagsüber rief der Kuckuck, im Garten sangen nachts die Nachtigallen, «aber man wüßte doch auch gern etwas von Welt und Menschen». Wie glücklich war Minna, als sie Rahel fand.

Diese trieb ein unstillbares Bedürfnis, am Schicksal anderer teilzunehmen, Zeugin ihres Lebens zu sein. Im Alter erinnert sie dabei gelegentlich an eine pädagogisch ambitionierte Patentante. «Wir müßen erkennen», schrieb sie an Minna, «was wir selbst wollen, sich eingestehen, was fehlt und weßwegen, auf Sein und nicht auf Schein ausgehen, streng u wahrhaftig mit sich umgehen, keine Unwahrheit sich selbst gegenüber dulden.»

Aber in der Regel war sie zu ihren Freundinnen einfach liebevoll und gütig, beruhigte Beunruhigte, tröstete Trostsuchende, hätschelte und verwöhnte von Männern Malträtierte. Der Umgang mit Freundinnen und Freunden gab ihr das Gefühl, mit allen ihren Gaben nicht unnütz und überflüssig auf der Welt zu sein, sondern gebraucht zu werden, womöglich unentbehrlich. Und da sie sich genausowenig wie ihre Geschlechtsgenossinnen davon unabhängig machen konnte, was man von Frauen erwartete, steckte in ihrer ungewöhnlichen Anteilnahme wohl auch ein Stück Bereitschaft, sich «weiblich» zu verhalten.

Unglückliche Ehe- und komplizierte Liebesgeschichten und wie man damit fertig wird – dieses Thema spielt in den Beziehungen der Frauen eine entscheidende Rolle. Friederike

Liman ließ sich scheiden und zog später mit der Unzelmann zusammen. Rahel wußte, daß «Franz» lesbisch war. Dorothea Mendelssohn hatte Veit verlassen und lebte als Geliebte Friedrich Schlegels. Rebecca, von Friedländer geschieden, wartete vergeblich auf den Heiratsantrag eines Grafen Egloffstein. Rahel spendete Trost, Rat und Hilfe. «Klagen Sie mir, sagen Sie mir alles, ich verstehe das Meiste... werde es... nie überdrüssig...» Diese Aufforderung, hier 1816 an Ernestine Goldstücker adressiert, kehrte immer wieder.

Für jede Frau hing vom Ausgang einer Liebesbeziehung so unvergleichlich mehr als heute ab. Glück außerhalb der Ehe gab es kaum. «Ich habe ein leidenschaftlich, heftiges Gemüt», gestand Karoline von Fouqué, aber: «Ich habe nie geliebt, ohne an Ehe zu denken.» Wann wird sich der geliebte Mann erklären? Denkt er überhaupt an Ehe? Das beschäftigte die Liebende unentwegt. Belastete auch noch ungleiche Herkunft das Verhältnis, überstand sie die beklemmende Ungewißheit kaum ohne eine vertraute Freundin, die sich, als schließlich auch vom Partner akzeptierte Dritte, Eingeweihte, der Beziehung zugesellte. Das war auch Rahels Rolle zwischen Rebecca und dem Grafen, ihr durch den Prinzen und Pauline wohlvertraut.

Die schmerzliche Erinnerung an Finckenstein gab Rahel die Idee ein, sie müsse die nun in ähnlicher Gefahr schwebende Rebecca durch liebevollen Beistand über alle Klippen, alle Tiefen weg erretten und das Glück mit dem Grafen zu vollenden helfen. «Laßen Sie mich für Sie gelitten haben», heißt es in einem ihrer Briefe; die um zehn Jahre Jüngere soll nicht ihr, Rahels einstiges Geschick erleiden, dafür will die Ältere sorgen.

Ähnlich wie die Gräfin Pachta, die Rahel im Konflikt mit Finckenstein beraten hatte – übrigens das einzige Beispiel, daß sich Rahel von einer Freundin, nicht von einem Freund beraten ließ –, fühlte sich diese nun herausgefordert, Rebecca in der zweifelhaften Kunst zu unterweisen, durch Klugheit und durch Schläue schließlich doch noch zu erreichen, was sie will. Doch während die Pachta die Verweigerungsstrategie empfohlen hatte, riet Rahel zu Schmeichelei und Unterwürfigkeit – und das nicht nur in diesem Fall.

Auch Freundinnen, die, ohne viel gefragt zu werden, in ihrer Jugend mit einem ungeliebten Mann verbunden worden waren, wurden zum Sichfügen, zu Ergebenheit nach außen hin ermahnt:

«Oft sagte ich zu einer jüngeren Freundin. ‹Wenn du denn ohne Liebe Heuratest, so sprich mit deinem Gemahl nicht, thu ihm zu Gefallen, so viel dein Weesen trägt; aber raisonire nicht, beweise nie daß du recht hast, nie daß er Unrecht hat. Sihe F.: ihre Ganze Ruhe, und freiheit, hat sie ihrer *Stummheit* zu verdanken... Thun kann man so zimlich was man will –... und was du *dir* zur Liebe thust, auch schweigend.»
Anders, so meinte Rahel, würde eine Frau sich aufreiben. Unendlich viel Zeit, Geduld und Energie hat die Freundschaftsbesessene in diese Lebenshilfe investiert.

Da freundschaftlicher Rat so dringend erbeten wurde, rechnete die Ratgebende jedesmal damit, daß ihn die Ratsuchende auch befolgen werde. Doch das erwies sich oft als Irrtum. Rahel verhielt sich nicht so, wie die Gräfin Pachta ihr geraten hatte, und die Friedländer hielt sich nicht an das, was die Levin empfahl. Das führte natürlich zu Verstimmungen.

Man kennt das, Rahel neigt zur Übertreibung. Entdeckt sie einen Menschen, der ihr sympathisch ist, bereit, sich aufzuschließen und in seinem Unglück ihre Hilfe anzunehmen, drückt sie ihn sogleich an ihren Busen, will Zeugin seiner Schmerzen, Herzenströsterin und Seelenschwester sein, ohne lange zu fragen, wie dieser Mensch wohl eigentlich sei.

In ihrem idealistischen Bestreben glaubt sie, sie könne selbst unbedeutende Personen von Vorurteilen befreien und ihnen eine neue Welt erschließen. Irgendwann erkennt sie dann, daß Menschen nicht so formbar sind, wie sie erhoffte, sondern sich weiter so verhalten, wie es ihnen entspricht. So erklären sich Enthusiasmus und Enttäuschung.

Und doch erstaunt der rasche Wechsel. Gestern noch die Güte in Person, benimmt sich Rahel heute unerträglich arrogant. Ihre Geduld, so sagt sie, kenne keine Grenzen, doch dann kündigt sie die Freundschaft auf und hat das morgen schon vergessen. Sie liebt und lästert, ist abwechselnd besorgt und barsch, hört unermüdlich zu, versteht fast alles und kann unglaublich ichbezogen sein.

«Sie sind eine gute Tochter, liebes Kind», schmeichelt sie der jungen Minna, ich streichle «Ihnen die vielen Locken aus dem Gesicht... und küße Sie». Ein andermal erfährt Pauline über dieses «gute Kind»: «Sie *log* den *ganzen* tag; und lügt noch immer, heßliches geschöpf!»

Varnhagen wiederum wird mitgeteilt, welche Szenen Rebecca seiner Rahel mache, durchsetzt mit Lügen, Vorwürfen und Tränen. Viel zu spät will sie begriffen haben, wie närrisch und wie «hundedumm» diese «stupide Puppe» sei. «Also mit der sind wir fertig. Pfuhl bleibt Pfuhl.»

Als Varnhagen mehrere Jahre nach dem Tode seiner Frau wieder einmal ihre noch nicht veröffentlichten Briefe las, fielen ihm solche Ausbrüche nicht nur gegen Rebecca, sondern auch gegen Rahels Brüder und ihn selbst auf. Darauf verfaßte er eine längere Notiz, um zu erläutern, was davon zu halten sei. Er, Varnhagen, heißt es da, habe es immer rührend und zugleich komisch gefunden, wenn Rahel in ihren Briefen Unwillen und Zorn über einen Menschen aufs äußerste zu treiben suchte und gedroht habe, Menschen fallenzulassen, sich von ihnen loszusagen oder sie nur noch zu gebrauchen.

Das sei nichts anderes als Rederei gewesen, im «schneidensten Kontrast zu ihrer wehrlosen Guthmütigkeit und Schwäche… Das Lamm will Tiger spielen, und zeigt nun erst recht, wie weit es davon entfernt ist, einer sein zu können.»

Wer will Rahel besser kennen als ihr Mann? Und weiß nicht jeder, auch die herzlichste Beziehung ist Mißverständnissen, Verstimmungen ausgesetzt; die Beschwerden werden bei Dritten abgeladen. Schließlich, auch die Unmöglichkeit, nur immer gut zu sein oder es zu wollen, verkehrt sich leicht in Aggressivität.

Doch hilft auch solche Einsicht nicht, Rahels Verhältnis zu Rebecca zu verstehen. Wie gesagt, im Lauf der Jahre entfremdete sie sich von ihrem Schützling; von Beistand, Rettung, Liebe keine Rede mehr. Rebecca ging ihr auf die Nerven.

Doch die rächt sich. Zwar ist sie ziemlich unbegabt, doch ehrgeizig auf eine Karriere als Romanschriftstellerin aus. In einem Rührstück mit dem Titel «Schmerz der Liebe» porträtiert sie Rahel als eine zwar gescheite und gebildete, aber egoistische Baronin Charlotte von Willingshausen, während sich die Autorin selbst als eine Gräfin Aarberg darstellt, der Baronin liebevoll ergeben, doch von dieser kalt zurückgewiesen. «‹Wer sagt Dir Sophie›, antwortete sie auf Vorhaltungen der Gräfin, ‹daß ich eine Freundin brauche? ich brauche keine!›»

Der Freund, Varnhagen, ist befremdet, ja empört, als er das liest. Rahel jedoch bleibt in Kenntnis des noch unveröffentlichten Manuskripts von erstaunlicher Gelassenheit. Nein, gegen eine Veröffentlichung habe sie nichts einzuwenden. Das steht in krassem Gegensatz zu ihrer sonstigen Empfindlichkeit.

Bekannte fragen verwundert, wie Rahel mit einer Frau verkehren könne, die sie derart an den Pranger stelle. Doch bricht sie den Verkehr nicht ab. Die Beziehung zieht sich hin, bis Rebecca 1813 nach Wien umzieht. Und in Rahels nachgelassenen Papieren findet sich sogar der Entwurf einer Rezension, in dem sie den Friedländerschen Roman mit seltsam schwülstigen Worten feiert. Das Verhältnis zwischen diesen beiden Frauen gibt bis heute Rätsel auf.

Freundschaften versanden, neue blühen auf. Doch die Lebensfreundschaft zwischen Rahel und Pauline hält über alle Trennungen hinweg. Pelle war die einzige nichtjüdische Freundin, der Rahel von Jugend an bis in ihr Todesjahr ohne ernsthafte Verstimmung eng verbunden blieb.

Ein von außen betrachtet ungleicheres Paar ist überhaupt nicht denkbar, äußert Marlis Gerhardt. «Die eine lebt, die andere denkt; die eine liebt mit Erfolg und ohne Skrupel, die andere hat Unglück, wenn sie liebt. Die eine gilt als Schönheit, die andere empfindet sich als häßlich, sans grâce. Die eine hat den Ruf der Libertinen und Lasterhaften, die andere repräsentiert das zeitgenössische Ideal der schönen Seele...»

Bei näherem Hinsehen fallen die Gemeinsamkeiten auf. Beide fühlten sich im Grünen wohl, liebten Luft, Natur und Promenade, mißtrauten dem, was Bürger das Vernünftige, Reelle nennen, setzten dagegen Impulsivität und Originalität, «die ewige Wahrheit, das richtige Leben».

Rahel faszinierte, wie ganz unverbildet, unbefangen, auf ihre Weise unverdorben, unverwüstlich und dabei zugleich treffsicher und klug die Freundin war. Mit einem Blick konnte sie Menschen, eine Situation erfassen und auf ihre originelle Art beschreiben. «Ralle wie geht es Ihnen? Mich ziemlich.»

Ralle sah Pauline nach, was sie bei anderen tadelte und übelnahm. Pelle durfte nahezu alles. Und als der darob sehr empörte Guste ihr berichtete, Pauline habe ihre Verführungskunst auch an ihm erproben wollen, lachte sie aus vollem Hals: typisch Pelle!

In ihren Briefen an die Freundin schwatzte sie fröhlich oder melancholisch, erstaunt über die sonderbare Welt, auch ein bißchen abergläubisch, machmal drastisch schimpfend, immer lieb und gut zu ihrer Ralle. Pauline Wiesel: ein guter Erdgeist, ein Naturkind, eine Kindsfrau, die sinnenfroh im Lotterbett mit Freund und Feind, Preußen wie Franzosen, fälschlich für eine femme fatale gehalten wurde.

«Gott Pöleken!» schrieb ihr Rahel. «*Eine* hätte Natur aus uns beyden machen sollen. Solche wie Sie, hätte mein Nachdenken, meine Vorsicht, meine Vernünftigkeit haben müßen! Solche wie ich, ihren Lebensmuth, und Ihre Schönheit.»

Als Rahel noch ein Kind war, schloß sie ihre ersten Freundschaften fürs Leben. Eine Freundin, Bettine von Arnim, stand an ihrem Bett, als sie sterben mußte. Ob in guten oder schlechten Zeiten – Freundinnen begleiteten sie durchs ganze Leben, bewunderten und liebten ihre Engelsralle, Herzensralle, das beste schönste Rallechen.

Diese erwiderte solch herzliches Gefühl: «am häufigsten bin ich nicht beachtet worden, viel verachtet... geliebt übernatürlich selten... von freundinnen sehr ernst u sehr lange.»

Wohin mit dem
entsetzlichen Vorrat, mit dem
Apparat von Herz und Leben
Ein junger Mann
namens Varnhagen

Ich habe Dich so grenzenlos lieb
und auf die innigste Weise wie nicht
Geliebte und nicht Freunde lieb gehabt werden,
wie Dein Jünger und Verkündiger.
Karl August Varnhagen an Rahel Levin

Von der Parteien Gunst und Haß verwirrt, schwankt sein Charakterbild in der Geschichte.» Dieses Schiller-Wort trifft auch auf Karl August Varnhagen zu. Der Diplomat und Publizist ist viel gerühmt und viel verunglimpft worden. Den einen galt er als gefährlicher Verschwörer, anderen als Leisetreter, Liebediener. Für Goethe war er ein «tiefsinnender und -fühlender Mann», und Heine pries ihn als einen «der außerordentlichsten Menschen». Fürst Metternich zählte ihn zu «den schlauesten und findigsten Revolutionären», während Karl Marx Varnhagen nur «flach, fad» und «kleinlich» fand. Geringschätzung und Respekt halten sich bis in die Gegenwart die Waage.

Im Frühling 1808, als Rahel Levin den blonden jungen Mann, der sie schon längere Zeit von fern bewundert, bei einem Spaziergang trifft und ihn zum Tee einlädt, ahnen die beiden nichts von alledem.

Zunächst hat Varnhagen gegenüber Rahel Levin, der stadtbekannten Salondame und Freundin des gefallenen Prinzen, nicht viel mehr vorzuweisen als ein Dutzend mittelmäßiger Gedichte und ein paar Semester Medizin. Und so verwundert es auch nicht, daß sie ihn bei früheren, zufälligen Begegnungen übersehen hat.

Nachdem er allen Mut zusammengenommen und sie Unter den Linden angesprochen hat, steigt er nun fast täglich zu ihrer Dachwohnung hinauf und erzählt, ermuntert von teilnahmsvollen Fragen, in welchem Zwiespalt er seit längerem lebt. Unterstützt von einem Freund seines verstorbenen Vaters, habe er Kriegsarzt werden sollen und auch einige Jahre an der medizinischen Lehranstalt studiert, der Berliner Pepinière. Dann, nach einem Zerwürfnis mit den Lehrern, sei er Hauslehrer geworden, zunächst bei den Cohens in Berlin, die Rahel gut kennt, später bei einer Hamburger Familie. Doch fühle er sich stark zur Literatur, zur Dichtkunst hingezogen. Zusammen mit Berliner Freunden, hauptsächlich den Herren Fouqué, dem im Cohenschen Kontor beschäftigten Wilhelm Neumann und dem Infanterieleutnant Adelbert von Chamisso, einem gebürtigen Franzosen, hat er einen Dichterbund gegründet, die sogenannte Nordsterngruppe, hat einiges veröffentlicht, einiges herausgegeben, auch zwischendurch in Halle wieder Medizin studiert, doch weiß er selbst nicht, wie es weitergehen soll. Rahels Interesse tut ihm wohl.

Ja, zuhören, teilnehmen, das kann und will der junge Mann! Darauf versteht er sich! Darum hat er auch sofort begriffen, was andere offenbar nicht wahrhaben wollen: Wie einsam diese Frau inmitten vieler Menschen lebt: «Ich glaubte Iphigenien unter den Barbaren in Tauris aufzufinden, und fühlte mich nun um so stärker zu ihr hingezogen, als ich mir bewußt war, ihr einen Ersatz anbieten zu können, ihr eine Gebühr darbringen zu dürfen, die ihr nur allzu oft versagt wurde. Unser Vertrauen wuchs mit jedem Tag», erinnert sich Varnhagen.

Rahel, unglücklich über das Ende ihres Salons und verbittert über den Familienzwist, tut es wohl, gewürdigt und verstanden, auch so verehrt zu werden. Aber wenn sie diesen jungen Mann mit anderen vergleicht, mit Männern, die sie auch erotisch angezogen haben und Gefühle in ihr weckten, fällt der Vergleich zunächst nicht allzu günstig für ihn aus. Gewiß, er ist nicht unansehnlich und, obgleich nicht schön wie Finckenstein, mit seinen graublauen treuherzigen Augen und den weichen Zügen sogar hübsch zu nennen. Aber sein Anblick löst nicht das Entzücken aus, nicht die Verzauberung, in die sie ein Hamburger Kaufmann namens Bokelmann damals in Paris versetzte. Varnhagen fehlt Gualtieris Eigenwilligkeit, Burgsdorffs beredte Urteilskraft, ihm fehlen das Mitreißende, der Lebensschwung von Gentz, ein Schuß Genialität. Er überbewertet äußere Formen, und auch seine Ordnungsliebe wirkt recht übertrieben. Chamisso stören seine Neugierde und Eitelkeit.

Für Varnhagen spricht, daß er angenehm und unterhaltsam ist, auch vielseitig gebildet und so rührend stolz darauf, in Rahels Gunst zu stehen. Und er ist herrlich jung! Der Frau, die auf die Vierzig zugeht, tut es wohl, von einem vierzehn Jahre Jüngeren begehrt zu werden. Sie streicht über seinen blonden Schopf und ist gerührt von seiner jungenhaften Zärtlichkeit. Es muß ja nicht immer die ganz große Leidenschaft und Liebe sein, die zwei Menschen aneinander bindet. Es kann ja auch die kleine sein, Gefallen aneinander, Sich-gegenseitig-wohltun-Wollen; es gibt ja «viele Interims = Glücke, die muß man brauchen wie man kann», meint Rahel.

Das sei nicht tugendhaft? Wenn Tugend in der Kunst besteht, andere nicht zu kränken, zu betrügen, sondern ihnen Glück zu schenken und selbst dabei auch ein bißchen Glück zu finden, dann ist höchst tugendhaft und obendrein natürlich, was Rahel denkt und tut.

Um Varnhagen ungestört empfangen zu können und sich von ihrer Familie und der Großstadt zu erholen, mietet sie für den Sommer 1808 eine Ferienwohnung in Charlottenburg. Dieses von Äckern und Wiesen umgebene, idyllisch an der Spree gelegene frühere Dorf mit dem von Friedrich I. für die Königin Sophie Charlotte erbauten Lustschloß hat sich seit Ende des 18. Jahrhunderts zu einer vornehmen Gartenstadt gewandelt, in der begüterte Adlige und Bürger Sommerhäuser errichtet haben oder die Sommerfrische in eigens gemieteten Wohnungen genießen. Berliner, die sich das nicht leisten können, wandern oder fahren sonntags durch den Tiergarten hier hinaus, um das Schloß der Königin Luise mit seinem Park und dem großen Karpfenteich anzuschauen und danach in einer der vielen Bierschenken oder einem Gasthof einzukehren.

Mochten sie auch untertänigst darum bitten, in Rahels Kinderjahren hatten die Charlottenburger noch jedem Juden, der auf dem Wege nach Berlin des schlechten Wetters wegen bei ihnen übernachten wollte, das erbetene Quartier verweigert. Jetzt, da sie an den Sommergästen verdienen und es wegen der schweren Zeiten auch nötig haben, nehmen sie gutzahlende Juden gerne auf, zumal manch anderer Gast, der vor 1806 regelmäßig kam, sich diesen Luxus nicht mehr leisten kann und fortgeblieben ist.

Varnhagen kommt so oft wie möglich in das wochentags so stille Vorstädtchen. Man plaudert unter den schattenspendenden Platanen vor der in der Schloßstraße gelegenen kleinen Wohnung oder wandert manchmal noch spätabends auf duftenden Gartenwegen am Spreeufer entlang. Zwar wird er ihr am Ende dieses Sommers dafür danken, ihn «das rechte Wohlsein in der freien Natur» gelehrt zu haben, aber im Unterschied zu seiner schwärmerischen Freundin hat er wenig Sinn für Landschaften, und seine Freude an Blumen, Gräsern, einem Vogel ist begrenzt. Ihn interessieren Menschen, Literatur, das Zeitgeschehen, die Politik und immer wieder Rahel, die Bewunderte.

Natürlich bleibt Rahel nicht verborgen, daß er ihr immer näher kommt, und sie reagiert darauf ebenso abwehrend wie hilflos und gerührt. In den Briefen noch schwankend zwischen «Sie» und «Du», versucht sie Mitte Juni die Distanz zwischen ihnen festzuschreiben: «Sie bedürfen mehr, als ich Ihnen sein kann; und Sie wären gütiger, gelassener und sanfter, wenn Sie das immer wüßten...» Vierzehn Tage später dauert es sie schon: Ich bin «beschämt und betrübt. Ich weiß es, ich sehe es, daß Du mir eine Seele voll – wie eine Hand voll – Liebe reichst, wovon ich mit verliebtem Herzen trunken werden müßte; und nur Deine Lieblichkeit empfindend, und Deinen Werth auffassend steh ich dabei! –»

Dann wieder versucht sie, so etwas wie einen Verhaltenskodex zwischen ihnen festzulegen. Wieder einmal fällt ihr die gemeinhin Männern zugeschriebene Rolle zu: Sie ist die Tonangebende. Und da Rahel deutlich sieht, wie stark sich ihre Charaktere unterscheiden, bittet sie August (nein, nicht schon wieder Karl, das erinnert sie an Finckenstein!), jeder möge den anderen so akzeptieren, wie er nun einmal sei, ihm mit Nachsicht, Wohlwollen, Sanftmut begegnen und ihm volle Freiheit lassen.

O ja, sanft, verständnisvoll und innig! Das hat er, der die längste Zeit ohne seine Mutter aufwuchs, lang entbehrt und ist glücklich, sanft und mitfühlend zu ihr zu sein und dasselbe auch bei ihr zu finden. Freundschaft und Fürsorge – diese stillere Liebe, lernen viele Paare erst, wenn die Leidenschaft verflogen ist und wenn sie alt geworden sind. Diese zwei erfahren sie seit den ersten Wochen des Beisammenseins. «Iß nichts Schlechtes, gehe nicht in die Sonne… Erhitze Dich nicht», so und ähnlich wird das «Jüngeken», das «Gustchen», das «lieb Kind» ermahnt. Dieser Mann ersetzt ein Kind, ist Freund – und Publikum.

Durch Rahel lernt Varnhagen ihm bisher verschlossene Welten kennen. Er, der von sich meint, einer «großen, ungeheuren Leidenschaft», die jeden Augenblick und alles Tun bestimmt, nicht fähig zu sein, wohl aber durch sein Hineinsehen in ein anderes Wesen begreifen kann, daß es so unkontrollierbare, verzehrende Kräfte gibt, wird durch sie von solcher Leidenschaft erfahren:

In der Charlottenburger Sommerwohnung gesellt sich ihnen ein durch Rahels schmerzliche Erinnerung im Geist heraufbeschworener Dritter zu, und bald sieht es so aus, als sei er ihnen unentbehrlich, als brauchten sie ihn als Stimulans. Er ist ein schwarzäugiger Spanier mit scharf geschnittenen Zügen, vorspringender Nase und einer schönen, klangvollen Stimme: Don Raphael d'Urquijo, Legationssekretär an der Gesandtschaft seines Landes in Berlin und Rahels früherer Geliebter.

Keinen anderen Mann hat sie so leidenschaftlich geliebt wie diesen. «Süßer Liebling! Theurer Liebling! Holder Liebling!» «*Du* gefällst mir immer, *du*!» Diese Liebe stand wie eine helle Sonne über ihrem Leben, die alles Graue, Häßliche verscheuchte. Noch die Luft um ihn hat sie mit ihrer Zärtlichkeit erfüllt und in ihrem Überschwang und ihrer Seligkeit kaum noch wahrnehmen können, was um sie her geschah. Jeder Augenblick, da er nicht bei ihr war, erschien ihr wie verlorene Zeit. Bis zur Tollheit hat sie ihn geliebt, sich verausgabt, willentlich sich preisgegeben, denn sie war gewiß, einzig auf der Welt zu sein, um diesen Mann zu lieben. «Dein bin ich, in Liebe! Ewig Dein!» Die Wortgewandte stammelte nur noch.

Obwohl vier Jahre zwischen der Trennung von Urquijo und diesem Sommer mit Varnhagen liegen, erregt es Rahel noch immer heftig, wenn sie vom Scheitern dieser Liebe spricht. Sie zerbrach an seiner Eifersucht. Der frühere Liebhaber stellt sich dem gegenwärtigen als das Urbild eines Spaniers dar, für den «Eifersucht ein Glaubensartikel der Liebe» war. Doch wenn Varnhagen seine eigene anfängliche Verwirrung sich vergegenwärtigt, die sich in ungerechten Vorwürfen gegen Rahel entlud, wird er auch begreifen, wieviel Urquijos Eifersucht mit Rahels geistiger Überlegenheit und dessen eigenem geringem Selbstvertrauen zu tun hatte. Urquijo konnte nicht glauben, von dieser Frau geliebt zu werden, und er konnte nicht ertragen, der Unterlegene zu sein.

Auch hat sich Rahel Männern gegenüber ja nie so verhalten, wie es den Gepflogenheiten ihrer Zeit entsprach. Anstatt auf Urquijos Werben zu reagieren, ohne ihr Begehren zu zeigen, hat sie ihm vorbehaltlos und ungehemmt ihre nicht eben platonische Leidenschaft offenbart. Der Spanier hingegen, traditionell, fast ehrpusselig zu nennen, mag eine Frau gesucht haben von nicht allzu ausgeprägtem Wesen, ehrerbietig, ausgeglichen, lieblich, aber stolz und mit Reizen ausgestattet, die männlichen Besitzerstolz befriedigen. Spät begreift es Rahel und vertraut Varnhagen an:

«Ich sehe es ein, ich muß ihm odiöse geworden sein, mit meiner Liebe, und meiner Denkungsart; muß ihn so konfuse gemacht haben, daß er mich für ein Monstre hielt wie's keines giebt; für... einen Mephistoteles.»

Schlecht behandelt, beleidigt und gedemütigt, auch sicher, nicht mehr geliebt zu werden, hat sie sich 1804 von Urquijo getrennt. «Die große Liebe, der Schiffbruch, das Verschla-

gensein – in Gegenden, die die Alten Hölle genannt hätten...
kurz, die ganze Veräußerung des Herzens, und des Lebens!»
Weiß Varnhagen wirklich etwas von dieser Hölle und von
solcher Leidenschaft?

Er ist übrigens nicht der einzige, zu dem Rahel von ihrer
zweiten großen unglücklichen Liebe spricht, und er wird
auch nicht der einzige bleiben, dem sie alle ihre Briefe an Urquijo zeigt. Aber kein anderer ist so verständnisvoll auf diese
lange Liebesklage eingegangen.

Ganz selten kommen Rahel Zweifel daran, ob es denn richtig sei, ihre «größte Türpitüde», ihre größte Schmach, selbst
«an's Licht» zu bringen, aber ihre Sucht, die Binden abzurei-
ßen und die nicht verheilten Wunden bloßzulegen, ist stärker. Sie hat dieses Leid nicht überwunden, und Betäubung
will sie nicht. Noch 1812 wird sie an Marwitz schreiben:
«Wissen Sie, daß dieser Mensch... der arbitre [Gebieter?]
meines Lebens war; und also bleibt. Daß er, und alles was
von ihm kommt, mir ewig, einzig wichtig bleiben wird, und
ist.»

Ihr Leben lang will sie beweisen, wie Glück und Schmerz
zusammengehören, wie Menschen dem einen wie dem anderen ausgeliefert bleiben, nichts überdecken, nichts vergessen;
im Gegenteil, wenn sie mit anderen darüber spricht, erlebt sie
noch einmal den Gefühlssturm jener Jahre. Und da Rahel davon überzeugt bleibt, daß «die einzig mögliche große Existenz» darin besteht, «allen Schmerz einwilligend zu fühlen», liegt in der Darstellung auch Selbstanpreisung. Und
eine durch das Versprechen geheimnisvoller Leidenschaften
ganz auf erotische Spannung angelegte subtile, unverhohlene
Verführungskunst.

1840 wird die englische Dichterin Charlotte Brontë ihrer
verliebten Freundin Ellen Nussey schreiben: «Mein liebes
Mädchen, ‹une grande passion› ist ‹une grande folie›» und

ihr raten, nicht in romantischer Narretei auf die «grande passion» zu warten. Sosehr Rahel solch schnöde Gleichsetzung von Narrheit und Leidenschaft bestritten hätte – der Versuchung der Ellen Nussey erliegt sie dennoch nicht: Sie hält sich an Varnhagen.

Am Ende ihres gemeinsamen Sommers in Charlottenburg, im September 1808, muß Varnhagen Berlin verlassen, um in einem dritten und letzten Anlauf sein Medizinstudium zu beenden, und zwar in Tübingen. Rahel, unvermutet auf der Wohnungssuche, kommt sich ohne den Freund an ihrer Seite verlassen und verloren vor. Jetzt erst begreift sie, wie gut er ihr getan hat und was er für sie sein konnte. «Du bist *der Einzige* in der ganzen Welt, der mich je lieb hatte, der mich behandelt wie ich Andere. Ja ich bekenne es Dir gerne mit dem ganzen Drang der Erkenntlichkeit; von Dir lernte ich geliebt sein, und Du hast Neues in mir geschaffen... Freue Dich, wenn Du wirklich etwas von mir hältst, und mein Leben und Sein für ein außerordentliches nimmst; Du hast es zu einem menschlichen gestempelt... Ich liebe Dich überaus zärtlich wieder, Du hast es hundertmal gesehen; ich könnte mein Leben mit Dir zubringen; es ist mein sehnlichster, ernster, jetzt *einziger* Wunsch...»

Sechs unruhige Jahre gehen noch ins Land, bevor sich dieser Wunsch erfüllt. Inzwischen werden sich die Liebenden nur selten für ein paar Wochen sehen; lange Trennungszeiten liegen dazwischen. Sie werden sich Aberhunderte von Briefen schreiben: Belege schwankender Gefühle und unzähliger, wieder schnell verworfener Absichten und Pläne, Zeugnisse des Glücks, aber auch durchlebte Krisen und Beinah-Zerwürfnisse.

Gleich nach ihrer Trennung löst Varnhagen Rahels Unmut aus. Während eines Aufenthalts in Leipzig besucht sie Minna

Spazier, die ihr aus Berlin bekannte, seit einigen Jahren verwitwete Tochter des Obertribunalrats Mayer, der es mit seinen puritanischen Ansichten vom «galanten Leben der Jüdinnen» nicht gern gesehen hatte, daß seine drei Töchter überhaupt mit Rahel verkehrten. Gleichwohl tauschen seine Minna und die Jüdin jetzt Geheimnisse miteinander aus. Rahel vertraut Minna das Verhältnis mit Varnhagen an. Minna läßt Rahel wissen, daß sie erst vor kurzem Mutter einer bald verstorbenen Tochter wurde, deren Vater kein anderer als Rahels Geliebter ist. Was für ein Schock!

Die Szene ist bühnenreif. Auf theatralische Ausrufe und Gebärden folgen Umarmungen und heftige Küsse. Am Ende schlendern die beiden Frauen lachend durchs städtische Gedränge, um sich nach der selbstinszenierten Komödie nun eine auf der Bühne anzusehen.

Rahel gehört ja nicht zu jenen philiströsen Bürgersfrauen, die ein unehelich gezeugtes Kind für eine Ausgeburt der Sünde halten. Schließlich gibt es in ihrem Freundes- und Bekanntenkreis ein halbes Dutzend solcher Kinder, und sie selbst hätte auch gern eines. Was sie Varnhagen verübelt, ist das Verheimlichen, das mangelnde Vertrauen.

Doch unvergleichlich ernster als die Leipziger Enthüllung ist Varnhagens Bindung an die in Hamburg lebende Witwe des jüdischen Bankiers Hertz zu nehmen, zu dem er nach seinem ersten Berliner Aufenthalt als Hauslehrer gekommen war. Fanny Hertz, über deren Bedeutung für sein Leben Varnhagen seine neue Freundin lange im unklaren gelassen hatte, betrachtet sich als seine künftige Ehefrau, finanziert sein Studium und will dafür sorgen, daß er sich als Arzt in Hamburg niederlassen kann.

Fanny oder Rahel? Varnhagen fällt es schwer, sich zu entscheiden. Als Rahel ihn drängt, soll sie sich mit dem kuriosen Bescheid begnügen, wenn er sich überhaupt entschließe,

Ehemann zu werden, käme keine andere als Fanny oder sie in Frage. Zu wählen, sich zu entscheiden, das überfordert ihn, und in aller Einfalt teilt er Rahel seine Erkenntnis mit: «Wie dem Manne der alten Welt nur ein Freund möglich war, so sind mir, dem Uebermodernen, neben vielen Freunden, auch mehrere Geliebte möglich!»

Das hätte er besser nicht geschrieben. Noch bevor das neue Jahr beginnt, läßt Rahel, des Schwankens, der Zweideutigkeiten und der Verwirrung leid, Varnhagen wissen, entweder er gebe Fanny auf, oder sie, Rahel, wolle nichts mehr von ihm wissen. Die Entscheidung liege ganz bei ihm.

Varnhagen entscheidet sich; im Frühjahr 1809 bricht er mit Fanny Hertz. Aus Großmut oder in einem Anflug letzter Hoffnung schenkt die ihm noch vierhundert preußische Taler für das kommende Jahr. Die würde er gern zusammen mit Rahel ausgeben, in Wien oder in Paris.

Jedenfalls in Tübingen will er nicht bleiben. Hier, wo er, gemeinsam mit einem Freund, eigentlich nur noch die klinischen Semester absolvieren wollte, verstärken sich die Zweifel an seiner Absicht, Arzt zu werden. Doch auch seine Hoffnung, sich als Dichter durchzusetzen, schwindet. Zwar lernt er unter anderem den Verleger Cotta und einen jungen Dichter namens Ludwig Uhland kennen. Aber wenn er den so betrachtet, wie er mit halboffenem Mund plump umherspaziert, so sieht er noch nicht den Dichterkranz auf Ludwigs Haupt. Da täuscht er sich.

Wenn nicht Arzt, nicht Dichter, was denn dann? Vielleicht «ein höheres Schreibergeschäft», eine Sekretärsstelle «an die Person irgend eines Großen attachiert», der ihm weiterhelfen kann.

Im Sommer 1809 meldet sich Varnhagen bei der österreichischen Armee, die im Krieg mit Frankreich steht, wird Oberst Bentheim, einem stattlichen, herrischen Grafen, als

Fähnrich zugeordnet und in der Schlacht von Wagram durch einen Oberschenkelschuß verwundet. Nach seiner Genesung und einem längeren Aufenthalt in Wien zieht er mit seinem Oberst umher, unter anderem nach Preßburg, Prag, Paris – mal in irgendwelchen militärischen Geschäften und dann wieder, um für sie beide nützliche Verbindungen und Finanzquellen zu erschließen. Viel schindet der Sekretarius für sich selbst dabei nicht heraus. Seine Zukunft bleibt weiterhin ungewiß.

Rahel und Varnhagen gelten öffentlich noch immer nicht als Paar, selbst Freunden und Bekannten gegenüber siezen sie sich, nur ein kleiner Kreis ist eingeweiht in ihr Verhältnis. Beinah täglich schreiben sie einander: sie weit ausholend, Platz erheischend, ohne feste Ordnung oder Regel ihre Wörter setzend und das ihr Wichtige mehrmals unterstreichend; er in seiner winzigen, gestochen wirkenden Kanzleischrift. Sie stets ängstlich, er könne sich mißfällig über öffentliche Angelegenheiten äußern, auffallen und es mit der Zensur zu tun bekommen; er verhältnismäßig unbekümmert. Unvorsichtig, wie sie findet. Wenn Rahel am Posttag ohne Briefe bleibt, sorgt sie sich, was wohl geschehen sein könnte. Die ziemlich teuren Portogebühren, für einen Brief in der Regel vom Empfänger zu entrichten, entsprechen dem Wert von einem Pfund Fleisch. Auch darum, nicht nur wegen der Zensur, gibt man seine Post, wann immer möglich, Bekannten oder Freunden mit.

Immer wieder tauscht das Paar in seinen Briefen die üblichen Geschlechterrollen. Sie, die Dominierende, Besitzergreifende, möchte ihm zugleich Geliebte, Mutter und ein Freund sein, «wie es ein Mann sein könnte», sieht in ihm ihr Kind, den eifersüchtig umhegten «kleinen Jungen» und den beschützenden künftigen Gatten. Er huldigt ihr, vergleichbar einem Knappen, der anbetend vor seiner Herrin kniet:

«Ich bin Dir gern untergeordnet, weil ich Dir ergeben bin... Dich hegen und begleiten, auf Dich alles Leben wenden, Dir dienen... Ja Rahel, das ist meine Aussicht, meine Hoffnung.» So schrieben verliebte Jungfern ihren Verlobten. Dann wieder sieht er seine Bestimmung darin, Rahels Apostel zu sein, so lächerlich das auf andere auch wirken mag. Bei dem Naturforscher Steffens eingeladen, nennt er Rahel die dritte «Lichtgeburt der jüdischen Nation, die erste und zweite seien Christus und Spinoza der Zeit nach, Du aber dem Inhalt nach die erste».

Da seine Gefühle mild und unaufregend zärtlich sind und er nicht Rahels Ausdruckskraft besitzt, wohl aber in der Kunst, Liebe zu bekunden, vor ihr bestehen möchte, verrenkt er sich zuweilen und bewegt sich, feierliche Schwüre auf den Lippen, wie auf Stelzen fort: «Der Segen des Himmels begleite Dein liebes Haupt, und befruchte mit den Thränen meiner Sehnsucht den Boden fröhlicher Lebensblüthen...»

Der Sommer 1811 gehört endlich wieder ihnen beiden; sie verleben ihn zusammen in Teplitz. Rahel, die gerade ihren vierzigsten Geburtstag gefeiert hat, erscheint ihrem um so vieles jüngeren Geliebten offenbar jetzt weniger begehrenswert als in dem Charlottenburger Sommer vor drei Jahren. Wie andere selbstinthronisierte mütterliche Seelenfreundinnen muß auch sie erfahren, daß die «geliebten Kinder» zwar Zärtlichkeit, aber nicht mehr den Rausch bei ihnen suchen.

Rahel, die so laues Begehrtwerden tief in ihrer Weiblichkeit verletzt, kränkt es daher doppelt, nach ihrer Rückkehr von der Kur zu hören, was andere hinter ihrem Rücken dort getuschelt haben: Varnhagen stelle anderen Frauen nach, ja, in «Anfällen von toller Roheit» lasse er kein Frauenzimmer aus. Seine «derbe Sinnlichkeit», schreibt sie, flöße ihr geradezu Abscheu ein.

Selten genug, doch dieses Mal setzt Varnhagen sich zur Wehr. Als Unhold verschrien zu werden, das will er denn doch nicht auf sich sitzenlassen. Rahel wirft er vor, den Klatschereien Teplitzer Kurgäste aufzusitzen und sich wetterwendisch, launenhaft und ungerecht ihm gegenüber zu betragen. Einerseits setzt er Rahels Beschuldigungen entgegen, daß das Geschlecht ihn nicht mehr reize, ja ihm zuwider sei. (Böse Zungen behaupten, die Wagramer Verwundung habe Folgen für seine Männlichkeit gehabt.) Andererseits gesteht er, daß er nun einmal untreu sei. Und für einige von Rahels Freundinnen hat er eine ganz besondere Schwäche. Weiß sie zum Beispiel, daß er erst im vergangenen Jahr, während seines Aufenthaltes in Paris, eine Liebesaffäre mit ihrer dort als Erzieherin lebenden Jugendfreundin Henriette Mendelssohn gehabt und von ihr einen rührenden Liebesbrief empfangen hatte?

Rahel hat es ja überhaupt nicht eben leicht mit ihm. Durch seine Bindung an den Grafen Bentheim sieht sie die Aussicht auf eine Ehe immer weiter in die Ferne rücken. Sie ist ungeduldig. «Wen ich liebe», schreibt sie an Pauline, «muß mit mir leben wollen; bei mir bleiben.» Sie will Klarheit, wünscht Gewißheit.

Schon mehrmals hat Varnhagen sich ihr feierlich zum Gatten angetragen und sein Ehrenwort gegeben: «Dein auf immer, und dies in nur noch hundertundzwanzig Tagen.» Aber die sind lange um. Dieser liebevolle Mann ist oft unentschlossen, unzuverlässig, ja mitunter unberechenbar! Heute hört er auf Rahel, morgen auf Bentheim, übermorgen auf einen Dritten, er ist schwach, beeinflußbar, vielleicht hat er auch einfach Angst vor der endgültigen Verbindung mit der alternden Frau. Und da er nicht geradewegs auf ein festgestecktes Ziel losgehen kann, sondern überall nach Chancen für sich suchen muß, treibt ihn seine unersättliche Neugier auf Menschen und Begebenheiten immer wieder in Seitenstraßen. Jetzt erwägt er gerade, mit seinem Oberst weit weg, in die Türkei zu ziehen. Seine Phantasie reicht offenbar nicht aus, sich vorzustellen, was dabei Rahel zugemutet wird. Rührende Versicherungen, flehentliche Bitten, sich in Geduld zu üben und ihm zu glauben, wie unglücklich er selbst sei, beschwichtigen sie nicht mehr: «Was hilft Sehnen in Wäldern? Weinen in Zimmern... Herzpochen, Angst? *Unternehmen* wir etwas für und miteinander... lieg *ich* eines Tages gelb und gestreckt im flachen Grabe, ich höre nicht mehr. Und nie findest Du eine Aehnliche... Dann kannst Du verzweifeln. Weiß Du, was das ist? Ich weiß es.»

Briefe drücken ihre Unsicherheit über die Verbindung aus.

Der Schwester schreibt sie: «Verliebt bin ich nicht mehr. Wenn man's Dir erzählen sollte... ich bin es *nicht*.»

Fouqué hingegen versichert sie, Varnhagen zu lieben.

Campan, einen guten Freund aus der französischen Besatzungszeit, läßt Rahel wissen: «Mein Herz und meine Person sind frei.» Drängt sie nicht auf ein Leben mit Varnhagen?

Die Freundin Karoline, Humboldts Frau, erfährt: «Denk Dir in keiner Art... etwas beschränktes oder beschränkendes in unserer Verbindung.»

Solch wechselnde Bekundungen entsprechen den wechselnden Stimmungen und Verhältnissen der Schreiberin und dem Charakter ihrer Beziehung zu Varnhagen. Sie haben aber auch mit einem Mann zu tun, der im Mai 1809 durch die Vermittlung von Varnhagen in Rahels Leben tritt.

Alexander von der Marwitz ist ein Mensch nach Rahels Herz. «Von *der* trempe», schwärmt sie, von dem Kaliber, sei ihr «beinah noch keiner vorgekommen». Seine Herkunft erinnert sie an Finckenstein, in einigen Charakterzügen gleicht er Louis Ferdinand.

Wie die Finckensteins in Madlitz gehören auch die von der Marwitz im nahegelegenen Friedersdorf zu den ältesten märkischen Geschlechtern. Ihre Vorfahren haben in allen preußischen Kriegen gekämpft, dem Staat Minister und hohe Militärs gestellt. Und jetzt, es ist unglaublich, wird in Friedersdorf und Madlitz gegen den König rebelliert, weil die geplanten preußischen Reformen Adelsprivilegien einschränken und den Juden Bürgerrechte bringen sollen. Während Alexander von der Marwitz und Rahel, die Jüdin, in vertrauten langen Briefen eine tiefe Freundschaft miteinander gründen, warnen Alexanders ältester Bruder Ludwig und der Vater Karl von Finckensteins vor dem wachsenden «staatsfeindlichen» Einfluß der preußischen Juden. Sie allein würden die Nutznießer der geplanten Reformen werden, sich als Herren des Geldes auch zu Herren von Grund und Boden machen und das altehrwürdige Brandenburg-Preußen in einen «neumodischen Judenstaat» verwandeln.

Der jüngere Marwitz, schön und stattlich, mit ausdrucksvollen dunklen Augen, weiß für sich einzunehmen. Der Naturforscher Henrik Steffens schrieb in seinen Memoiren: «Es lag etwas Gewaltsames in seiner Natur, zurückgedrängt durch eine strenge und edle Gesinnung. Er erschien mir vornehm im ächten Sinne des Wortes, und ich glaubte in ihm einen jungen Mann zu sehen, dessen starke Gesinnung und geistige Bedeutung mächtig in die Verhältnisse der Welt eingreifen müßten.»

Dazu ist es nie gekommen. Unruhig und schwankend, sucht Marwitz lebenslang nach seinem Bestimmungsort. Wo gehört er hin? In «das große Leben der Zeit», in den Krieg, die Politik, die Staatsverwaltung oder, abgekehrt davon, in den stillen Hort der Wissenschaft? Er hätte einer «aufs Ganze und Große» gerichteten Tätigkeit bedurft, bemerkt Fontane. Aber er fand sie so wenig wie der gefallene Preußenprinz. Das Land bedarf gediegener Beamter, pflichtgetreuer Militärs, kaum jedoch eigenwilliger, schwieriger Begabungen.

Das Unbefriedigende der äußeren Existenz verstärkt seine innere Disharmonie. Marwitz ist jähzornig und sanft, herrisch und doch «halb wie Werther». Nach außen gibt er sich bestimmt, entschieden und überdeckt damit nur allzu oft, wie unsicher er ist, wie ziellos und öde er sich fühlt, ohne Lebenskraft. Zwar strebt er vornehm nach dem Edlen und Wahren, aber er ist dünkelhaft, fühlt sich den meisten Menschen überlegen und verachtet sie. Ein Wahrheitssucher, ein Totschläger, wie sich zeigen wird, ein Hamlet aus dem Oderland.

Bald nach der ersten Begegnung mit Rahel in Berlin war Marwitz wieder in den Krieg gezogen und hatte wie Varnhagen bei Wagram gegen Napoleon gekämpft. 1810 kommt er nach Berlin zurück und geht von dort nach Potsdam, in den höheren preußischen Verwaltungsdienst. Kommt er von dort auf Urlaub oder dienstlich nach Berlin, wohnt er entweder bei der Freundin oder im nahegelegenen «Hotel de Brandenbourg». Eifersüchtig ist sie darauf bedacht, ihn alleine zu sehen. Sie will ihn für sich haben, ist «seine Verwalterin» und kümmert sich rührend um ein Mädchen, das vortäuscht, von Marwitz geschwängert worden zu sein.

Rahel lenkt ihre ganze Seele auf Marwitz' komplizierte Existenz und gewinnt schnell sein Vertrauen. Er stellt ihr seine wechselnden Stimmungen dar, Hader, Freuden, Überdruß, jede Seelenreizung, jede Krise, und ist dankbar, wenn sie ihn berät. Ihre Briefe sind ihm unentbehrlich; drei-, viermal liest er sie gleich und läuft dann lange, den Inhalt überdenkend und ihn nachklingen lassend, durch den Raum.

Natürlich unterrichten sich die beiden auch gegenseitig über wichtige Bücher, erzählen sich, was sie gerade lesen.

Marwitz, gleichermaßen zu Hause in der deutschen Klassik und der griechischen Antike, beschäftigen sowohl Adam Müllers «Elemente der Staatskunst» als auch Niebuhrs «Römische Geschichte», Montecucculis Kriegskunst und das preußische Landrecht, Jean Paul wie Grimmelshausen. Wie Rahel besitzt auch er die Fähigkeit, unabhängig und originell zu denken. Sie erfreut, wie oft sie gleicher Meinung sind und daß er Goethe liebt wie sie.

Überhaupt, je länger sie sich kennen, um so mehr glaubt sie zu spüren, wie sich ihre Vorlieben, ihre geistigen Interessen, ja, wie sie meint, auch ihre Charaktere gleichen.

Sicherlich ist das nicht falsch. Beide haben starke narzißtische Züge und flüchten sich gemeinsam in eine elitäre Isolation; hochmütig sehen sie von dort auf ihre Mitmenschen herab und beklagen den unüberbrückbaren Gegensatz zwischen ihren Ansprüchen und dem, was ihnen die Gesellschaft bietet.

In österreichischen und preußischen Heeresdiensten macht Marwitz die Erfahrung, daß die meisten Offiziere, wenn sie nicht gerade auf den Feind einschlagen, ausdauernd reiten, saufen und sich duellieren, Späße treiben, fressen und Frauen verführen, um die Langeweile zu vertreiben; eine «Gesellschaft, die ganz ohne Phantasie, ohne Wissen ist, die beste gutmütig und brav und nach der Seite des Herrschens und Befehlens hin gebildet, ohne Nahrung für Geist und Gemüt.»

Verlassen von den einstigen Salonbesuchern, geht es Rahel nicht besser: «Und wie ekelhaft, herabziehend, ärgerlich, beleidigend *un*sinnig, schwächlich, niedrig meine Umgebungen, denen ich nicht entfliehen *kann*; und die, so lang ich es nicht kann, mich auch verfolgen...», hat sie schon Varnhagen geklagt.

Im verständlichen Unbehagen darüber, unverstanden und

unausgefüllt inmitten von privilegiertem Stumpfsinn und prämierter Mittelmäßigkeit zu leben, steigern sich Rahel und Marwitz, gegenseitig Beifall klatschend, bis zum Dünkel. Er, darin von Jugend auf geübt, übertrifft sie in entsprechenden Taten, sie ihn in der Ausdrucksweise. Die «seelentötende Gesellschaft» in ihrer Umgebung wird abwechselnd als Schund, Kroppzeug und Pöbel tituliert. Innehaltend fragt sie einmal eine Freundin: «Erkennen Sie das Gift in mir?», was sie nicht hindert, später gegenüber Marwitz irgendeinen Schwätzer, der sich geistreich geben will, mit einem «polnischen Juden» zu vergleichen, in dessen «Pelz die Läuse krabbeln». «Unübertrefflich» nennt Marwitz den Vergleich. Dieser Hochmut, diese Arroganz! Und welches Ausmaß an Selbsthaß wird bei Rahel sichtbar, immer wieder der Wunsch, nicht mit «denen» gleichgestellt zu werden, sich zu unterscheiden. Vor allem: etwas Besonderes zu sein.

Wie so häufig auf ihrem Lebensweg löst Rahel auch in ihrer Beziehung zu Marwitz Befremden und Bewunderung, Protest, Verständnis und auch Rührung aus. Ihrer Freundin Karoline von Humboldt wird sie später, von Prag aus, schreiben, was für ein tiefes Bedürfnis es ihr sei, «zu applaudieren und Liebe zu gestehen, zu äußern, wenn ich sie fühle... eine Äußerung, die immer da ist, ehe ich sie bedenke, zähme, ordne». Und so bedenkenlos, so ungezähmt und ungeordnet, so heiter und so überschwenglich gesteht die Vierzigjährige dem sechzehn Jahre jüngeren Alexander ihre Gefühle ein.

«Ich liebe Sie unsäglich... Ich liebe Sie unaussprechlich», heißt es, und dann wieder: «Sie sind meine einzige Stütze, wie auf weitem Meere ein Leuchtturm, ein dämmerndes Land; ich wüßte nicht mehr, daß ich Rahel bin, wenn ich nicht an Sie denken könnte, wenn ich Ihre Briefe nicht hätte, ich nicht wüßte, Sie werden kommen.» Dazwischen die Eintragung in Rahels Tagebuch: «Hast du nie das Entzücken meiner Augen gesehen, wenn ich in deine sah! den erstickenden Strohm von Glückseligkeit der dann über mich kam?»

Der Grundsatz «Wen ich liebe, muß mit mir leben wollen», wird für Marwitz außer Kraft gesetzt. Denn darüber ist Rahel sich klar, Marwitz wird nicht mit ihr leben. Deshalb schreibt sie ihm, er sei der erste, den sie nie wieder sehen, nie wieder hören wolle, wenn es ihm nur gut ergehe; ganz uneigennützig sei ihr Gefühl. Aber wenn auch nicht zusammenleben, warum nicht zusammen reisen und vorübergehend zusammensein! Zwölfhundert Taler kann sie mindestens aufbringen, er sicherlich doch auch. Bücher und gelehrte Leute gibt es allenthalben. Wäre es nicht wunderschön, im Grünen zusammenzuwohnen, sie in der Wohnung über oder unter ihm?

«Glauben Sie, daß zweimal solche Zwei zusammenkommen, als wir?»

«Wollen wir fliehen? Wälderwerts ziehen?»

«Erschrecken Sie nicht, es bleibt beim Alten; Sie, Herr von Marwitz, und ich, eine infame Demoiselle.» Mitten im sehnsuchtsvollen, zärtlichsten Gefühlsausdruck der Blick auf den Zaun, der beide trennt.

Während die Stakete im dunstigen Land verblaßt, steigt das Bild Urquijos auf: «Denken Sie sich, Marwitz, wenn ich Sie so liebte, wie ich Urquijo geliebt habe! wenn Sie mir so gefielen, wenn ich noch so sein könnte, meine ich, wenn Sie mich so liebten, wie mich jener liebte. Was da entstände, was wir da erführen, was wir da sagten, was uns da einfiele.»

Marwitz' Gefühle für Rahel sind ganz anderer Art. Er hält sie für das jetzt wohl «größte Weib auf Erden» und huldigt ihr: «Lassen Sie Rahels Herz zu Asche gesunken sein, das menschliche Herz schlägt weiter in Ihnen mit freieren, höheren Pulsen, abgewandt von allem Irdischen, und doch ihm

ganz nahe; die scharfe Intelligenz denkt weiter und in größeren Kreisen; aus dem grünen, frischen, lebendigen Tal hat Sie
der Schicksalsstrom hinaufgehoben auf Bergeshöh, wo der
Blick unendlich ist; der Mensch ferne, aber Gott nahe.»

Das klingt, und soll es doch nicht sein, wie ein Nachruf
auf eine lebendig auf Bergeshöhen Begrabene. «Aus dem
grünen, lebendigen, frischen Tal soll ich verbannt sein, und
doch leben? Ich!?» Den Menschen fern, Gott nahe und also
«verschlagen..., ohne *tot* zu sein»? Auf diese Weise angebetet, gleichsam in die Wolken abgeschoben zu werden, empfindet Rahel als vernichtend. Sie will irdisch geliebt werden,
als ein lebendiger Mensch. Sie will begehrt werden als Frau
und nicht betrachtet werden wie ein Wesen außerhalb der
Welt. Rahel zeigt auch Marwitz jene Briefe, die sie an Urquijo schrieb. Erkennt er nicht ihr leidenschaftliches Herz
und ihre Sinnesfreude? Doch er betet sie wie eine Göttin an.
Die Gefährtin seines Lebens soll hingegen Henriette Schleiermacher werden, die erst 1809 als junge Witwe dem berühmten Theologen angetraut worden war und von der er weiß,
daß sie ihn liebt. Rahel ist eingeweiht in das Geheimnis dieser
beiden.

Jeder der Beteiligten mutet dem anderen eine Menge zu.
Das gilt auch für Rahel gegenüber Varnhagen. Vielleicht
meint sie zunächst noch, er freue sich darüber, wenn sie ihm
von Marwitz schwärmt. Er kennt ihn ja recht gut. Aber was
denkt sie sich dabei, Varnhagen anzuvertrauen, Marwitz
könne sie alles sagen; er verstehe sie? Das begreift Varnhagen
doch gerade als seinen Vorzug, seine Stärke.

Irgendwo in Mittel- oder Westeuropa mit seinem Oberst
unterwegs, muß ihm aufgehen: Dieser Jüngling mit seinen
genialen Zügen bringt, anders als er, Glanz in Rahels Leben,
Bewegung, leuchtende Farben. In Marwitz sieht sie einen
Ebenbürtigen. Und gemeinsam erheben sich die beiden

hochmütig weit über gewöhnlich Sterbliche hinweg. Doch wie weit dieser Hochmut gehen kann, das ahnt Varnhagen nicht. Verärgert über einen Brief von ihm, äußert sich Rahel in der abfälligsten Weise über ihren künftigen Gatten: «Ich sehe nun wirklich ein, ich muß ihn gebrauchen, wozu er gut ist, und sonst nichts», schreibt sie Marwitz. «Kluge Leute tun das mit der größten Gelassenheit mit allen Menschen. Sie zu einer Höhe zwingen..., wo sie sich nicht halten können, ist wahrhaft schülerhaft. Aber nichts ist schwerer wieder mit aus der Welt zu nehmen, als der Drang nach Bewunderung.»

Vorsichtig, wenngleich vergebens, versucht Varnhagen, Rahel aufmerksam zu machen auf die Schwächen seines früheren Hallenser Kommilitonen und Kameraden in der österreichischen Armee: Marwitz sei herrisch bis zur Insolenz und entsetzlich ehrgeizig.

Rahel: «Er ist gut.» und «Ich vergöttere ihn.»

Die Freundin soll erfahren, daß Marwitz in seinem Regiment zwar geachtet, aber nicht geliebt wird; «man tadelt seinen heftigen unfreundlichen Karakter». Nie hat er für seine Untergebenen ein gutes Wort gehabt. In seinem Jähzorn hat er sogar einen Mann umgebracht.

Ihr gegenüber sei Marwitz nicht herrisch, stolz und jähzornig, sondern wie ihr Kind, ein liebes Kind, bemerkt Rahel.

Varnhagen versucht es mit einer Anekdote: Vor Jahren hat er sich einmal lachend eine besondere Gnade bei Marwitz auserbeten: Sollte dieser König werden, möchte man ihm, Varnhagen, sogleich einen Paß ausstellen, damit er außer Landes gehen könne.

Rahel ficht das alles nicht an. Und sollte Varnhagen vielleicht die Absicht haben, ihr den Freund entfremden zu wollen, wird sie darauf bestehen, daß er ihre Liebe zu Marwitz akzeptiert – akzeptieren *muß*.

Am 9. Januar 1812 schreibt Rahel an Varnhagen in Prag

einen besonders innigen Liebesbrief. Unter dem gleichen Datum läßt sie Marwitz wissen: Es «ist nicht genug, daß ich ihn [Varnhagen] *ganz* kenne und fühle; Nehme und ertrage; ich muß nun Wog' auf Wog' unter, Klippen an mit ihm durch...»

Wenn er heiraten will, muß Varnhagen sich jetzt ernsthaft um eine gesicherte Existenz bemühen. Rahel will dabei helfen. Doch wer wie er hofft, Diplomat zu werden, muß eigentlich ein Adelsprädikat vorweisen.

Da trifft es sich gut, daß Varnhagen in einem alten Geschichtsbuch über Westfalen nicht nur ein Familienwappen findet, sondern auch «die sichere Darlegung», daß er von «einer uralten ritterlichen Familie, von Ense, genannt Varnhagen» abstamme. Davon hat ihm sein Vater schon erzählt.

Rahel, die als soziale Aufsteigerin der Meinung ist, solange es den Adel gebe, müsse man, unabhängig davon, was man von ihm halte, daran interessiert sein, auch adlig zu werden – Rahel rät Varnhagen, die Entdeckung möglichst schnell amtlich legitimieren zu lassen. Bald sieht August seinen Namen unter selbstverfaßten Beiträgen für die Wiener Presse mit dem Adelsprädikat gedruckt.

Nun gilt es, noch eine zweite Voraussetzung diplomatischer Karrieren zu erfüllen: Der Bewerber muß weitreichende Verbindungen zu hochgestellten Persönlichkeiten besitzen. Dabei kann Rahel besonders nützlich sein. Sie kennt eine Menge Leute mit Einfluß, Rang und Namen, die helfen können, den Freund «weiter in der Welt zu bringen»: «Hoffe, hoffe! wir richten noch viel zusammen aus!»

Ob unter zahlreichen «Hochwohlgeborenen» während des Teplitzer Sommers 1811, ob in Berlin, Wien, Prag, Paris, unermüdlich suchen sie zusammen oder auf getrennten Wegen nach Bekanntschaften, die ihm weiterhelfen können. Sie verfaßt Empfehlungsschreiben, zum Beispiel an den beim Wiener Hof jetzt einflußreichen Gentz.

Freilich, sie wird ihn immer lieben, ihren Friedrich Gentz. Aber jetzt ist Klugheit wichtiger als Sentiment. Gentz «ist zu gebrauchen, läßt sich – *gern* – gebrauchen», und also will Rahel ihn gebrauchen. Die Liebesbande, die lose zwischen ihnen flattern, nicht gelegentlich zu eigenem Nutzen anzuziehen wäre dumm. Und dumm zu sein, kann Rahel sich nicht erlauben.

Am allerwichtigsten sind Humboldts. Wenn einer Varnhagen zu dem angestrebten Amt verhelfen kann, dann ist es Wilhelm, der in Wien jetzt preußischer Gesandter ist. Varnhagen wird von Rahel gedrängt, ihrem Jugendfreund «die Cour» zu machen.

Da der Gesandte sehr beschäftigt ist, soll der Freund versuchen, Karoline, Humboldts Frau und Rahels Freundin, für sich und für sein Vorhaben einzunehmen, denn Rahel weiß, daß Humboldt Karolines Einfluß unterliegt.

Varnhagen tut, was ihm aufgetragen wird: «Auf jeden Fall bearbeite ich die Frau zu diesem Plan.» Er schmeichelt Karoline, gibt sich gewandt-höflich, schreibt ihr unterwürfig klingende Briefe, rutscht auch mal ins Plump-Vertrauliche und meldet Rahel Vollzug: «die Frau ist mir gewiß.»

Wer meint, Rahel zu kennen, dem begegnet sie mit immer neuen, bisher unbekannten Zügen. Sie, die mit ihren Hoffnungen auf Finckenstein kaum etwas von der Wirklichkeit zu wissen schien, beweist in der Interessengemeinschaft mit Varnhagen einen Realitätssinn, der verblüfft. Da sie weiß, daß Herkunft und Verbindung ungleich wichtiger als Fähigkeiten sind, werden Freunde und Bekannte unverhohlen daraufhin abgeschätzt, ob und wie sie nützen können. Warum sollte Varnhagen verwehrt werden, was für Finckenstein und seinesgleichen selbstverständlich ist?

Die Außenseiterin wirkt hier ganz angepaßt. Die so Sensible und Aufopferungsbereite kalkuliert hier kühl und nüchtern; die Zarte, leicht Verletzbare, agiert hier handfest und nicht zimperlich. Hätte der Vater seine Überlegungen nur wahr gemacht und seine Lieblingstochter eine «Geschäftsfrau» werden lassen; Rahel hätte das gekonnt. Immer wieder überrascht sie – nicht nur durch das Liebenswerte ihres Charakters, sondern auch durch seine Kompliziertheit, Vielschichtigkeit, die vielen Brüche. Jetzt wird sie Varnhagen beweisen, was für eine unersetzliche, unvergleichbare Partnerin er in ihr gefunden hat.

Das hat der längst begriffen und weiß ihr nicht genug zu danken, daß sie ihn in «die Mitgenossenschaft höherer Kreise» führt, dahin, wohin er allein, meint er, nicht kommt.

In seinem Streben nach einem befriedigenden Beruf und einer angesehenen gesellschaftlichen Stellung offenbart auch Varnhagen unbekannte Züge, und manches Widersprüchliche kommt zutage. Von seinem Vater im Geist der Französischen Revolution erzogen, will er Kritik an ihr auch dann nicht dulden, als dies längst zum guten Ton gehört. Gerade erst hat er das bei Rahel unterstrichen, da schreibt er ihr auch schon, ihm sei die besondere Gunst zuteil geworden, in die vornehme Gesellschaft der Gräfin Pappenheim, auf deren Landgut eingeladen zu werden. Und darauf ist er richtig stolz.

Varnhagen ist ein Bürger, dem Vornehme und Vorgesetzte ungebührlich imponieren, sehr verehrungs-, sehr bewunderungsbereit. Er ist ein Republikaner, den es befriedigt, Orden von Königen und Zaren zu erhalten; unerschrocken, aufrecht, doch auch beflissen und devot.

In Rahels und Varnhagens Umgang miteinander versucht einer dem anderen weiszumachen, daß ihm selbst gesellschaftliche Ehren nichts bedeuten, sondern daß alles, was er tue, nur für den anderen geschehe. Beide meinen, die gesell-schaftlichen Spielregeln, die zum Erfolg führen sollen, zu kennen und auch zu beherrschen, und komplimentieren sich gegenseitig. Aber so schlau, so listig, so abgeklärt und so raffiniert, wie sie scheinen wollen und mögen, sind sie nur en fassade. Wie die Kinder können sie sich freuen, wenn ihre kleinen Tricks und großen Reden helfen, Varnhagen ein Stückchen «weiter in die Welt zu bringen», und jedermann ist eingeladen, sich daran zu freuen.

Die Interessengemeinschaft erschöpft sich nicht darin, Varnhagen den Weg zu ebnen. In jener Zeit, da er auf eine Staatsanstellung hofft, zeigt sich eine seiner großen Begabun-gen. Varnhagens Lust am Sammeln, Ordnen, Aufbewahren, verbunden mit seinem Interesse für das Biographische und einem siebten Sinn dafür, wie das Zusammengetragene zu verwerten ist, macht ihn mit den Jahren zu einem bedeutenden Archivar, Herausgeber und Chronisten.

Rahel erkennt sehr schnell, daß eine derartige Begabung zu ihrer beiderseitigem Vorteil wirken kann. Zu seiner Leiden-schaft gehört das Briefesammeln. Im Lauf der Jahre übergibt sie ihm fast alle, die sie selbst geschrieben und erhalten hat, und legt so den Grundstock zu seiner einzigartigen Sammlung. Beschriebenes Papier brennen oder auf dem Müll zu sehen muß ihm Höllenqualen bereitet haben. Nur nichts weg-geben, nichts vernichten! Stolz berichtet er schon bald Jean Paul, von Rahel annähernd dreitausend Briefe zu besitzen.

Rahel kennt deren Wert. Liegt ihr an eines Menschen Be-wunderung, bittet sie ihn, möglichst viel von dem zu lesen, was sie anderen geschrieben hat. Veit, dann Gentz, Marwitz und andere Freunde haben ihr bestätigt, welche außerge-wöhnliche Wirkung ihre Briefe zu erzeugen vermögen. Und obwohl keine andere Frau in Deutschland bisher einen so verwegen erscheinenden Plan entwickelt hatte, war sie schon während ihres Aufenthaltes in Paris auf die Idee gekommen, ihre Briefe nicht nur zu sammeln, sondern eines Tages auch zum Druck zu geben.

Nun kommt sie darauf zurück. Da alles, was sie schreibt, aus der Stimmung des Tages, ja, des Augenblicks spontan auf das Papier gelangt; da Gedanken, die gerade erst entstehen, Reflexionen, die, wenig später schon durch andere abgelöst, von ihr vergessen sind, anderen gleichsam vor die Tür geschüttet werden, bedarf es eines Menschen wie Varnhagen, der nach Rahels Meinung geradezu geboren dafür ist, sie und ihre Äußerungen «in ihrem Zusammenhange zu erfassen» und darzustellen. Im Februar 1810 erläutert sie Varnhagen, warum ihr so wichtig ist, ihre eigenen Briefe publiziert zu sehen:

«Nicht weil es mein Leben ist, aber weil es ein wahres ist; weil ich auch vieles um mich her oft, mit kleinen unbeabsichtigten Zügen, für Forscher, wie z. E. ich einer bin, wahr, und sogar geschicht-ergänzend aussprach. Und endlich, weil ich ein Kraftstück der Natur bin, ein Eckmensch in ihrem Gebilde der Menschheit... Ich aber selbst will aus meinen Briefen alles suchen, und verwerfen; und nicht in vierzig, fünfzig Jahren,... sondern viel früher; ich will noch leben, wenn man's liest.»

Um die gleiche Zeit taucht in der Korrespondenz mit Varnhagen jedoch auch der Gedanke auf, ihre Briefe aneinander zu veröffentlichen, und zunächst einmal wird diese Idee Gestalt annehmen.

Eines Tages bietet Varnhagen dem ihm aus Tübingen bekannten Verleger Cotta Texte aus Rahels und seinen eigenen Briefen über Goethe an. Cotta zeigt sich interessiert, bittet jedoch, für eine Veröffentlichung das Einverständnis Goethes einzuholen. Das tut Varnhagen, indem er den Briefwechsel nach Weimar schickt. Goethe gibt seine Einwilligung, und unter dem Titel «Ueber Goethe» erscheinen 1812 in Cottas «Morgenblatt für gebildete Stände» Teile aus je sechs Briefen: im Mittelpunkt stehen Reflexionen über den «Wilhelm Meister». Allerdings, unter ihren Namen wollen die Autoren nicht publizieren, besonders Rahel nicht. Auch bei späteren Veröffentlichungen aus ihren Briefen wird sie stets darauf bestehen, man möge von ihr sagen, was man wolle, «nur meinen armen Namen nicht!» Noch immer ist es für Frauen so ungewöhnlich, Texte zu veröffentlichen, daß sie die Konvention nicht durchbrechen, womöglich gar Neid, Anfeindungen, Ärger auf sich ziehen und nicht als «unweiblich» verschrien sein möchte. So wählen die beiden Verfasser in diesem Fall die Chiffren G. für Rahel und F. für Varnhagen.

Schreibende Ehepaare gibt es selten; meistens veröffentlicht nur einer der beiden Partner. Und wenn beide schreiben, wie Clemens Brentano und Sophie Mereau, so geschieht das unabhängig voneinander. Hier aber, bei Rahel und Varnhagen – Barbara Hahn hat darauf hingewiesen –, schreiben und veröffentlichen beide *mit*einander. Das ist etwas Neues.

Allerdings, weitere Veröffentlichungen in verschiedenen Zeitschriften enthalten ausschließlich Rahel-Texte, die mit Hilfe von Varnhagen zusammengestellt wurden.

Beide gründen eine Art «Editionswerkstatt», wie Ursula Isselstein es nennt, in der Rahels Texte für eine spätere Veröffentlichung gemeinsam durchgesehen und wesentliche Vorarbeiten für die nach Rahels Tod erscheinenden Briefausgaben geleistet werden.

Als ihre Goethe-Texte 1812 erscheinen, sind Rahel und Varnhagen noch nicht verheiratet. Aber schon vor ihrer Ehe haben sie für ihr späteres Zusammenleben ein solides, festes Fundament gelegt: Sie werden eine Arbeitsehe führen.

In dem dickhäusrigen
edlen großartigen Prag
Rahel während
des Befreiungskrieges

Das war eine Zeit voll Geschäfte,
man konnte sich kaum umsehen
und doch war jedermann gesunder
und stärker wie sonst... ein jeder
fühlte sich und seine Kraft.

Bettine von Arnim

Was für eine Stadt! Während die Kutsche über die Karls-
brücke auf den Altstädter Brückenturm zufährt, sieht Rahel
über die Geländer mit den Heiligenstatuen hinunter auf die
Moldau mit den grünbewachsenen Inseln und wendet immer
wieder ihren Blick zurück, hinüber auf die vom rechten Fluß-
ufer ansteigenden Höhen, auf denen Klöster und, umgeben
von Palästen, die große Burg, der Hradschin, stehen. Vor ihr
liegt, in eine Niederung gedrängt, die Prager Altstadt; in der
Ferne noch erkennbar Wyschehrad, die Felsenburg.

In der Abenddämmerung des 1. Juni 1813 rollt der Wagen
vorbei am Collegium Clementinum, dem Konvent der Jesui-
ten, durch schmale, ziemlich schmutzige Gassen mit Werk-
stätten und Läden von Schneidern, Hut- und Schuhmachern.
Frauen knien betend vor kleinen Altären zu Ehren des heiligen Nepomuk. Den Altstädter Ring, das historische Zen-

trum Prags überquerend, biegt die Kutsche in die Theyngasse mit den alten böhmischen Herrenhäusern ein und steuert zu auf einen kleinen Platz, zu dem die Fleischhackergasse sich hier verbreitert. Die Reisegesellschaft, bestehend aus Mademoiselle Robert, ihrem Bruder Ludwig und der Jungfer Dore, hat endlich das ersehnte Ziel erreicht. ‹Willkommen! Seien Sie willkommen!› Auf der Treppe steht eine schöne junge Frau im grauen Überrock, ein Rüschenhäubchen auf den Locken; und da ihr freundlicher Begrüßungsschwall leicht sächsisch klingt, fühlt sich Rahel sogleich an jenen Septemberabend 1808 erinnert, an dem sie die Brede zum erstenmal gesehen und bewundert hatte: in einem Lustspiel Kotzebues im Leipziger Theater. Jetzt ist sie eingeladen, in Auguste Bredes schönstes Zimmer einzuziehen und es sich bequem zu machen wie daheim. Rahel, seit drei Wochen auf der Flucht, fühlt sich gerettet und geborgen.

Aus Furcht vor dem Kriegsverlauf hatten die drei ältesten Geschwister Levin-Robert samt Familien am 9. Mai Berlin verlassen und bei den Breslauer Verwandten Schutz gesucht. Doch war die frühere Vertrautheit diesmal ausgeblieben, und nach nur vier Tagen hatten sich die Flüchtenden weiter nach Reinerz aufgemacht, einem schlesischen Badeort, nicht weit von Glatz entfernt. Während Markus mit Frau und Kindern erst einmal dort geblieben war, hatte Rahel beschlossen, nach Prag zu gehen und, der damit verbundenen Schwierigkeiten zunächst gar nicht gewahr, erst im letzten Augenblick einen Boten losgeschickt, um Varnhagens früheren Oberst, den Grafen Bentheim, um Hilfe bei der Suche nach einer Unterkunft in der durch Flüchtlinge längst überfüllten Stadt zu bitten. So war sie schließlich zu Bentheims Freundin, zu Guste, wie sie sie bald nennen wird, gekommen.

Unter dem Dach der Fleischhackergasse 681 wohnen jetzt gleich mehrere berühmte Leute: die Schauspielerin Auguste

Brede, deren Ruhm allerdings schon bald verblassen wird, Rahel und ihr Bruder Ludwig, ein mittelmäßiger Dichter, der im Glanz der Begabteren mit überdauert, doch vor allen anderen ein Musiker, ein Komponist: der Herr von Weber. Durch eine zugemauerte Tür an ihrer rechten Zimmerwand hört ihn Rahel auf dem Piano phantasieren.

Wenn sie dem lahmenden, schwächlichen Mann mit den träumerischen Augen im Treppenhaus begegnet, trägt er meistens einen schwarzen Rock, manchmal auch einen dunkelblauen Frack mit blanken Knöpfen, enge Hosen und hohe Stiefel. Eine Brillantnadel hält ein um den Hals geschlungenes blütenweißes Tuch zusammen. Gemessen an dem kleinen Körper sind die Arme viel zu lang, und die starke Nase paßt nicht zu dem feinen Gesicht.

Man wechselt ein paar Worte, und schon eilt der Herr Operndirektor am Städtischen Theater wieder seinen Geschäften nach: Proben besuchen, Spielpläne entwerfen, Partituren lesen, Dekorationen prüfen – zum Komponieren bleibt kaum Zeit. Seine berühmtesten Opern, «Freischütz», «Euryante» und «Oberon», entstehen erst Jahre später, nachdem er Prag verlassen hat. Freunde hat Carl Maria von Weber kaum in dieser Stadt. Seine verheiratete Geliebte hat fünf Kinder, ihr fehlt die Muße, sich um Carl zu kümmern. Und seine spätere Frau wird erst 1814 ein Engagement in Prag antreten.

Rahel erlebt noch mit, wie diese begabte Caroline Brandt zum Prager Publikumsliebling avanciert. Auguste hat nämlich ihrer Mitbewohnerin ein Freiabonnement verschafft, und so sieht man sie fast jeden Abend abwechselnd im Schauspiel und der Oper; ganz sicher immer dann, wenn die Brede zum Beispiel die Ophelia in der «Hamlet»-Übersetzung August Wilhelm Schlegels mimt oder eine andere tragische Rolle, etwa Maria Stuart, spielt. Die Gespräche beider

Frauen kreisen häufig ums Theater, denn in Rahel hat die Schauspielerin eine sachkundige Kritikerin gefunden.

Allerdings ist es für Guste ebenso wichtig, endlich mit einer verständnisvollen Seele über ihr Liebesleben zu reden. Anstelle von Nostitz, dem früheren Adjutanten Louis Ferdinands, der am Hochzeitsabend so schnöde seine Frau verließ, hat kürzlich Bentheim Gustes Gunst gewonnen. Sooft es ihm sein Dienst erlaubt, eilt der Oberst zu seiner Geliebten, und es freut ihn, daß Rahel ihr in seiner Abwesenheit Gesellschaft leistet und beide Frauen so harmonisch miteinander leben. Ähnlich wie beim Prinzen Louis Ferdinand und Pauline Wiesel ist Rahel wieder die vertraute Dritte, die, ohne zu ermüden, selbstlos, beide Partner anhört und bei Verstimmungen und Krisen so lange zwischen den Zerstrittenen vermittelt, bis die Versöhnung stattgefunden hat.

Da sein Verhältnis mit Auguste nicht publik werden soll, legt Bentheim Wert auf ein zurückgezogenes Leben und Verschwiegenheit; Besucher wünscht er nicht – von Ausnahmen abgesehen. Doch können weder er noch Guste der Freundin jene geistvolle Gesellschaft bieten, deren sie so sehr bedarf. Gleichwohl, Rahel fühlt sich wohl: «Ich bin hier gesund, auch lustig: und sehr zum leben aufgelegt...»

Auch Varnhagen, jetzt in russischen Diensten gegen die Franzosen kämpfend, geht es gut. Seinem Vorgesetzten, dem General von Tettenborn, ist er als Hauptmann, Sekretär, Presseoffizier und Beauftragter für die medizinische Versorgung attachiert und lebt, «berauscht vom Jubel, den ich erfahren habe, von der Kraft, die ich vor mir sehe, von dem glücklichen Gelingen, das jetzt unausbleiblich ist».

Sein Hochgefühl zieht Varnhagen sowohl aus militärischen Erfolgen – die Franzosen haben das von Tettenborns Truppen belagerte Hamburg kampflos aufgegeben – als auch aus seiner sozialen Existenz. Endlich ist er was, stellt er was dar! In Hamburg ist es ihm mit Hilfe Tettenborns gelungen, eine Zeitung, den «Deutschen Beobachter», zu gründen, mit der seine Karriere als Publizist eingeleitet wird. Und da sich sein General an der Elbe wie ein König gibt, fällt von dessen Glanz auch etwas auf ihn, den Sekretär. Er bewegt sich in Kreisen, die zu «den feinsten, edelsten und ausgezeichnetesten» gehören. Auch baut er auf Versprechen einflußreicher Gönner, ihm, ist der Krieg erst mal vorbei, eine angemessene Stellung im preußischen Staatsdienst zu verschaffen. «Glück auf! liebe Rahel, wir erleben noch schöne Zeiten!»

Die von fremden Truppen vorerst nicht bedrohte Hauptstadt Böhmens ist im Sommer 1813 nicht nur ein Zufluchtsort für Flüchtlinge, sondern auch ein Treffpunkt von Diplomaten und anderen hohen Staatsbeamten. In Prag soll nach einem Waffenstillstand mit den Franzosen offiziell über Frieden verhandelt werden. Doch im Grunde geht es Napoleon wie auch seinen preußisch-russischen Widersachern darum, Österreich auf die eigene Seite zu ziehen. Nicht der Frieden wird in Prag beschlossen, sondern die Fortsetzung des Krieges. Und Österreich wird Mitglied der antinapoleonischen Koalition.

Als Rahel eines Tages die ebenfalls vorübergehend in Prag ansässige Schwägerin Schillers, die Schriftstellerin Frau von Wolzogen, besucht, tritt ein Herr ins Zimmer, den die beiden Damen auf den ersten Blick nicht zu kennen meinen und der sich ihnen erst vorstellen muß: Friedrich von Gentz. Der liebe alte dicke Gentz – jetzt ist er wirklich korpulent geworden. Und so bedeutend sieht er aus! Über ein Jahrzehnt hat Rahel ihn nicht gesehen. Es freut sie, daß Gentz sie in der Gesellschaft der Wolzogen trifft, einer Dame, mit der man sich sehen lassen kann, und es beglückt sie, daß der alte Freund sie in seinem Wagen nach Hause, zu Auguste, bringt.

Gewiß wird man sich in Prag oft sehen und die alten Bande wieder fester knüpfen.

Zu ihrer Genugtuung wiederum bei einer Dame von Stand und Namen, bei der Gräfin Schlabrendorf, mit der sie einst nach Paris gefahren war, begegnet Rahel, ebenfalls im Sommer 1813, einem anderen alten Freund.

Die hagere, die Schultern etwas vorschiebende Gestalt, die hervortretenden glubschigen Augen, der leichte Sprachfehler, der die Zunge auch dann nicht über das S hinwegbringt, wenn es eigentlich scherzhaft, schicklich, schrecklich heißen soll, die dennoch gewandte, elegante Rede lispelnd vorgetragen – das ist Wilhelm von Humboldt, wie ihn Rahel seit Jugendtagen kennt.

Die aus Berlin nur mit dem Notwendigsten geflüchtete Untermieterin der Heroine von den Städtischen Bühnen kann sich gesellschaftlich mit ihren beiden Jugendfreunden in nichts mehr messen. Während Rahel mit dem Ende ihres berühmten Berliner Salons Geltung und Attraktion einbüßte, haben die beiden Männer viel davon hinzugewonnen. Sie spielen eine Rolle in der internationalen Politik. Humboldt als preußischer Gesandter am österreichischen Hof; Gentz, gerade erst zum Hofrat avanciert, als Vertrauter des Fürsten Metternich, als Mittelsmann nach den verschiedenen Seiten im Mittelpunkt des diplomatischen Lebens.

Ähnlich wie zwischen der Berliner Jägerstraße, Teplitz und dem Breslau ihres «Onkels» lebt Rahel auch in Prag zwischen zwei verschiedenen, ja nicht einmal vergleichbaren Zentren – dem einen durch Geburt verbunden, dem anderen durch ihr Leben und doch in beiden nicht akzeptiert.

Nicht weit entfernt von ihr, im Prager Getto, leben von den Christen abgesondert ein paar tausend Juden. In den Straßen bieten Trödler Kleinkram, Ohrgehänge, auch Porträts verstorbener Rabbiner feil. Alte Frauen verkaufen Papier, Siegellack und Tintenfäßchen. Außer dem Handel sind den Juden fast alle anderen Berufszweige versperrt. Vor den Läden der Pastetenbäcker, Obsthöker und Backfischhändler, vor den Garküchen, den Einkehrhäusern, rund um die Friedhöfe und Synagogen flehen Bettler ‹Schenkt a Kreuzer›. Was hat Mademoiselle Robert mit dieser Judenstadt zu tun?

Jenseits der Moldau, dort, wo am Ufer hohe Kastanien und Robinien wachsen, dort, wo gleichsam auf der hellen, strahlenden Seite das Haus «Drei Sonnen» steht, beginnt jene Welt, in der ihre Freunde Gentz und Humboldt sich bewegen und in der auch sie sich wohl fühlen würde. Rings um den Veitsdom und den Hradschin, die einstige Königsresidenz, hat Böhmens hoher Adel prunkvolle Barockpaläste gesetzt. In den vornehmen Salons, zum Beispiel der Fürstin Esterhazy, plaudert man in entspannter Atmosphäre mit dem Fürsten Metternich, was aus Europa werden wird.

Hierher die Berliner Jüdin mitzunehmen – nein, das sei unmöglich, befinden ihre Freunde. Die muß schon froh darüber sein, daß eine der Schwestern ihres toten Karl, Henriette von Finckenstein, den Weg in die Fleischhackergasse findet; sie lebt mit den Tiecks in Prag: menage à trois. ‹Wieder eine unwürdige Verbindung› hätte Humboldt spitz bemerkt.

Schon vor ihrem Wiedersehen in Prag hatte Gentz in einem Brief an Rahel skeptisch angemerkt: «ich weiß nicht, ob wir einander noch verstehen, noch für einander passen werden...»

Jetzt, in Prag, gibt er sich Mühe, die gesellschaftliche Kluft zu überbrücken. Er antwortet auf jedes Billett, das sie ihm schickt, und besucht sie ungeachtet seiner vielen Geschäfte. Eitel wie eh und je, berichtet der Hofrat seiner Freundin von dem Leben in der großen Welt, von seiner wichtigen

Rolle, seinem Einfluß und, um ihre Bewunderung zu erregen, vertraut er Rahel auch manches an, was er anderen nicht sagen würde.

Eigentlich, so schreibt er ihr, sei sie doch für ihn zur Welt gekommen. O ja, Gentz beherrscht noch immer jenes von der Phantasie genährte Zauberspiel, das auch Rahel so gern mit anderen Menschen spielt, dieses ‹Wenn wir beide...›. ‹wenn wir nicht getrennt...›, ‹wenn wir zusammen... dann...› Bei Gentz sind das immer nur Verlockungen, die nichts kosten, Galanterien eines Charmeurs. Nie fragt er danach, wie es ihr ergangen sei, wie sie sich fühle, ob er helfen könne. Nie erkundigt er sich nach ihrer Familie, nach alten Freunden und Bekannten in Berlin. Immer nur ‹Ich bin...›, ‹Ich werde...› – Ich, ich, ich.

Freundschaft, Liebe zwischen ihnen beiden – nein, das scheint vorbei zu sein. Die Salon- und Dachstubenatmosphäre der Berliner Jahre, zu der eine gewisse Ebenbürtigkeit gehörte, läßt sich nicht wiederherstellen. Es knistert nicht mehr im Gespräch. «Und im Grund, wenn man es recht untersucht», hatte Gentz schon 1810 an sie geschrieben, «ist es immer nichts als die niedrigste aller menschlichen Tücken, nämlich: die Eitelkeit, das unsinnige Streben nach *Schein*, was uns um allen wahren Genuß, um die ganze echte Realität des Daseins betrügt. In diesem schmachvollen Kloak geht unsere Weisheit, unsere Kraft, mithin auch unsre Glückseligkeit unter.» Das klingt einsichtig und, da Folgerungen ausgeschlossen bleiben, auch kokett.

Sowohl Gentz als auch Humboldt betrachten Rahel als eine Ausnahmeerscheinung. Gentz ist ein Judenhasser; Juden sind für ihn «geborne Repräsentanten des Atheismus, des Jacobinismus, der Aufklärerei». Jüdinnen, glaubt er, wüßten nichts von wahrer Liebe. Rahel wird immer so etwas wie eine nichtjüdische Jüdin für ihn sein.

Humboldt hingegen ist ein Freund der Juden. Vehement hat er sich in Preußen für ihre 1812 endlich gewährten Bürgerrechte eingesetzt. Juden wie Moses Mendelssohn gehören zu seinen Lehrern und, wie Henriette Herz, von Jugend an zu seinen Freunden. Doch immer mehr gelangt er zu der Überzeugung, daß man den Juden en masse entgegenkommen müsse, ihnen aber en detail besser aus dem Wege gehe.

Rahel mag er nicht. Sie ist ihm nicht zurückhaltend, ja, nicht artig und nicht fein genug, sondern viel zu laut, exzentrisch, und ihre Intellektualität erträgt er schwer. Eine «richtige Frau» darf so nicht sein. Wenn er von ihr spricht, schwingt aristokratischer Hochmut, Herablassendes in seinem Ton. Auch stört er sich an «unwürdigen Verbindungen», die sie pflege, um ihr zugleich «würdige Verbindungen» vorzuenthalten; seine Kreise bleiben ihr verschlossen.

Humboldt läßt Rahel deutlich spüren, daß er in Prag nicht mit ihr zu verkehren wünscht. Er besucht sie nicht, lädt sie nicht ein, mokiert sich über sie und erklärt jedem, der es hören will, es sei unmöglich, mit ihr umzugehen.

Contenance bewahren, schreibt in einem solchen Fall der Herr von Knigge vor. Dem Mann die Meinung sagen und ihn künftig schneiden, das wäre eine vernünftige, angemessene Reaktion. Rahel hingegen, anstatt sich endlich von ihm abzuwenden, wirbt auch weiterhin um Wilhelms Gunst und beauftragt ihre Freunde, für sie herauszufinden, was er gegen sie habe. Er läßt ihr sagen, daß sie für ihn ein «monstre» sei.

Zuletzt kommt es soweit, daß Gentz auf Humboldt einzuwirken sucht, Rahel zu besuchen, sich ihr wieder freundschaftlich zu nähern, während Humboldt «unerbittlich» bleibt: «Was soll man mit der Judenmamsell?»

Schon im August 1813 verläßt er Prag, ohne daß es zu einer versöhnenden Begegnung mit Rahel gekommen wäre. Im Dezember folgt ihm Gentz.

Für Rahel wird Prag zum Ort der Trennung von Gefährten ihrer Jugend, die ihrem Salon einmal Glanz verliehen und seine Anziehungskraft mitbegründet haben, von geliebten Freunden, die, so unvergleichbar sie auch sind, damals leidenschaftliche Gefühle in ihr weckten. Auch Marwitz und Urquijo gehören dazu.

Doch zunächst, im August 1813, verändert sich Rahels ganzes Dasein durch den Krieg.

Gleich nach dem Ende des Waffenstillstands zwischen den kriegführenden Parteien und dem Eintritt Österreichs in den Krieg kommt es bei Dresden und bei Kulm zu neuen Schlachten. Verwundete und Versprengte retten sich nach Prag. Da viele in den überfüllten Lazaretten keine Unterkunft mehr finden, lagern sie im Freien, teils auf Leiterwagen, teils auf der blanken Erde, in den regennassen Straßen. Die Prager wollen helfen; Frauen verbinden notdürftig die schwersten Wunden, Kinder laufen zwischen den Verletzten hin und her und verteilen Brot.

Auch Rahel beschließt zu helfen, tatkräftig und in großem Stil. Für ihr geplantes Unternehmen braucht sie Geld, reichlich Verbandzeug und möglichst viele Sachen, um Abgerissene einzukleiden. Also schreibt sie an ihre wohlhabenden Freunde und Bekannten in Berlin und Wien, und es dauert gar nicht lange, bis die Antwort kommt.

Abraham Mendelssohn-Bartholdy, der hilfsbereite Sohn des Philosophen Moses Mendelssohn, schickt eine größere Summe Geldes, aus Wien trifft eine beträchtliche Spende des Bankiers Arnstein ein. Als besonders hilfreich erweist sich Rahels Freundin, Frau von Humboldt. Sie sammelt in ihrem Wiener Bekanntenkreis Geld, Verbandzeug und anderes, was man in Prag jetzt dringend braucht, und schickt es Rahel umgehend zu. Diese hat inzwischen in Augustes Wohnung ein «Wohlthatsbureau», wie sie es nennt, eingerichtet, von dem aus sie ihre verschiedenen Hilfsaktionen leitet.

Wichtig ist erst einmal, daß die nach Prag geflüchteten Soldaten etwas zu essen haben. Um das Ihrige dafür zu tun, kauft Rahel in großen Mengen Lebensmittel ein und läßt täglich bei Frau von Raimann, der Hausverwalterin, und anderen Prager Hausfrauen warmes Essen kochen und in Klöstern, Kasematten und anderen behelfsmäßigen Unterkünften verteilen. In der Judenstadt erwirbt sie billig Hemden, Wäsche und Socken, um sie an Bedürftige auszugeben.

Dreißig bis vierzig Soldaten, in der Mehrzahl Preußen, melden sich täglich hilfesuchend bei Mademoiselle Robert. Soldaten, die sich zu ihrer Einheit durchschlagen oder daheim ihre Wunden ausheilen wollen, werden mit Geld ausgestattet. Zerlumpte erhalten neue Kleidungsstücke. Andere kommen, um nach vermißten Kameraden zu fragen oder um einen Rat zu bitten. Könnte Mademoiselle Robert vielleicht einen wichtigen Brief aufsetzen? Manch einer möchte einfach nur verschnaufen, mal wieder richtig berlinern und an einem sauberen Tisch ein belegtes Brot verzehren. Das ist Rahel besonders wichtig: Keiner soll davongehen, ohne herzliche Anteilnahme erfahren zu haben und viele, viele gute Worte mit auf seinen Weg zu nehmen.

Wird sie das gesundheitlich durchhalten? Wird das nicht zuviel für sie? «Muß nur etwas *geschehen*: wird nur eine Thätigkeit in Anspruch genommen», beruhigt sie die Familie, «so habe ich für eine Weile Kräfte.»

An einem Septembermorgen steht plötzlich Marwitz vor der Tür. Die eine Hand in einer Binde, in der anderen ein großes Schnupftuch, in das ein Stück Kommißbrot eingewickelt ist. Acht Wunden sind ihm im Krieg geschlagen worden; gottlob, er lebt: Rahels «theuerster Mensch», «das himmlischste Kind».

Die gütige Frau von Raimann stellt sogleich ein Zimmer für den neuen Gast bereit. Ludwig Robert bringt Wäsche und einen Rock von sich herbei, fünf Frauen, die Damen und ihre Jungfern, stehen teilnahmsvoll an Marwitz' Bett.

Freilich, Marwitz' Versorgung und die Pflege seiner Wunden, die Einreibungen, Aufgüsse, Kräuterbäder, kosten Zeit. Die Jungfern müssen Frau von Raimann in der Küche helfen und das Essen dann austragen. Um Marwitz kümmert sich hauptsächlich Rahel.

Natürlich wäre es hilfreich, wenn seine Schwester Karoline, die zur Gräfin Brühl in Prag geflüchtet ist, ab und an mit Hand anlegen könnte. Aber die beiden Damen denken nicht daran; sie lassen sich in der Fleischhackergasse nicht sehen. Und Marwitz, der sie ab und an besucht, verteidigt ihr Verhalten. Schließlich gibt es ja fünf Frauen im Haus, die sich um ihn kümmern; das genüge doch.

Die erschöpfte Rahel eilt zwischen Marwitz und ihren vielen Pflichten hin und her, führt Besprechungen mit Ärzten, Militärbehörden und anderen Ämtern, um zu erfahren, wo die Not am größten ist und was am dringendsten geschehen muß. Dazu kommen die umfangreiche Korrespondenz, neue Hilfsgesuche, Danksagungen, Abrechnungen über die Verwendung jedes eingegangenen Kreuzers. Zwischendurch meldet sich der Freund, will neu verbunden und auch unterhalten werden, Post diktieren – mißmutig sitzt er am Fenster, wenn Rahel ihn warten läßt. Sich anzupassen, zu bescheiden, zu bedanken – das alles hat er nicht gelernt, und so nimmt er die Pflege und Versorgung wie selbstverständlich hin. Rahel fühlt sich gekränkt. Sie weiß, unter seinesgleichen würde Marwitz sich weniger anmaßend, weit höflicher verhalten.

Zwischen seiner Ankunft im September und seiner Abreise liegen knapp zwölf Wochen. Im Dezember 1813 zieht er wieder in den Krieg. Rahel bleibt enttäuscht zurück, mit einem

Gefühl der Leere. «Er quälte, und erfreute mich und störte mich den ganzen Tag», schreibt sie der Freundin Karoline, aber «er ist der letzte heimatliche Mensch hier... In ihm seh' ich ganz Preußen, meine ganze vergangene Heimath... schwinden!»

Kurz vor dem Jahreswechsel meldet sich der Freund noch einmal aus Wiesbaden. Dann hört sie lange nichts von ihm. Erst im April 1814 erfährt sie, daß Alexander von der Marwitz am 11. Februar in einem Gefecht bei Montmirail gefallen ist. Im Mai schreibt sie ihre Totenklage an Varnhagen: «Die Welt hat ein Aug' verloren. Wer sieht so Gegend, Künste, Musik mit mir!... Er soll *nichts* mehr *sehen*, hören, – weg sein? Stumm, taub für uns? Still. Man *kann nichts* sagen... Der liebe Freund! wir wollen zeitlebens ihn mitleben lassen.»

Als die gegen Napoleon verbündeten Armeen in der Völkerschlacht bei Leipzig einen großen Sieg erringen und bald darauf in Frankreich einmarschieren, wird auch Rahel von patriotischen Gefühlen mitgerissen.

Ungleich stärker als in früheren Zeiten nimmt sie, schon aus Sorge um Varnhagen, Anteil am Verlauf des Krieges und der Politik. Der Zeitgeist kommt ihrem Individualismus in die Quere. Und die Prager Hilfsaktion gibt ihr das Gefühl, an einem guten Werk teilzuhaben.

Viele verwundete Soldaten brennen darauf, so bald wie möglich wieder in die Schlacht zu ziehen. Wo sie auch hinblickt – Patrioten. Der Zimmernachbar, Herr von Weber, vertont Theodor Körners Kriegsgesänge, die überall gesungen werden. Varnhagen träumt davon, daß nach Napoleons Sturz die Ideale der Französischen Revolution verwirklicht werden und Preußen mit Pressefreiheit und Verfassung in einem liberalen Europa existieren wird.

Juden in Berlin, Prag und anderswo überbieten sich in

Spendenfreudigkeit, geben Wein und Wäsche, Taler und von ihrem Silberzeug. Die Söhne melden sich als Kriegsfreiwillige. Seit Friedrich Wilhelm III. 1812 die Beschränkungen für Juden in Preußen aufgehoben und ihnen de jure die gleichen Rechte wie den anderen Bürgern zugestanden hat, wollen sie ihre Dankbarkeit bezeugen. Auch sie fühlen sich nun als «Kinder des Königs», denen ihre «Kriegsgefährten», dessen meinen sie gewiß zu sein, «den Bruder-Namen nicht versagen» werden. Vergessen ist, daß jene, gegen die ihr Haß sich wendet, die Franzosen, erst vor zwanzig Jahren die Emanzipation der Juden, schließlich auch in Preußen durchgesetzt, erkämpften.

Allerdings, Ludwig Robert hat entschieden, sich nicht freiwillig zu melden. Da es ihm als Juden bisher ausdrücklich verboten worden sei, schreibt er seiner Schwester, jenen Mut in Reih und Glied zu zeigen, der jetzt gefordert werde, könne er sich nicht entschließen, plötzlich in «einer gewaltsamen Todes- und Sterbemaschine» mitzuwirken und dabei kaputtzugehen – ein eindrucksvoller Brief.

Im Unterschied zu der großen Mehrzahl aller Juden zeigt Rahel auffälliges Desinteresse an dem Emanzipationsedikt; in ihren Briefen findet sich kein Wort darüber. Sicherlich teilt sie die Meinung anderer Ausnahmejuden, daß staatliche Verfügungen, in denen die gebildeten und wohlhabenden Juden mit den «rückständigen» und armen gleichgesetzt und zusammen befreit werden sollen, nicht im Interesse der erstgenannten lägen. Außerdem führt sie ihre Bindung an Preußen auf ungleich ältere Ursprünge zurück. Ihre Vorfahren väterlicherseits gehörten zu den ersten preußischen Juden, denn sie stammten nicht aus Osteuropa, sondern aus dem Bistum Halberstadt, das im Westfälischen Frieden an Brandenburg gefallen war. Schon 1650 hatte der Große Kurfürst an Rahels Urgroßvater ein «Geleitprivileg» verliehen.

Mochten andere Juden erst neuerdings, seit 1812, ihr Herz für den König und ihr neugewonnenes Vaterland entdecken, das Herz der Tochter des Generalprivilegierten Levin Markus hatte von klein auf für den großen Friedrich geschlagen, dem die Familie Status und Reichtum zu verdanken hatte, ihre Sonderexistenz. «Nichts wär' ich, bei meiner Geburt, ohne ihn; er gab jeder Pflanze Raum in seinem sonnezugelassenen Lande», schreibt Rahel an Varnhagen. Jeder Pflanze Raum zu geben, daran hatte Friedrich II. nie gedacht. Woher hätte er sein Kanonenfutter für die Kriege nehmen sollen? Außerdem war dieser Hohenzoller alles andere als ein Freund der Juden. Ähnlich wie sein Freund Voltaire verachtete er ihre dogmatische Religion. Einige wie Rahels Vater spannte er für Staats- und Kriegsinteressen ein. Doch die große Mehrzahl hielt er für ein Übel und erließ mehr restriktive Verordnungen und Gesetze gegen sie als andere preußische Könige.

Weder Herkunft noch Erziehung konnten Rahel veranlassen, sich in den Jahren der französischen Besatzung, also ab 1806, eindeutig gegen die Eroberer zu wenden. Sie liebte Frankreich, mochte die Franzosen; aber ihre Haltung war zwiespältig.

Zwar verging sie fast vor Glück und Rührung, als die Franzosen 1808 Berlin verlassen hatten und preußische Truppen wieder in die Stadt einzogen, und stand in ihrer Preußenliebe weinend vor der Büste Louis Ferdinands. Vierzehn Tage später jedoch schrieb die eben noch zu Tränen Gerührte kühlen Blutes an Varnhagen: «Napoleon siegt, und an den Sieger schließ ich mich.»

Niemand war in Preußen so verhaßt wie dieser Sieger; «kein Teufel konnte so schwarz sein», schreibt der Dichter Willibald Alexis, «daß er nicht noch eine hellere Nuance gegen Napoleon abgab.» Rahel hingegen erklärte, dieses «Helden Herz» zu lieben, und nie hörte man sie abfällig oder gar haßerfüllt über diesen «Großen» reden.

Als Fichte in seinen «Reden an die deutsche Nation» zu Vaterlandsleidenschaft aufrief, saß sie begeistert zu seinen Füßen. Aber als Varnhagen dann erwog, solche Leidenschaft in Kriegsdienst umzusetzen, belehrte sie ihn, daß Vaterlandsliebe, große Taten, für eine Idee zu leben, nichts als Hilfsmittel für schwache Menschen seien, «die das nächste von Gott Gegebene nicht zu fassen» wüßten. Dann wieder, gegenüber Marwitz, begeisterte sie sich für den Heldentod, wenn dadurch das Vaterland zu retten sei. Hin und her, her und hin: Sie wußte einfach nicht, was sie von den Dingen halten sollte, wie sie zu bewerten seien, und überließ sich wechselnden Eindrücken, Stimmungen und Empfindungen. Ihre Briefe, das zeigt sich hier besonders deutlich, sind Augenblickserzeugnisse, Abdrucke der «Gemüthsfarbe» einer Stunde, eines Nachmittags. «Ein anderer Mensch kann mir mit seinen Äußerungen nicht fremder sein», meint sie von sich selbst, «als mir meine eigenen Stimmungen, wenn sie einmal vorbei sind.»

Allerdings, im Unterschied zu ihren verwirrenden Äußerungen während der französischen Besatzungszeit, bezeugen Rahels Briefe während des Befreiungskrieges, daß sie nun doch einen festeren Standpunkt gewonnen hat. Vaterlandsliebe will sie nach wie vor für sich in Anspruch nehmen, aber keine «Patriotenwut» entfalten. Patriotismus und Weltoffenheit sollen keine Gegensätze sein. Mit dieser Einstellung hat sie es nicht leicht.

Der Franzosenhaß ist weit verbreitet. Alles, was aus Frankreich kommt, gilt als Übel: Eine Mamsell, die auf sich hält, kocht nicht mehr französisch, Eltern schenken ihren Kindern kein Spielzeug, das aus Frankreich kommt. Friedrich de la Motte Fouqué, darin unterstützt von seiner Frau, und andere

Dichter übertreffen sich in glühenden Haßgesängen, die allgemeinen Beifall finden. Damals entstand die verhängnisvolle Parole vom «Erbfeind Frankreich», der vernichtet werden müsse.

Diesen wütenden Nationalismus hat Rahel Levin nicht geteilt. Nach ihren Vorstellungen sollte man dem Feind vorurteilsfrei begegnen, ihn soweit wie möglich, alleine schon aus Klugheit, schonen, nicht beschimpfen und nicht hassen, sondern Mäßigung und Rechtlichkeit bezeugen. Am Ende ist sie froh darüber, daß der Haß, wenngleich sie ihn nicht teilt, sich auf die Person Napoleons konzentriert und man die Franzosen, hofft sie, wieder «lieben darf». «Es wird eine Zeit kommen», notiert sie einige Jahre später, «wo National-Stolz eben so angesehen werden wird, wie Eigenliebe und andere Eitelkeit; und Krieg als Schlägerei.»

Rahels Vorstellungen, wie Frauen sich im Krieg verhalten sollten, entsprechen dem jahrhundertealten Klischee über die Arbeitsteilung der Geschlechter: Männer müssen ihr Vaterland verteidigen und, für die Freiheit kämpfend, auch töten und zerstören, Frauen sollen derweil «ersetzen» und «ergänzen» sowie Wunden heilen.

Und während Carl Maria von Weber nebenan, auf sein Piano schlagend, «Lützows wilde verwegene Jagd» in Töne setzt und draußen Glocken läuten, weil wieder eine Schlacht gewonnen ist, träumt Rahel hochgestimmt davon, alle europäischen Frauen aufzurufen, sich gegen Kriege einzusetzen «und gemeinsam allen Leidenden [zu] helfen». «Sollte so etwas nicht *gehen?*»

Im Vergleich zu vielen anderen Stimmen dieser Jahre überzeugt sie durch Humanität und Friedensliebe. Pastoren und Rabbiner entdecken die Bruderschaft in Schützengräben, die Gleichheit auf «dem Feld der Ehre», wollen Kriegsdienst als Gottesdienst verstanden wissen und verkünden, der Tod für das Vaterland sei «das schönste Los». In ihrem nationalistischen Taumel verliert auch Karoline von Humboldt jedes Maß und verherrlicht den Krieg als heilige Menschheitssache.

Wer angegriffen wird, der muß sich wehren, das steht auch für Rahel außer Zweifel. Aber sie beharrt darauf, daß niemand froh darüber sein kann, wenn auf Menschen eingeschlagen und geschossen wird. Sie besteht darauf, daß Krieg ein furchtbares Geschäft, ein Greuel ist, Chaos, Untergang. Er wirft alles Geordnete, friedlich Geregelte durcheinander, schafft dem Wildesten, dem Rohesten Raum und zerstört die Erde. «Friede will ich, und jeden Sohn bei seiner Mutter...»

Rahel lebt erst gut drei Wochen bei Auguste Brede, als eines Tages Ludwig Tieck bei ihr erscheint und ein Billett von Clemens Brentano überreicht mit der dringenden Bitte um eine Unterredung, um so dringender, da er demnächst nach Wien abreisen werde.

Man kennt sich aus Berlin. Dort war der junge Romantiker vor knapp zehn Jahren in Rahels Salon aufgetaucht und hatte durch seinen Wortwitz, seine scharfe Zunge und seine skurrile Phantasie für sich eingenommen.

Inzwischen hat er sich durch verschiedene Veröffentlichungen, seinen Roman «Godwi» und sein Lustspiel «Ponce de Leon» als Dichter einen Namen gemacht, vor allem aber kennt man ihn durch die zusammen mit seinem Schwager Achim von Arnim herausgegebene Volksliedersammlung «Des Knaben Wunderhorn». Jetzt ist er zu Rahel gekommen, um, so sagt er, eine Verstimmung auszuräumen, die im vorangegangenen Jahr durch einen sie beleidigenden, nicht überlieferten Brief entstanden ist, den er nun bedauert. Doch das ist wohl nicht der einzige Grund. Sicherlich hofft er auch darauf, durch Rahels Vermittlung wieder an sein Manuskript zu kommen, das Varnhagen während eines schweren Streits mit Clemens konfiszierte und bisher nicht zurückgegeben hat. Jedenfalls klingt seine Bitte um Vergebung so reumütig und zerknirscht und wird so wort-, ja tränenreich vorgetragen, daß Rahel nur allzu schnell bereit ist, Brentano zu verzeihen.

Man sieht sich täglich, unternimmt Ausflüge, speist zusammen mit Guste, Bentheim, Tieck, und Brentano liest aus seinen Briefen, Märchen und Romanzen vor.

Mit Clemens seine Tage zu verbringen heißt, auf Überraschungen gefaßt zu sein. Am Morgen erscheint ein gesetzter, würdevoller Herr vor Rahels Tür, der sich im Lauf des Vormittags in einen übermütigen Spaßmacher verwandelt und am Abend, bei einem Glas Wein, von seinem verpfuschten Leben, seinem Scheitern spricht – alles in einem: Ein Jüngling und ein Greis, ein Weiser und ein Tor, lebenslustig und des Lebens überdrüssig – Brentano vereinigt die widersprüchlichsten Eigenschaften, und er kann alle diese Rollen scheinbar mühelos spielen. Ein wunderlicher, anstrengender Charakter.

Als er am 5. Juli 1813 Prag verläßt, scheinen alle Mißverständnisse ausgeräumt zu sein; Clemens und Rahel scheiden froh, erleichtert und in Freundschaft voneinander.

Die gegenseitigen Sympathiekundgebungen werden brieflich fortgesetzt. Clemens bedauert, Rahels Freundschaft nicht schon früher gesucht zu haben; «was hätten Sie aus mir gemacht, Sie gütige Freundin, strenge Richterin...» Klug reflektiert er über Gemeinsamkeiten und Unterschiede zwischen ihnen. Rahel bekennt, Clemens habe ihr neue Welten erschlossen, und wünscht sich, mit ihm in einer Stadt zu leben. Doch hält die Harmonie nicht lange vor.

Immer wieder haben Menschen, die Brentano eine Zeitlang nahestanden, berichtet, daß er zunächst alles daransetzte, sie mit anrührender, fast kindlich zu nennender Vertraulichkeit für sich einzunehmen, wie er, hatte er ihr Herz gewonnen, ihnen immer wieder zu verstehen gab, wie wichtig ihm das sei, wie glücklich er sich fühle, um dann aus heiterem Himmel die noch eben so Vertrauten, so Geliebten mit Tücke, Hohn und Spott zu attackieren, sie gegen Freunde aufzuhetzen oder auszuspielen. Dabei legte Brentano so viel Intensität und Bosheit an den Tag, daß er in Kürze ungestüm zerstörte, was er eben erst gewonnen hatte. «Er hat, wie man sagt, die Herzen zerrissen, die ihn liebten, und jeder seiner Freunde klagt über mutwillige Verletzung.» (Heinrich Heine)

Dazu hat auch Rahel bald allen Grund. Kaum hat Brentano ihr Vertrauen gewonnen, beleidigt er sie erneut. Dreist und ungleich unverschämter als Humboldt wirft er der neuen Freundin «unwürdigen Umgang» mit Frauen wie Pauline Wiesel, Christel Eigensatz, der früheren Gentz-Geliebten, und anderen aus ihrem Berliner Umkreis vor, zerrt sie vor ein sittliches Tribunal, in dem er der von ihm Angeklagten zwar die Gunst der Selbstverteidigung gewährt, aber ihre Rechtfertigung des eigenen Lebens zur Bedingung seiner Freundschaft macht. So interpretiert Ursula Isselstein jenen Brief Brentanos, den er in seinem Schreibtisch liegenließ, also nicht an Rahel schickte.

Ein anderes Thema ist Clemens ungleich wichtiger: Rahels Judentum. Zwar hat sie sich bemüht, ihm eindringlich zu schildern, was es bedeutet, als Jüdin auf die Welt zu kommen. Das ist an ihm abgeprallt. Er will es nicht zur Kenntnis nehmen, denn er sieht in Rahels «falscher Geburt» den Grund für alles «Unschöne» ihres Charakters und hält die Taufe für die einzige Möglichkeit, es abzuschütteln und zu reifen. Das soll sie erfahren; dieser Brief geht an sie ab.

Rahel hätte gewarnt sein müssen. Gewiß hat sie erfahren, daß Männer, die sie recht gut kannte, unter anderen Fichte und Fouqué, Arnim, Iffland, Schleiermacher, 1811 die Christlich-deutsche Tischgesellschaft in Berlin begründeten und beschlossen, keine Frauen und Juden, auch nicht konvertierte, aufzunehmen. Sie hat doch auch gewiß gehört, daß Brentano vor diesem Kreis eine vielbejubelte Rede gegen die Philister und die Juden hielt; «diese von den egyptischen Plagen übrig gebliebenen Fliegen», wie er sie nannte. Brentano hatte die Hetze gegen Juden auch in sogenannten besseren Kreisen wieder populär gemacht.

Rahel hätte gewarnt sein müssen. Hauptsächlich wegen Clemens' wiederholter antijüdischer Reden, die sich nicht zuletzt auf Rahel bezogen, war es 1812 zu dem schweren Zerwürfnis zwischen Brentano und Varnhagen gekommen, und dieser hätte von seiner Braut eigentlich erwarten können, sich allein schon seinetwegen nicht auf Clemens einzulassen. Doch hat sie sicherlich nicht ihrer Neigung für den Dichter widerstehen und nicht ihren Wunsch bezwingen können, einem begabten Autor und durch seinen Zwiespalt faszinierenden Charakter Proben ihrer literarischen Urteilsfähigkeit zu liefern und ihm durch Geist und Güte zu beweisen, daß seine Vorurteile gegen Juden unberechtigt seien. Es ist dieses Dem-anderen-sich-Ausliefern, dieses flehentliche Buhlen, angenommen zu werden und Sympathien zu finden, das Rahel so anfällig, so verwundbar macht.

Im zweiten Halbjahr 1813 sieht sie endlich ein, daß es für sie keine Freundschaft mit Brentano geben kann. «Ich habe ihm den Handel aufgesagt», schreibt sie ihrer Schwägerin nach Wien, «und muß... leider! – sehen, daß wenigstens *ich* nicht mit ihm leben kann.»

Rahel Levin und Clemens Brentano – das ist die traurige Geschichte zweier Menschen, die sich gegenseitig anziehen, ja auch ähneln und deren Freundschaft an Brentanos diabolischem Charakter und seinen antijüdischen Vorurteilen scheitert. Sie fällt in eine Zeit, in der das Zugehörigkeitsgefühl der Juden zu dem Staat, in dem sie leben, einen Höhepunkt erreicht. Doch es ist auch die Zeit, in denen man in ihnen wieder minderwertige Fremde sieht, die, wie der Sprecher der Christlich-deutschen Tischgesellschaft, Adam Müller, äußert, «mit wunderbarer Frechheit... in den Staat, in die Wissenschaft, in die Kunst, in die Gesellschaft... einzuschleichen, einzudrängen und einzuzwängen» sich bemühen – «ein Gezücht», gegen das Krieg geführt werden müsse. Das ist schon die Sprache des Antisemitismus.

Jenes Edikt von 1812, das den Juden die bürgerliche Gleichberechtigung brachte, war als eine von wenigen Liberalen initiierte Reform von oben widerwillig beschlossen worden, vom Volke aber nicht getragen. Viele Handwerker und Gewerbetreibende fürchteten die jüdische Konkurrenz, der Adel den Ankauf von Grund und Boden durch Juden und alle, die dagegen waren, die «Verjudung».

Zu den ökonomischen Motiven kamen nationalistische hinzu, die Abneigung gegen Minderheiten, der Haß auf alles «Fremde». Die Juden seien nun einmal, hieß es in einem antijüdischen Pamphlet um 1800, ein «asiatisches Fremdlingsvolk». Damals war so etwas noch ziemlich wirkungslos geblieben, jetzt nicht mehr, denn Nationalismus und Judenfeindschaft gehören immer eng zusammen. Nach dem Ende des Befreiungskrieges läßt Friedrich Wilhelm III. zahlreiche Einschränkungen des Edikts und die Entlassung gerade erst ernannter jüdischer Offiziere und Beamten zu.

Den neuen Zeitgeist spürt Rahel nicht nur in ihrer Beziehung zu Brentano. Ihre Freundin, Frau von Humboldt, will bald nicht mehr «Ewig Dein» und «Deine Dich liebende Karoline» sein; die «treue Freundin» kehrt zum Sie zurück.

Auch Rahel empfindet diesen «großen Judenschmerz», von dem Ludwig Börne spricht, versucht, ihn Freunden zu beschreiben, und aus dem Unglück ihrer «falschen Geburt» leiten sich immer wieder neue Beleidigungen, Verletzungen und Verzweiflung ab.

Aber bis zu ihrem Tod wird es Rahel nicht gelingen, eine jüdische Identität zu finden. An ihre Schwester Rose schreibt sie 1806 von «dieser zerrissenen, verwahrlosten, und... verdient verachteten Nation» und nennt doch ebendiese später eine große, begabte und in ihrer Gotterkenntnis weit vorgeschrittene Nation. Jetzt, im Sommer 1814, läßt sie ihren Bruder Markus wissen: «solche Leute wie wir, können *nicht Juden* sein». Durch Taufe und Heirat, hofft sie, kommt man aus dem Judentum heraus.

Als das Jahr in Prag zu Ende geht, kehrt Rahel mit neuen, bereichernden Erfahrungen in ihre Heimatstadt zurück.

War der Berliner Salon noch ein Familienunternehmen gewesen, so ist das Prager «Wohlthatsbureau» allein Rahels Werk. Wie oft hatte sie sich irgendein Amt gewünscht, die eigenen Fähigkeiten zu erproben! Nie war ihr Leistung abgefordert worden, nie hatte sie beweisen können, wieviel Tatkraft und Talente sie besaß. Nun hatte sie sich unter denkbar ungünstigen Bedingungen einen eigenen Platz erobert. Nützlich sein zu können, von Fremden, Hilflosen gebraucht zu werden, Notwendiges und zugleich Gutes tun zu können – «Gott! was ist es für ein *Glück*, für eine Wonne», schreibt sie später an Varnhagen, «wenn einen das Schicksal auf den Ort stellt, wo man die Gaben, die einem einmal die Natur ertheilte, anwenden kann. Dann ist das Glück fertig. Stünd' ich hoch in der Gesellschaft, wo zu übersehen, zu wählen, und rasch zu handeln ist! Ich macht' es richtig, stark, und zart. Ich weiß es. Ich fühl's, ich beweise es...»

Im «Wohlthatsbureau» fand eine unausgefüllte, für ihre Zeit moderne Frau vorübergehend eine sie befriedigende Aufgabe. Und eine von ihrem Glauben abgefallene Jüdin vollbrachte eine gottgefällige Tat. Mochte Rahel den Sabbat durch Kutschfahrten mit Opernsängerinnen entweihen und nicht einmal mehr wissen, wann das Pessachfest gefeiert wird – in ihrer Bereitschaft, gute Werke zu vollbringen, entsprach sie einem Grundgesetz der jüdischen Religion. Jahwe zählt die guten Werke, die ein Mensch auf Erden tut, und davon hängt sein Leben nach dem Tode ab.

Manchmal, wenngleich selten, durften Frauen selbständig wie Männer handeln, fast öffentlich und dennoch gottgefällig, leider meistens nur im Krieg.

Die Prager Zeit bewirkte, daß Rahel ihre politische Gleichgültigkeit verlor und am Zeitgeschehen jetzt ungleich größeren Anteil nahm als in Berlin.

Das galt nicht nur für ihr Verhältnis zu Preußen und die Verurteilung weitverbreiteter nationalistischer Gefühle. Aufmerksam und kritisch beobachtete sie das Verhalten jener, die die Politik mitbestimmten, und was sie sehen konnte, das erschreckte sie: «loses Nicht-Bekümmern, hornartiges Nicht-Ahnden, verknöcherte Sicherheit, lüderliche Nachlässigkeit, und luxuriöse Gewöhnung». «Dies alles zusammen macht ein Bollwerk um sie her, hinter dem sie was ganz nah auf sie zukommt nicht Einmal gewahr werden...» Doch mochte Rahel noch hoffen, daß «der Bodenstaub einer vorigen Welt» verwehen oder hinweggeblasen und das Fundament für eine bessere Welt entstehen werde.

Schließlich, und das ist die wichtigste Veränderung, kehrt Rahel in einem neuen gesellschaftlichen Stand nach Berlin zurück, als Braut und künftige Ehefrau Varnhagens. In Prag hatte sie erfahren, was es bedeutet, nicht mehr als altes Fräulein angesehen zu werden, sondern als Verlobte eines Offiziers. Durch Varnhagens Beziehungen zu Bentheim und seine Bekanntschaft mit Auguste Brede hatte sie ein Ersatzzuhause in der fremden Stadt gefunden. Er schickte Geld und kleinere und größere Geschenke aus der Kriegsbeute von Tettenborn und verringerte dadurch die drückende Abhängigkeit von ihrer Familie. Und vor allem, er bekannte sich öffentlich zu ihr. Wer von Rahels früheren Männern hatte das getan?

Wenn Rahel jetzt Varnhagen mit anderen vergleicht, fällt der Vergleich zu seinen Gunsten aus. Nun würdigt sie Sicherheit an ihm, Verläßlichkeit, Moral, auch seine Fähigkeit, sich neuen Einsichten zu öffnen und bisherige Auffassungen zu korrigieren.

Das Gefühl der Zugehörigkeit zu einem geliebten Mann macht milde und gelassen. Als Rahel, und zwar zum letztenmal in ihrem Leben, in Prag Don Raphael d'Urquijo trifft, auch er, der Spanier, auf der Flucht, ist alle Rachsucht, aller Haß verschwunden, und freundlich scheiden beide voneinander.

Was Varnhagen nun für sie bedeutet, steht in einem der letzten Briefe, die sie an Brentano schreibt: «Nur Einer in der ganzen Welt erkennt mich an: daß ich eine Person seyn soll; will nicht nur einzelnes von mir gebrauchen, verschlucken, liebt mich, wie die Natur mich geschaffen hat, und das Schicksal behindert; sieht dies Schicksal ein; will mir den Rest von Leben noch lassen, gönnen, erheitern, dem Himmel entgegen tragen; will für das Glück, mein Freund zu seyn, mir alles seyn, leisten und lassen. Dieser ist der Mensch, den man meinen Bräutigam nennt.»

So hat mich denn
die Tugend eingesperrt
Frau Geheimlegationsräthin
Varnhagen von Ense

Madame sein
ist ein elendes Handwerk.
Liselotte von der Pfalz

Das Paar legt Wert auf Diskretion. Doch soll die Etikette eingehalten und Markus als Familienoberhaupt als erster davon unterrichtet werden, daß seine Schwester und Varnhagen während ihres Teplitzer Sommeraufenthalts beschlossen haben zu heiraten, und zwar bald, in wenigen Wochen. Der Bräutigam ist nach Berlin gekommen, die ersten Vorbereitungen zu treffen und Rahels Familie zu versichern, daß er Aussicht habe, in den preußischen Staatsdienst übernommen zu werden, und hoffe, seiner künftigen Frau ein angemessenes Leben zu bieten.

Die nicht mehr junge, ältere Schwester von einem Ehemann versorgt zu sehen, das überrascht und freut die Roberts sehr, und sie beglückwünschen sowohl das Paar als auch sich selbst. Gegen Rahels Übertritt zum Christentum haben sie nichts einzuwenden, denn sie wissen, daß er unerläßlich ist:

Kein Christ darf eine Jüdin heiraten, und auch das jüdische Gesetz läßt eine Ehe mit Andersgläubigen nicht zu. Markus erbietet sich, das Nötige einzuleiten, Papiere zu besorgen, sich zu kümmern.

Vorsichtshalber holt Varnhagen zugleich den Rat seines Jugendfreundes Hitzig ein, mit dem er einst den Nordsternbund gegründet hatte und der, selbst ein konvertierter Jude, wissen muß, was zu beachten ist. Davon überzeugt, daß die Angelegenheit in besten Händen sei, reist Varnhagen nach ein paar Tagen in Dienstgeschäften für Tettenborn nach Hamburg weiter.

Anfang September 1814 kehrt Rahel, von Prag und Teplitz kommend, nach Berlin zurück und muß erfahren, daß bisher so gut wie nichts geschehen ist und sich vor ihrem Glück die Hindernisse türmen.

Nach dem geltenden Recht, festgelegt in einem Königlichen Dekret sowie entsprechenden Verfügungen von 1810, müssen bei Juden, die sich taufen lassen wollen, ausführliche Auskünfte über Unterhalt, Ansehen und Lebenswandel eingezogen werden und zwei angesehene Männer, selbstverständlich Christen, schriftlich bürgen, daß der Bewerber würdig sei, ein Christ zu werden. Auf dieser Basis entscheidet eine staatliche Instanz, ob sie der Kirche die Taufgenehmigung erteilt.

Resolut nimmt Rahel sich nun selbst ihrer Sache an, und mit Geschick und Glück gelingt das schier Unglaubliche: In nur drei Wochen sind fast alle Hindernisse aus dem Weg geräumt.

Als Bürgen können Hitzig und Professor Hartung, Vorsteher der Berliner Singakademie, gewonnen werden, und dieser zeigt sich von Mademoiselle Roberts Bitte so gerührt und so geehrt, daß er weinen muß. Der «Proselytin» stellt er ein wunderschönes Zeugnis aus.

Benetzt mit Hartungs Tränen und beigefügt dem Hitzigschen Papier, wird es der Polizei eingereicht, welche die Akte, versehen mit amtlichen Wichtigtuereien und Schnörkeln, nun dahin befördern muß, wo entschieden wird: zur Geistlichen und Schul-Deputation der Königlichen Kurmärkischen Regierung, die in Potsdam sitzt.

Auch dort gelingt es Rahel, Türen zu öffnen. Auf einem Sessel der Kurmärkischen Regierung sitzt nämlich Herr von Redtel, den Varnhagen kennt und der mit einem von der Antragstellerin berechnend-freundlich abgefaßten Brief gewonnen wird, das Verfahren zu beschleunigen. Er erklärt sich auch bereit, die Bewilligung für Mademoiselle Robert Tornow – diesen Namen tragen die Levins seit dem Emanzipationsedikt von 1812 ganz offiziell – persönlich nach Berlin zu bringen.

Schon am 20. September ist der Bescheid in der Hand von Stegemann, dem Prediger an der Jerusalem- und Neuen Kirche, der auf Vorschlag Hitzigs die Taufe und die Trauung vornehmen soll. Es heißt, er sei großzügig und weitherzig, wenn ein Mensch mit seinem Beistand konvertieren will.

Stegemann setzt sich denn auch sowohl bei der Taufe als auch wenig später bei der Trauung kurzerhand über allerlei kirchliche Weisungen hinweg, die das Verfahren nur verzögern würden. Er erklärt sich sogar einverstanden, die heilige Handlung im Hause eines Juden, bei Rahels Bruder Moritz, zu vollziehen. Ähnlich wie der Bürge Hartung sieht auch der Pfarrer eine Auszeichnung in Rahels Wahl. Immerhin ist sie eine Dame der Gesellschaft und durch ihren berühmten einstigen Salon weithin in Berlin bekannt.

Unter dem Datum des 23. September 1814 wird in das Taufbuch der Evangelischen Kirchengemeinde Jerusalem zu Berlin eingetragen, daß die «in der jüdischen Religion geborne Jungfer Rahel Robert Tornow» anläßlich ihrer Taufe den Namen Rahel Antonie Friederike empfangen habe. Als Taufzeugen werden Varnhagen und Hitzig sowie eine Witwe namens Le Brun genannt.

Die sogenannte Judentaufe gehört zum Alltag des Berliner Kirchenlebens; Rahels jüdische Freundinnen sind fast alle schon vor Jahren konvertiert. Doch das verringert nicht die Bedeutung dieses Tages für ihr Leben. Für sie ist es die Erfüllung eines jahrzehntelang gehegten Wunsches. «Man muß doch heraus» aus der «Nation», hat sie schon 1794 David Veit geschrieben. Man muß doch heraus aus einer Minderheit, der man sich nicht zugehörig fühlt, die nicht Heimat, Zuflucht bietet, sondern nötigt, Beleidigungen, Zurücksetzungen, «die größte Schmach, das herbste Leid und Unglück» zu ertragen. Und nun endlich, an diesem 23. September 1814, so hofft Rahel Antonie Friederike Robert Tornow, sei sie «heraus» aus der verachteten «Nation», sei der «Makel» der Geburt getilgt und der Anschluß vollzogen an jene «große Klasse», «mit deren Sitten, Meinung, Bildung, Überzeugung» sie sich «eins» seit Kindertagen weiß. «Der Taufzettel ist das Entreebillett zur europäischen Kultur.» (Heinrich Heine)

Im engsten Kreis, wie sie es sich gewünscht haben, werden Rahel und Varnhagen am 27. September von Stegemann getraut. Wieder findet die Zeremonie im Haus des jüngsten Bruders statt. Anschließend wird Tee serviert und ein Kuchen aufgeschnitten. Alle freuen sich. Rahel, weil ihr bei dieser Heirat «so ganz gut», so «ganz sorglos, ganz ungefangen zu Muthe» ist. «Kein Krimschen, kein Gedänkchen von Besorgnis!» Rahels Geschwister bedauern, daß Chaie Levin den Tag nicht mehr erlebt. Wie froh wäre sie gewesen, ihre Älteste versorgt zu wissen. Line Brack, die jetzt bei Moritz wirtschaftet, und die unentbehrliche Dore, am Küchentisch die Hochzeit feiernd, befriedigt ungemein, daß ihre Herrin als

Madame Varnhagen in einem Ansehen stehen wird, das eine noch so kluge, noch so edle Mademoiselle nie erreichen kann.

Varnhagen freut sich, daß er seine Frau recht großzügig versorgen kann, obwohl die Übernahme in den preußischen Staatsdienst zwar angesagt, aber noch nicht ausgesprochen ist. Vorerst kann das Paar von jener Beute zehren, die «Güstchen» aus dem Krieg mit in die Ehe brachte. Nach der Aufgabe Bremens durch die Franzosen hatte nämlich Tettenborn, der General, Varnhagen, seinem Hauptmann, den Befehl erteilt, die zurückgelassenen französischen Postgüter zu beschlagnahmen und möglichst günstig loszuschlagen. Durch den Krieg schon mehr als reich geworden, überließ der General Varnhagen diesen Kriegsgewinn, ausreichend etwa für zwei Jahre halbwegs guten Lebens. Bewußt oder unbewußt beförderte er auf diese Weise die Eheabsicht seines Offiziers. Die Heirat eines glühenden Anhängers der Französischen Revolution mit einer Bewunderin Napoleons und der französischen Nation, halb und halb gegründet auf Franzosenbeute – das ist nicht ohne Ironie.

Auch der Pastor ist erleichtert. Zumindest hofft er, daß niemand den Unwahrheiten auf die Spur kommen wird, die, mit dieser Eheschließung verbunden, im Traubuch seiner Gemeinde festgeschrieben und von ihm zumindest geahnt, wenn nicht gedeckt worden sind.

Rahels Anteil daran ist verzeihlich. Sie hat es nicht übers Herz bringen können, angesichts des neunundzwanzigjährigen Varnhagen ihr wahres Alter anzugeben. Nun steht im Traubuch, daß sie drei Jahre jünger als ihr Gatte, also sechsundzwanzig sei, und da dies denn doch zu unglaubhaft erscheint, hat man aus der Zwei dann schließlich eine Drei gemacht: sechsunddreißig und nicht dreiundvierzig will sie sein. Varnhagens Fälschung wiegt schon schwerer. Er sollte für die Trauung die erforderliche Einwilligung der Mutter und seines Vorgesetzten, also Tettenborns, vorlegen, vergaß jedoch, bei beiden darum nachzusuchen. Unmittelbar vor seiner Berufung in den preußischen Staatsdienst schien es ihm vermutlich nicht klug, als noch in russischen Diensten Stehender zu gelten.

Also bezeichnete er sich als «gewesener Offizier» und machte so das Zeugnis überflüssig. Sei es, daß die Mutter nicht erreichbar war, sei es, daß er sie nicht fragen wollte – um ihre Einwilligung zu umgehen, sich mit einer vierzehn Jahre älteren Jüdin zu verbinden, gab der Sohn sie als verstorben aus. Rahel wußte, daß das gelogen war. Stegemann muß es geahnt haben.

Wenige Tage nach der Hochzeit, am Vorabend des Wiener Kongresses, reist Varnhagen im Gefolge des preußischen Staatskanzlers Hardenberg in die österreichische Hauptstadt ab, und schon am 20. Oktober 1814 folgt ihm seine Frau.

Prag ist schöner und Paris viel eleganter; «Wien ist nicht *hübsch*», urteilt Rahel nach dem ersten Augenschein. Sie kommt in eine Festungsstadt mit viel zu engen Straßen für eine Kapitale oder Residenz, mit schönen ausgeputzten Läden und unzähligen Fiakern, aber so ganz ohne Weiträumigkeit und Weltläufigkeit der Wiener.

Weltläufigkeit bringen die Besucher mit. Kaiser Franz I. hat den russischen Zaren und vier Könige, Minister, Grafen und Gesandte, Armeeführer, Diplomaten, Emissäre in die österreichische Hauptstadt eingeladen, um Grenzen und Grundsätze des nachnapoleonischen Europa festzulegen. Um die hohen Herrschaften wimmelt es von Sekretären, Schreibern, Köchen und Kokotten, auch Beichtväter und Bekehrer fehlen nicht. Magisch zieht die Konferenzstadt Glücksritter und Händler an, Spekulanten und Wucherer, nicht zu vergessen das Heer der Taschendiebe, Hochstapler, Heiratsschwindler und die Internationale der Spione.

Hof und Adel scheuen keine Kosten; ein Fest löst das andere ab. Erlesene Soupers und prachtvolle Bälle werden arrangiert, es gibt Konzerte mit tausend Musikanten, pompöse Aufzüge Berittener in phantastischen Kostümen, Truppenparaden und Jagden. Zum Höhepunkt der winterlichen Vergnügungen wird eine pompöse Schlittenfahrt, die Rahel, ein Fernrohr vor den Augen, von einem Fenster aus verfolgt. Das entspricht ihrer Sicht auf den Kongreß: Sie sieht von weitem zu. Andere sind näher dran und haben deshalb keine oder wenig Zeit für sie.

Varnhagen ist rastlos tätig. Obwohl seine Ernennungsurkunde zum Legationssekretär immer noch nicht vorliegt und er vorerst mit spärlichen Diäten abgefunden wird, beauftragt der Staatskanzler den vom Freiherrn vom Stein empfohlenen jungen Mann mit diffizilen Geschäften.

Am wichtigsten ist die sächsische Angelegenheit. Preußen erhebt Anspruch auf das während des Krieges mit Napoleon verbündete Sachsen. Friedrich Wilhelm III. wird darin vom Zaren unterstützt, der wiederum auf Preußen rechnet, um Polen zu schlucken, während die Engländer, Österreicher und Franzosen den Gebiets- und Machtzuwachs Berlins verhindern wollen. Zeitweise droht die antinapoleonische Koalition wegen dieses Streites zu zerfallen, und manche fürchten sogar Krieg. Bis man schließlich einen Kompromiß gefunden haben wird, soll Varnhagen den preußischen Standpunkt in der Presse darlegen und durch eine Denkschrift auf die öffentliche Meinung wirken.

Gentz und Humboldt können sich noch weniger um Rahel kümmern als in Prag. Gentz, zum Protokollführer des Kongresses bestimmt und einer seiner geschicktesten Dirigenten, ist manchmal bis zum Morgengrauen auf den Beinen. Er stellt die Tagesordnung auf, bestimmt die Themen der Diskussion, entwirft Reden und Deklarationen und gilt als Sekretär Europas. Der Fünfzigjährige steht auf dem Gipfel des Erfolgs.

Zu den Diners und Soireen des Hofrats werden nur hochgestellte Gäste eingeladen, etwa Fürst Metternich zusammen mit dem englischen Gesandten oder dieser mit dem berühmten Talleyrand, der die französische Delegation anführt. Dazu die vornehmsten und schönsten Damen, wie die Herzogin Wilhelmine von Sagan, die ihrerseits im Palmschen Palais Zar Alexander, Hardenberg und Gentz begrüßt sowie Lord Stuart, ihren neuesten Favoriten. Ein Legationssekretär in spe und Gattin passen nicht dazu.

Aber in Wien lebt doch auch der liebenswürdige Fürst de Ligne! In seinem rosenroten Häuschen inmitten sich um ihn drängender Gäste scherzt und spottet der fast Achtzigjährige wie in alten Zeiten. Gleich darauf äußert er sich über den ewigen Frieden, aber dann kommt er auch davon wieder ab, um mit einer hübschen Polin anzubandeln. Nebenbei verspricht er seinen verwirrten Gästen, er, der Fürst de Ligne, werde den Kongreßteilnehmern ein Schauspiel zu bereiten wissen, das selbst für die Verwöhntesten großartig und neu sein werde: das Leichenbegräbnis eines österreichischen Feldmarschalls.

Und der Fürst hält Wort. Seine Beisetzung im Dezember 1814 wird zum prunkvollen Schauspiel des Kongresses.

Weniger die alten Freunde Rahels, eher die neuen Bekannten ihres Mannes kommen zum Tee in die kleine Wohnung der Varnhagens. Natürlich kreisen auch hier die Gespräche oft um den Kongreß. Ihren Briefpartnern in Berlin versucht Rahel zu berichten, was sie in Erfahrung bringt. Aber die räumliche Nähe macht es nicht leichter, die Verwicklungen zu durchschauen. «Mit dem Kongreß geht's wie im Damspiel, wenn einer bis zur Gabel gekommen ist», berichtet Rahel, «ziehst du so, so zieh ich so! Sachsen – Polen! So steht das Spiel so lang ich hier bin: und auch ich kann mir einbilden ich bin klug daraus. Die Andern tun dies alle.»

Unabhängig von Varnhagen und von diesem zeitweise getrennt, trifft sie sich weiter mit eigenen Freunden und Bekannten, zu denen ihr Mann auch keinen Zugang sucht. Besonders nahe stehen ihr in diesen Jahren Fanny von Arnstein, die mit einem österreichischen Bankier verheiratete Tochter des reichen Daniel Itzig aus Berlin, und das Ehepaar Schlegel. Dorothea Schlegel und Rahel Levin kennen sich seit frühester Jugend. Schon damals, als die gebildete und warmherzige Tochter Moses Mendelssohns als Frau des Bankiers Veit in den Berliner Salons verkehrte, hatte sie die um einige Jahre jüngere Rahel ihrer Zuneigung und Bewunderung versichert, um ihre Freundschaft regelrecht geworben.

Jetzt, da sich Rahel und die geschiedene, in zweiter Ehe mit Friedrich Schlegel verbundene Dorothea nach vielen Jahren wiedersehen, lebt die Vergangenheit auf. Eine bestimmte Beleuchtung erinnert beide an ein Zimmer oder eine Straße damals in Berlin, ein bestimmter Duft versetzt sie in die koscheren Küchen ihrer Mütter oder an die Stände des Berliner Weihnachtsmarkts. ‹Wissen Sie noch…?› Hier in Wien und später in Frankfurt werden die beiden Frauen oft zusammensein. Rahel mag Dorotheas Aufrichtigkeit und heitere Güte, ihre Klugheit und Liebenswürdigkeit. Immer wieder versichern sich die beiden Berlinerinnen ihrer Sympathie und Liebe. Auch die Gemeinsamkeiten der Lebenswege verbinden. Beide haben das Judentum verlassen und jüngere Männer geheiratet. Dabei hatte es eine Zeit gegeben, da der in Friedrich verliebten Madame Veit nicht verborgen geblieben war, wie oft und gern der junge Schlegel in die Jägerstraße lief. Dorothea hatte Grund zur Eifersucht gehabt; Schlegel bestätigt das in seinem kurzen Rahel-Porträt im 1799 erschienenen, damals als skandalös empfundenen Roman «Lucinde»:

«Einem sehr gebildeten Mädchen gefiel er, weil er ihr seelenvolles Gespräch und ihren schönen Geist mit sichtbarer Innigkeit bewunderte, und ihr, ohne eine Schmeichelei auszusprechen, bloß durch die Art seines Umgangs huldigte, so gut, daß sie ihm nach und nach alles erlaubte, außer das letzte. Und selbst diese Grenze setzte sie ihm nicht aus Kälte, sondern aus Vorsicht und Grundsatz: denn sie war reizbar genug, sie hatte eine starke Anlage zum Leichtsinn und lebte in den freiesten Verhältnissen.»

Im Berlin des ausgehenden 18. Jahrhunderts hatten sich die beiden gemeinsam begeistert für Fichtes Philosophie und Goethes Dichtung, besonders für seinen «Wilhelm Meister». Und sie hatten an sich selbst erfahren, daß jeder Mensch auch das andere Geschlecht in sich trägt und es zwischen Mann und Frau nicht nur Liebe, sondern auch tiefempfundene, erotische Freundschaft gibt.

Rahel, die nicht anerkannte Bürgerin, und Friedrich, den unangepaßten Bürger, verband um 1800 das Unkonformistische ihrer Überzeugungen und ihrer Existenz. Sie mißachteten den bürgerlichen Tugendkatalog für Frauen, denn sie waren von der sexuellen Gleichberechtigung der Geschlechter überzeugt und spotteten über bürgerliche Prüderie. Warum, so fragten sie, brauchen Menschen, die sich lieben und zusammenleben wollen, dafür den Trauschein und den Traualtar, die Genehmigung von Instanzen? Mit der wahren Liebe und der wahren Ehe, meinten sie, habe diese Zeremonie doch nichts zu tun; sie fessele die Menschen nur. «Negerhandel, Krieg, Ehe!», so Rahel 1803; in ihrer Sicht vergleichbar, Menschen ihrer Freiheit, ihrer Würde zu berauben.

Jetzt sitzen sich in Wien Frau von Varnhagen und Herr von Schlegel nebst Gattin gegenüber, und keinem von ihnen käme in den Sinn, die heilige Institution der Ehe anzuzweifeln. Schon gar nicht würde das der österreichische Hofrat Schlegel tun. Zusammen mit seiner Frau ist er vor ein paar Jahren zum katholischen Glauben konvertiert, und in ganz Wien findet sich kein Frommer, der Friedrich übertreffen könnte. Die Wohnung des einstigen Autors der «Lucinde», die mit Julius im Bett die Rollen tauscht, ist ein Treffpunkt hoher Kleriker. Von den Wänden tropft Weihwasser hinab. Rahel gesteht, der einstige Rebell sei «dick und ennuyant» geworden.

Aber miteinander diskutieren, das können sie immer noch, in Wien und in den Jahren darauf in Frankfurt. Man beschäftigt sich mit Shakespeare, Goethe und Racine; Rahel läßt nicht gelten, was gegen ihre Überzeugung wäre. Dann wieder wird der Zeitzustand betrachtet. Rahel meint erkannt zu haben, daß sich das angebrochene 19. Jahrhundert von allen bisherigen dadurch unterscheide, «daß nie solch allgemeines Wissen auf der Erde, und ein so verbreitetes und schnelles der Völker von einander, regiert habe und dagewesen sei, als jetzt». Das könnte man auch als Charakteristikum des 20. Jahrhunderts konstatieren.

Die Schlegels wären nicht die Schlegels, würde das Gespräch nicht auch immer wieder die Religion berühren. Rahel hört geduldig zu. Sie ist weit davon entfernt, über die an Bigotterie grenzende Frömmigkeit der Freunde mit Spott und Ironie hinwegzugehen, und hat sich abgewöhnt, den Menschen wie in ihrer Jugend einfach übers Maul zu fahren; «mit Einmal aber, und so ist's immer, kommt meine ganze Meinung mir unverhofft, und den Andern zu größerm Schrecken, als von sonst Störrischen, zum Vorschein.» Die «Natur gab mir thätige Waffen: wie ein abgelebter in Zorn gebrachter Ritter, will ich sie hervorsuchen.» «Wir sind aber *besser* als *jemals* zusammen.»

Ähnlich wie die Schlegels provozieren auch die Arnsteins Varnhagens republikanische Gesinnung. Schon 1809, als er zum erstenmal in Fanny Arnsteins Salon erschienen war, hatte ihn gestört, wie «alles zittert, wenn eine Gräfin auf dem Sopha, und eine Fürstin auf dem Stuhl sitzt», er fand die Atmosphäre schlichtweg «unausstehlich». Jetzt, während des Kongresses, sitzen auf den Sofas und den Stühlen des Arnsteinschen Salons noch mehr Herrschaften adligen Geblüts, und Varnhagen entschließt sich, nicht mehr hinzugehen. Vielleicht spürt er auch, daß seine Frau dort ungleich lieber als er gesehen wird. Ähnlich wie Dorothea hat offensichtlich auch Fanny Schwierigkeiten zu verstehen, warum diese bedeutende Frau sich diesen jungen Mann genommen hat.

Alter, Erscheinung, Überzeugung, gesellschaftliche Position – vieles unterscheidet Rahel und Fanny. Frau von Arnstein geht schon auf die Sechzig zu. Mit ihrer damenhaften, hochaufgerichteten Gestalt und den schönen blauen Augen in dem «Grazienantlitz» erregt sie Aufmerksamkeit, wo sie auch hinkommt. Daneben verschwindet «die Kleine» fast.

Als starke, stolze und eigenwillige Frau wird Fanny von ihrer Biographin Hilde Spiel beschrieben, leicht aufbrausend und leicht auch zu besänftigen, dabei heiter, voller Lebenslust, mit Sinn für Pracht und Schönheit und mit Vergnügen an Geselligkeit. «Sie haben übrigens Recht, was sie von ihr sagen», bemerkt Dorothea Schlegel gegenüber Rahel, «sie sollte Kaiserin sein...»

Fanny ist nicht konvertiert. Bis zu ihrem Tod wird sie bewußt als Jüdin leben, bestrebt, den Lehren ihres einstigen Lehrers Moses Mendelssohn gerecht zu werden: nicht vom alten Glauben abzulassen und dabei doch weltoffen und tolerant zu sein.

Zwar gehört die Gattin des Bankiers Arnstein zu den reichsten Frauen Wiens, und auch ihr Vater, der Bankier Daniel Itzig, war ungleich reicher als Levin Markus. Doch verbindet Rahel und Fanny die gemeinsame Herkunft aus dem unter Friedrich dem Großen entstandenen jüdischen Groß- und Bildungsbürgertum, das seine Töchter zum erstenmal in der Geschichte deutscher Juden teilnehmen ließ an klassischer Kultur und Bildung und ihnen die Türen öffnete in eine andere Welt.

Fanny pflegt den Zusammenhalt mit den alten Berliner Freundinnen. Und wer von den jüdischen Frauen ihrer Generation und ihres früheren Berliner Lebenskreises in die österreichische Hauptstadt kommt, wird eingeladen, in ihrem Haus zu wohnen. Dorothea Schlegel hat dort zeitweilig gelebt, und als während des Kongresses Henriette Herz anreist, steigt auch sie bei Arnsteins ab.

Die jüdischen Salondamen aus Berlin und Wien ähneln sich noch, ihre Gäste schon nicht mehr. Fannys Salon ist im Vergleich zu dem früheren von Rahel oder Henriette Herz kein Treffpunkt von Außenseitern der verschiedenen Gesellschaftsgruppen; Fannys Gäste sind durchweg Leute, die «dazugehören» und die nicht an Ausbruch denken. Das gilt auch für die Arnsteins selbst. Allerdings lernen auch sie Mitglieder des hohen Adels nur als Gäste kennen. *Man* läßt sich einladen, *man* kommt auch neuerdings, doch *man* lädt nicht selber ein, jedenfalls keinen jüdischen Bankier mit seiner Frau. Dennoch – Fanny hält sich was darauf zugute, die Vornehmsten der Vornehmen bei sich zu sehen.

Während in Berlin schon Aufsehen machte, wenn einer aus Kassel oder Königsberg erschien, treffen sich bei Arnsteins, besonders während des Kongresses, Gäste aus fast ganz Europa. Der Salon hat sich internationalisiert, Geselligkeit wird inszeniert.

Dem entspricht der prächtige Rahmen. Mit Levins Roter Stube hat das nichts mehr zu tun. Fannys Palais ist ausgestattet mit seidenbespannten Möbeln und venezianischen Spiegeln, mit schweren Teppichen und Draperien. Bei Rahel hatte Line Tee gekocht. Fanny veranstaltet nach Hausbällen und Konzerten mitternächtliche Soupers. Ähnlich wie zu den berühmten Pariser Assembleen der Madame Récamier kommen zu Arnsteins manchmal drei- bis vierhundert Personen.

Vor allem aber: Während man in der Jägerstraße über Schöngeistiges gestritten hatte, wird bei Arnsteins große Politik gemacht. Das Private tritt gegenüber dem Weltgeschehen zurück.

Auch in Wien bleibt Fanny eine überzeugte Preußin. «Sie haßte die Franzosen», schreibt Hilde Spiel, und glaubte an Preußen, «auch als es daniederlag». Sie «weinte über Napoleons Siege und konspirierte» ständig gegen ihn. «Kurz, sie war preußischer als die Preußen.» In ihrem Salon fühlen sich die Herren, die Preußen jetzt auf dem Kongreß vertreten, auf heimatlichem Boden. Sie wissen, daß sie bei den Arnsteins dem Herzog von Wellington und dem Kardinal Consalvi sowie anderen einflußreichen Politikern und Diplomaten begegnen und nützliche Verbindungen knüpfen können.

So wichtig wie ihnen, den offiziell Agierenden, ist dieses Haus auch den geheimen Berichterstattern der Polizeihofstelle – Besucher, die man sich bei Rahel in der Jägerstraße schwerlich vorstellen kann.

Wenn sich die Berliner Salondamen zuweilen fremd und einsam unter Fannys Gästen fühlen, so nicht allein, weil sie über große Politik nicht mitreden können. Bei Fanny müssen sie sich einer Rangordnung unterwerfen, die sie aus Berlin nicht kennen. Dort hatten Geist, Ideenreichtum und Bildung das Prestige des einzelnen, die Rangordnung bestimmt. Bei Fanny kommt es vor, daß einer ein geistvolles Gespräch mit

Rahel unterbricht und sie stehenläßt, um sich an eine zwar tumbe, aber einflußreiche Exzellenz zu wenden. ««Mir nicht so! bei Gott!»» beschwert sich die Gekränkte bei den Brüdern in Berlin.

Da ist es Rahel doch ungleich angenehmer, bei Nathan Arnsteins Schwager und Geschäftspartner, bei Eskeles und seiner Frau, im kleinen Kreis zu speisen. Herrn von Eskeles hat Rahel besonders gern, «weil ihm seine Klugheit bis aus den Poren dringt... er sagt lauter Selbstgedachtes, Originales». Mit ihm kann sie sich besser unterhalten als mit den meisten Leuten, weil «ein reiches Leben über ihn weggegangen ist, welches er ganz nach seiner Art bearbeitet hat... auf gut alttestamentliche Weise».

Ja, das ist es, was Rahel so an diese Großfamilie der Eskeles und Arnsteins bindet: Hier lebt sie unter modernen Juden, die ein Gefühl von archaischem Zuhausesein vermitteln. Oft wird sie von Fanny eingeladen, mit ihr auszufahren oder sie in die Oper, ins Theater zu begleiten. Im Burgtheater am Michaelerplatz gastiert Auguste Brede als Maria Stuart. Auf dem Spielplan des Theaters am Kärntnertor steht neuerdings «Fidelio». Vor zehn Jahren war Beethovens Oper hier in Wien durchgefallen, und er hatte sie mehrmals überarbeitet. Jetzt ist «Fidelio» ein großer Publikumserfolg. Rahel hatte den damals schon fast tauben Komponisten mit Varnhagen 1811 in Teplitz kennengelernt und ihn bewogen, ihr auf dem Fortepiano vorzuspielen. Doch jetzt in Wien war der Versuch, die Bekanntschaft zu erneuern, fehlgeschlagen.

Im Februar weiß Rahel endlich, «was ein Kongreß ist: eine große Gesellschaft, die vor lauter Amüsement nicht scheiden kann». Im März ist es mit dem Amüsement vorbei.

Napoleon ist von der Insel Elba, seinem Verbannungsort, über das Mittelmeer geflüchtet und in Cannes gelandet. Er schickt sich an, erneut Frankreich zu erobern. Begeistert begrüßt von seinen mit der Herrschaft der Bourbonen unzufriedenen einstigen Untertanen, zieht er nach nur zwanzig Tagen in die französische Hauptstadt ein.

Rahel berichtet ihrem ältesten Bruder, wie verwirrt und erschrocken die Menschen in der österreichischen Hauptstadt seien. «So viel Behauptungen, Muthmaßungen, Lügengeschichten, Verheimlichungen und Verläugnungen, Pläne und Vorstellungsweisen... eine große Stagnation und Stille... Verlegenheit, oder irgend eine Verwicklung...»

Aufgeschreckt aus ihren Vergnügungen und unter dem Eindruck der neuerlichen kriegerischen Bedrohung, arbeiten die Minister und Gesandten nun hektisch auf das Ende des Kongresses hin. Die Ergebnisse der Verhandlungen, einzelne Staatsverträge, Grenzbestimmungen, Bündnisse, werden in einer Schlußakte zusammengefaßt, die am 9. Juni 1815 unterzeichnet wird. Neun Tage später wird Napoleon bei Waterloo geschlagen.

Noch davor hatte der Staatskanzler Hardenberg entschieden, daß Varnhagen nicht, wie ursprünglich geplant, bei der Gesandtschaft in Wien beschäftigt werden sollte, sondern weiterhin in seiner, des Kanzlers, näherer Umgebung. Es war ausgemacht, daß er Hardenberg nach dem Ende des Kongresses nach Berlin folgen sollte. Offenbar hatte sich Varnhagen als ein Mann bewährt, der Regierungsinteressen publizistisch zu verkaufen wußte. Am 11. Juni 1815 reiste er über Prag nach Berlin zurück.

Da niemand zu dieser Zeit voraussehen konnte, wie der erneute Krieg mit Frankreich ausgehen und ob sich Varnhagen künftig in Berlin aufhalten würde, beschloß Rahel, in Wien zu bleiben und abzuwarten. Es freute sie, von Fanny eingeladen zu werden, den Sommer in dem Arnsteinschen Landhaus in Baden zu verbringen. Eine Kur in dem bekannten Schwefelbad würde ihren Rheumatismus lindern; eine zahlreiche Dienerschaft stand zur Verfügung, und auch an Unterhaltung würde es nicht fehlen, denn in Baden leben während der schönen Jahreszeit zusammen mit Fanny deren weibliche Verwandte, ihre Tochter, die schöne Frau Pereira, und ihre Schwester, Jettchen Ephraim. Rahel fühlt sich vom ersten Tag an wohl. Ähnlich wie in Teplitz öffnet sich ihr hier, am Rande des idyllischen Helenentals, gleichsam ein Salon im Grünen, in dem sie, heiter und entspannt, ihren Geist strahlen, ihren Witz funkeln, auch Bosheit verstreuen, Menschen bezaubern kann. In Baden spielt sie endlich wieder jene Rolle, die in Fannys überfülltem Salon fast nie genug gewürdigt wurde.

Zwanzig Jahre sind seit jenem Teplitzer Sommer ins Land gezogen, den die damals Vierundzwanzigjährige zusammen mit de Ligne und anderen verbrachte. Und nichts in diesen zwei Jahrzehnten hat ihr Vergnügen an einem Fürsten-Frühstück oder an einer Ausfahrt mit Gräfinnen, am Umgang mit dem Adel schmälern können. Auch in Baden pflegt sie Konversation mit einer preußischen Prinzessin, verabredet sich mit einem neapolitanischen Herzog, speist mit einem spanischen Marquis – und, o Glück! – begegnet in einem «großen Saal voll Wasser», einem Hallenschwimmbad würden wir heute sagen, der leibhaftigen Herzogin Wilhelmine von Sagan und wird von dieser mehrmals «schwimmend herumgetragen». Die Dame hat sich in den Kopf gesetzt, die Varnhagen schwimmen zu lehren. Was hätte Rahel darum gegeben, wenigstens ein einziges Mal von Gentz damals in Prag zu einer der Saganschen Soireen mitgenommen zu werden oder in den Salon der Herzogin in Wien! Und nun Rahel in Wilhelmines Armen, planschend, prustend und bei Einszwei-drei versorgt mit Neuigkeiten aus der großen Welt!

Natürlich gibt es einen gravierenden Unterschied zwischen dem Teplitzer Sommer 1795 und dem Badener jetzt.

Hier gilt Rahel nicht mehr als ein von ihrer Geburt her zur Außenseiterin bestimmtes Fräulein, das man zum Vergnügen für einen Sommer in die Kuraristokratie aufgenommen hat. In Baden verkehren die Gäste mit der Freundin des weithin bekannten Arnsteinschen Hauses und der allseits anerkannten Gattin eines preußischen Diplomaten, die im Kreise von «Gemahlinnen» und in deren Sprache mitzureden versteht: ‹Der Meinige sagt...› ‹Und welche Bäder nimmt der Ihrige?› ‹Verehrteste Varnhagen, haben Sie Nachrichten vom Herrn Gemahl?›

Gewiß! Jeden Tag aufs neue erfährt Frau von Varnhagen, daß ihr «treues Gustchen» sein holdes, edles Rahlchen unaussprechlich liebt und wie oft er weint, wenn er nur ihre Briefe liest. Dann wieder beugt er sich hinunter aufs Papier, küßt ihre Worte, und sie blühen vor ihm auf «wie die herrlichste, unschuldigste Blumenpracht». Für andere mag das kitschig klingen, Rahel tut es wohl. «Es freut sich unser Herz, und unsere Seele, wenn wir... geliebt werden.»

In Baden ist Rahel also doppelt geborgen, sowohl durch ihre angesehenen jüdischen Freunde als auch durch ihren Mann. Und sie lebt dort so, wie es ihrer Vorstellung vom Ehestand entspricht: innig mit dem Freund verbunden und doch selbständig und frei. Doch über ihre tatsächliche gesellschaftliche Stellung als konvertierte Jüdin und Ehefrau eines Diplomaten ohne nennenswerten Rang sagt ihr Aufenthalt in Wien und Baden wenig aus.

Anfang Juli 1815 erhält Varnhagen Order, Hardenberg nach Paris zu folgen, wo die europäischen Staatsmänner nun endgültig Frieden schließen wollen. Es gelingt ihm, ein Quartier zu finden, groß genug für ihn und seine Frau. Doch Rahel fürchtet sich vor den unsicheren Straßen und den Anstrengungen der Reise. Nach einigem Zögern entschließt sie sich, die Rückkehr ihres Mannes in Frankfurt abzuwarten.

Am 8. August bricht sie in einem von Fanny geborgten Wagen mit Diener Johann und Jungfer Dore Richtung Westen auf.

Die Familie Vallentin kennt Rahel schon aus Wien. In Frankfurt trifft man sich wieder und beschließt, das schöne Sommerwetter auszunutzen und an diesem Sonntagnachmittag, dem 20. August, ein Stündchen auszufahren.

Die Kutsche fährt zum Tor hinaus, am Main entlang, vorbei an Weinhängen und gepflegten Gärten bis zu einem Forsthaus, wo man Kaffee trinkt und dann im Wald spazierengeht. Am Ende einer weiten schönen Wiese sehen die Ausflügler ein Dorf. Als Rahel hört, das sei Niederrad, «wovon Goethe so viel schreibt», will sie gleich dahin.

Auf der Dorfstraße begegnet der Gesellschaft eine Kutsche. Im Wageninnern sieht man einen Herren und drei Damen. Rahel blickt auf, stutzt, dann schreit sie: «Da ist Goethe!» Goethe lacht, die Damen lachen. Die Varnhagen packt die Vallentin am Arm, rennt mit ihr voraus, kehrt um und blickt noch einmal in den Wagen. Herr von Goethe schaut auf seine Bewunderinnen mit einem langen wohlgefälligen Blick.

Rahel, abwechselnd rot und blaß vor Schreck und Freude, zittern noch nach einer halben Stunde Knie und Glieder. «Und laut, und wie rasend, dankte ich Gott in seine Abendsonne laut hinein.» So begeistern sich heutzutage allenfalls die Teens für ihre Popidole.

Es mutet wie ein Wunder an! Erst vor zwei Tagen war Rahel in Frankfurt angekommen: «Goethen's Wolken, Goethen's Stadt». Ein preußischer Diplomat namens Otterstedt hatte ihr erzählt, daß der Verehrte vor einer Woche in seine Heimatstadt gekommen sei, und hatte sich sogleich erboten, mit Rahel in das Landhaus der Willemers zu fahren, wo Goethe abgestiegen war. Nun, nach der zufälligen Begegnung, soll der Gast aus Weimar durch Herrn von Otterstedt sogleich erfahren, wer ihm da gehuldigt hat.

Fast drei Wochen gehen ins Land, ohne daß Goethe etwas von sich hören läßt. Otterstedt erbietet sich, den Gott irgendwie herbeizuschaffen; Rahel verbietet das. Goethe will sich ausruhen, nicht belästigt werden. Andere Bekannte raten, sie solle in das Landhaus fahren und die Damen dort besuchen, denen sie in Niederrad begegnet ist. Rahel lehnt das ab. «Das fehlte mir!» Aus Paris beschwört Varnhagen seine Frau, sie möge die Gelegenheit, ihre Bekanntschaft mit Goethe nach zwanzig Jahren zu erneuern, nicht versäumen und sich nachdrücklich darum bemühen. Rahel leugnet zwar nicht, was ihr ein Zusammensein mit dem «herrlichsten Mann» bedeuten, wie glücklich es sie machen würde, ihm ihre Verehrung auszudrücken, aufdrängen will sie sich nicht. Aber inzwischen weiß er doch, wer ihm da zufällig in Niederrad begegnet ist. Er muß doch wissen, was er Berliner Jüdinnen, Rahel allen weit voran, zu verdanken hat. Erst sie haben ihn in Preußen populär gemacht. Auch die im «Morgenblatt» veröffentlichten Briefauszüge von Rahel und Varnhagen «Ueber Goethe» müssen ihm noch im Gedächtnis sein. Eigentlich ist es ziemlich schofel, wie er sich verhält. Aber so etwas darf man nur äußern, wenn die Unbeirrbare es nicht hört.

Sie wäre die erste gewesen, die verstanden hätte, daß er wenig Zeit für andere hat. Doch woher sollte Rahel erfahren, was diese Tage bei den Willemers für ihn bedeuten?

Am 28. August feiert Goethe seinen sechsundsechzigsten Geburtstag; ein Jahr später ist Christiane, seine Frau, tot, er wird sich alt fühlen und allein. Doch jetzt, an diesem Sommertag, erscheint die Welt ihm hell und heiter. Marianne, Geheimrat Willemers frühere Pflegetochter und seine Frau seit einem Jahr, verbreitet Behaglichkeit und Wärme, Erotik,

Lebenslust und dann wieder eine die Nähe suchende Melancholie. Sie vermittelt Goethe das Gefühl, noch einmal jung zu sein. Die Dreißigjährige versteht sich auf den Schalk, das Wortspiel, die Symbole, in die sich Liebe kleiden läßt. Marianne liebt, vielleicht zum erstenmal in ihrem Leben, und für einen Sommer verbindet sie mit Goethe die heftig-zarte Leidenschaft zwischen einer jungen Frau und einem alten Mann, die, übertragen auf Hatem und Suleika, im «West-östlichen Divan» zeitlos wird.

Rahel ahnt nichts von dieser Liebe, dieser Leidenschaft, als sie schließlich doch Varnhagens Rat befolgt und unter einem Vorwand – es geht um ein Paket, das er erhalten haben soll – an Goethe schreibt. Sie gibt den Brief persönlich ab, doch ohne ihn zu sprechen. Nun rechnet sie damit, daß er sich melden wird, und erwartet ihn doch nicht, als er ihr am Freitag, dem 8. September, schließlich aufwartet.

Um ihre angegriffenen Augen zu schonen, hat sie an diesem Morgen beschlossen, im Bett zu frühstücken und erst gegen neun Uhr aufzustehen: «Grade im Zähneputzen, ... mit meinen Flanellen angethan, kommt mein Wirth, und sagt Doren, ein Herr wolle mich sprechen. Ich denke, ein Bote von Goethe... Ich lasse fragen, wer es ist, und schicke Dore hinunter; diese bringt mir Goethes Karte; mit dem Bescheid, er wolle ein wenig warten. Ich lasse ihn eintreten und nur *so* lange warten, als man Zeit braucht, einen Überrock über zu knöpfen; es war ein schwarzer Wattenrock; und so trete ich vor ihn hin. *Mich* opfernd, um ihn nicht einen Moment warten zu lassen. Dies nur blieb mir von Besinnung.»

Eine verunglückte Begegnung. Goethe ist an diesem Morgen vom Landsitz der Willemers, der Gerbermühle, in deren Stadtwohnung gezogen. Er fürchtet die Verstrickung; entzückt und zugleich beklommen hat er Mariannes Bild vor Augen, zärtlich ihm ergeben, wie halbwach, über dem Boden schwebend. Sie wird ihm Liebesverse schicken, die sie selbst geschrieben hat und die er später in den «Divan» aufnehmen wird. Nur noch ein paar Tage, dann wird er in Heidelberg von seiner Suleika für immer Abschied nehmen. Kaum hört er zu, was die kleine Dame in dem ungraziösen Negligé zu sagen hat.

Diese, sich ihres unvorteilhaften Äußeren wohl bewußt und zugleich so verwirrt wie einer, «dem sein geehrter, über alles verehrter, tapfrer, weiser König» den Ritterschlag erteilen will, redet verlegen-hastig auf den Besucher ein, läßt ihn kaum zu Worte kommen. Wo sind ihre Schlagfertigkeit, ihr Witz und ihre Souveränität? Weg, wie weggeblasen. «Aber wenn man Einen nur einen Moment, nach so *langjähriger* Liebe, und Leben, und Beten, und Wegen, und Beschäftigung, zu sehen bekommt, dann ist es so.»

Wie vielen Liebenden hat Rahel mit ihrer einfühlsamen Klugheit beigestanden! Doch der Gedanke, sie, die große Seelentrösterin, hätte das Vertrauen ihres sehr menschlich liebenden Abgotts finden können, bleibt als Gespinst in «Goethen's Wolken» hängen.

Kaum ist er gekommen, verabschiedet sich der Gast schon wieder. Allen Widrigkeiten trotzend, beschließt die Überrumpelte, diesen 8. September zu einem Feiertag zu machen. Sie zieht ihr schönes weißes Kleid an, das mit dem hohen Kragen, schlägt darüber einen teuren Schal, setzt eine Spitzenhaube auf und macht, eigentlich «für ihn» so feingemacht, Besuche.

Unter ungleich günstigeren Bedingungen wird sie ihren Abgott wiedersehen. Die Varnhagens, 1825 und 1829 auf der Durchreise in Weimar, werden zuvorkommend im Haus am Frauenplan empfangen, und entspannt ißt, trinkt und plaudert man.

Rahels Goetheliebe, die Verehrung rührt noch heute; mitunter wirkt sie auch skurril. Kritische Äußerungen über den Meister waren nicht zugelassen. Befremdet, ja empört las Rahel, wie ihr guter Freund Astolphe de Custine eine Begegnung mit Goethe schilderte, und zwar etwa um die gleiche Zeit. Man fühle sich zu Goethe hingezogen, so Custine, obwohl sein Benehmen doch eigentlich recht kalt, von steifer Würde sei und einem zu verstehen gebe, daß man nicht seinesgleichen sei. Man erkenne zwar Wärme, Mäßigung und Ruhe, vermisse jedoch etwas Unentbehrliches: die Liebe. Das gleicht Majestätsbeleidigung. Custine erhält den Brief zurück.

Nach ihrem Tod schreibt Ludwig Tieck, Rahel habe von ihren Freunden verlangt, *alles* an Goethe zu verehren, auch «das Schwächere, Kältere, Klug-Vornehme, Unpoetische», ja, gerade seine «schroffen Seiten» hätten einen besonderen Reiz für sie gehabt.

Durch Goethe fand Rahel ihre Ansicht der Natur, der Welt und Menschen vollendet ausgedrückt; sein Werk galt ihr als Beistand für das ganze Leben: «Mit seinem Reichthum machte ich Kompagnie, er war ewig mein einzigster, gewissester Freund, mein Bürge, daß ich mich nicht nur unter weichenden Gespenstern ängstigte; mein superiorer Meister, mein rührendster Freund, von dem ich wußte, welche Höllen er kannte! – kurz, mit ihm bin ich erwachsen, und nach tausend Trennungen fand ich ihn immer wieder, er war mir unfehlbar...»

Bis ins 20. Jahrhundert hinein reicht jene Tradition, die Rahel Varnhagen begründet hat: die Goethe-Verehrung der deutschen Juden. Ihn und die Klassik setzten sie mit Deutschland gleich und vertrauten deshalb diesem Land.

Über Varnhagens künftige Tätigkeit wird Herr von Hardenberg noch während seines Pariser Aufenthalts entscheiden.

Verschiedene Wirkungsstätten kommen ins Gespräch; zum Beispiel Stuttgart, die württembergische Residenz. O ja, das Neckartal mit seinem milden Klima und seinen freundlichen Bewohnern könnte Rahel gefallen. Auch lebt dort Cotta, der Verleger Goethes und Herausgeber des «Morgenblatts»; man hätte Anschluß an einen Kreis Gebildeter und Gleichgesinnter. Dann wieder ist in Augusts Briefen von Wien, Dresden, schließlich von Berlin die Rede. Doch alles Für und Wider auch im Blick auf diese Städte erweist sich als verfrüht. Varnhagen wird als preußischer Geschäftsträger nach Karlsruhe, an den badischen Hof, versetzt.

Er hält «die Sache für außerordentlich gut» und malt Rahel in rosigen Farben die Vorteile des Ortes und der Stellung aus: Karlsruhe gilt als schöngelegene Gartenresidenz, hat ein neues Hoftheater, und es ist nicht weit bis Straßburg, Stuttgart sowie andere Städte. Dazu der Vorteil, ohne einen Vorgesetzten vor Ort relativ selbständig zu sein.

Ein Jahr zuvor, als die Humboldts von der Hochzeit Rahels hörten, hatte Wilhelm seiner Karoline prophezeit, nun könne «die Kleine» «sogar noch eine Gesandtenfrau und Exzellenz werden». «Es ist nichts, was der Jude nicht erreicht.» Jetzt, nach der Berufung Varnhagens, beschwert er sich, daß Hardenberg ohne seinen, Humboldts, Rat entschieden habe. Abgesehen von Vorbehalten gegen den berufenen Herrn – «die Dame, der Stamm Levy, die Bundeslade! Wie soll das auf den Großherzog [von Baden] wirken...?» Genauso sieht es Rahels alte Freundin, Humboldts Frau: die Jüdin sei «ein reelles Hindernis» und die «Judenliberalität» in Preußen lächerlich.

Über ein halbes Jahr müssen die Varnhagens in Frankfurt warten. Im Juli 1816 trifft endlich das Beglaubigungsschreiben ein, und sogleich brechen der neuernannte Geschäftsträger und seine Frau nach Karlsruhe, in das durch die Gunst Napoleons entstandene Großherzogtum Baden auf. Napoleon hatte als Dank für ihre franzosenfreundliche Politik die bisherige Markgrafschaft zuerst zum Kurfürsten- und 1806 zum Großherzogtum erhoben sowie für erhebliche Gebietserweiterungen gesorgt. Dafür kämpften die Badener an der Seite der Franzosen 1809 in Spanien, 1812 in Rußland und 1813 in der Leipziger Völkerschlacht.

Um das Ländchen dauerhaft mit Frankreich zu verbinden, verheiratete Napoleon seine Adoptivtochter Stephanie Beauharnais mit dem dort regierenden Haus. In biographischen Porträts wird diese Stephanie als langweilig beschrieben, so, wie man sich jung verkaufte Frauen häufig vorzustellen pflegt: ergeben, sanft und fromm. Um so mehr erstaunt, daß Rahel später, in Berlin, geäußert hat, diese gebürtige Französin sei «der einzige metaphysische Kopf» gewesen, den sie «unter Weibern kennen lernte… Unter allen Umständen zum Denken aufgelegt, und fähig.»

Stephanies Mann hingegen, Karl von Baden, jetzt im fünften Jahr Regent, ist ein psychisch gestörter, stumpfer, scheuer Mensch, der oft stundenlang am Fenster seines Schlosses steht. Um die Staatsgeschäfte kümmert er sich kaum, wacht jedoch mißtrauisch darüber, daß dies auch niemand anders, etwa seine Mutter, tut. Entscheidungen schiebt er vor sich her. In den Räumen des Schlosses lagern Aktenberge und Briefbündel, die er weder selbst erledigen noch einem anderen anvertrauen will. Der ganze Hof wirkt dürftig, geistlos. Doch der neue Geschäftsträger ist zunächst geneigt, darüber hinwegzusehen. Die Stellung, das Land, die Stadt – alles hat den Reiz des Neuen. Und Varnhagen steckt voller Pläne.

Er will was werden, sich bewähren und dabei auch noch möglichst viel von dem bewirken, was er für richtig und notwendig hält. Seine Tätigkeit soll sich nicht auf das Berichteschreiben beschränken, er möchte politisch mitgestalten, sowohl als Diplomat als auch als Publizist. Eine solche Doppeltätigkeit setzt ein Höchstmaß an Übereinstimmung mit den Regierenden voraus, doch das ist nicht vorhanden. Varnhagen will vereinbaren, was in diesem Fall nicht zu vereinbaren ist: politische Überzeugung und Karriere.

Zunächst deckt der Dreißigjährige, im diplomatischen Metier noch ziemlich Unerfahrene die Widersprüche zu, in denen er sich verfangen hat. Noch immer hofft er, mit der nachnapoleonischen Ära sei die Zeit gekommen, den abgewirtschafteten Adel aus den Staatsgeschäften zu verdrängen, verjährte Vorrechte abzuschaffen und mit Hilfe demokratischer Verfassungen «einem wahrhaft freien Bürgertum» den ihm gebührenden politischen Einfluß einzuräumen. In Frankreich und in Deutschland sieht er «eine gewaltsame Erschütterung», «heftige Volksbewegungen» voraus. Die Wirklichkeit sieht anders aus. Die Signatarmächte der Wiener Schlußakte haben sich zur «Heiligen Allianz» zusammengeschlossen; noch einmal festigt sich die alte Ordnung.

Rahel hegt nur den einen Wunsch, so schnell wie möglich wieder fortzukommen. «Nichts will ich hier, als abreisen», schreibt sie, kaum angekommen, ihrem Freund Custine. «Und mein ganzes Verzweifeln besteht in einem Hoffen, daß mich noch *irgend etwas* von hier führen wird.»

Ist es der Überdruß an den rasch aufeinanderfolgenden Orts- und Wohnungswechseln, der sie so reagieren läßt? Sind ihr die mit dem Umzug verbundenen Anstrengungen zuviel geworden, stören sie Widrigkeiten, die sie nicht erwartet hat: das feuchte Klima, ein dümmlicher Bedienter, die wenig komfortable Unterkunft?

Rasch wird deutlich, daß die verwöhnte, anspruchsvolle einstige Salondame hier auf eine Gesellschaft trifft, die nicht ihrem Niveau entspricht.

Was hatte Rahel sich denn vorgestellt, als sie, auf standesgemäßes Auftreten und Eleganz bedacht, von Varnhagen in

Paris neunzehn Paar Schuhe, siebzehn Paar weißseidene Strümpfe und sechsunddreißig Paar Glacéhandschuhe kaufen ließ? Gar nicht zu reden von den neuerworbenen Hüten, Spitzenhauben, Krepp- und Strohkapotten sowie den ungezählten in Girlanden und Sträußen aufgesteckten bunten Seidenblumen und Federn. Das übliche Gesellschaftsleben mit Tees und Bällen, einschließlich bal masqué, Komödie, Assembleen, muß sie in Karlsruhe nicht entbehren; das alles gibt es hier.

Allerdings, der Hof bleibt ihr verschlossen. Nach der Lesart von Varnhagen hat sie sich der «geputzten Jämmerlichkeit» unter Hinweis auf Kränklichkeit bewußt entzogen. Doch Varnhagen ist in diesem Fall ein irreführender Chronist. Diskriminierungen seiner Frau, die auch ihn mit treffen, verschweigt er geflissentlich. Ein Karlsruher Brief von Rahel macht deutlich, daß sie sich mit Kränklichkeit bei jenen herauszureden versuchte, die sie etwa bei der Neujahrscour im Schloß vermißten. Sie wird vom Hof nicht eingeladen und fühlt sich dadurch «bitter auf meine Vergangenheit... verwiesen». Auch der Getauften wird der Hofknicks vor einem fürstlichen Kretin verwehrt. Kann man doch nicht fliehen?

Am Gesellschaftsleben außerhalb des Hofes nimmt die Frau des preußischen Geschäftsträgers teil. Aber aus was für Leuten besteht diese Hautevolee! Die Mehrzahl geistig ziemlich anspruchslos, um nicht zu sagen beschränkt, dabei förmlich, klatschsüchtig und dünkelhaft. Wie ein Zeremonienmeister zieht die Langeweile durch den Redoutensaal. In der Ecke sitzt eine Gruppe kleiner grauer Perückenmännchen mit goldgestickten Uniformen und Röcken, harmlose, banale Spießer. Matronen mit langen, bösen Gesichtern bestimmen die Themen der Damenunterhaltung.

Rahel Varnhagen sucht nach einer Gesellschaft wie im

Hause Arnstein, sehnt sich nach Geist und Scherz, tiefem Denken und wahrhaftigem Sein und sieht sich statt dessen in dieser «elenden kleinen, verhedderten Hofresidenz» nichtigen Erörterungen, Beengung und lähmender Stille ausgesetzt. «Wellen, Wallfische, Sterne, Meer fällt keinem ein.» Ein «Gefühl des Herabgekommenseins» kommt auf.

In ganz Karlsruhe findet sich kein Freund und keine Freundin, die abends einfach mal vorbeischauen, um, wie Rahel es gewöhnt ist, bei einer Tasse Tee zu plaudern. Besuch meldet sich stets förmlich an, erscheint gebeten und geputzt. Auch kann Rahel ja nicht verborgen bleiben, wie befremdend anspruchsvoll sie wirkt. Ihre Maßstäbe mögen für eine Geselligkeits-Aristokratie der preußischen Hauptstadt selbstverständlich sein, hier werden sie als anmaßend empfunden, und ihre Wahrhaftigkeit mutet in dieser Gesellschaft schamlos an.

Gottlob bringen von Zeit zu Zeit gute alte Freunde Leben in die Öde. Die Schauspielerin Auguste Brede, im nicht weit entfernten Stuttgart engagiert, kommt zu Besuch und aus der Schweiz Pauline Wiesel. Rahels jüngerer Bruder, der Schriftsteller, hält sich in diesen Jahren entweder in Karlsruhe oder in der Umgegend, in Stuttgart, Heidelberg und Mannheim auf. Und die ältere, vereinsamte Schwester des Großherzogs sehnt sich nach einer verständnisvollen Freundin und hofft, Rahel könne ihr das sein. «Ich sitze und warte», schreibt diese an Custine, «und wenn mir ein gutes Korn zufällt, verzehr' ich es.»

Nicht nur ein paar Monate wie zuvor in Frankfurt und in Wien, sondern Alltag für Alltag lebt Rahel in Karlsruhe mit ihrem Ehemann zusammen. Wie lange hat sie sich danach gesehnt, verheiratet zu sein. Und nun, da sie es ist, meint sie, das wichtigste Gut verloren zu haben, das ein Mensch besitzt: ihre Unabhängigkeit.

Nein, Varnhagen trifft keine Schuld. Er ist lieb und gut;

und immer dann, wenn sich beide nicht am gleichen Ort aufhalten, dankt sie ihm überschwenglich, weil er ihr soviel Freiheit läßt.

Schuld sind die Verhältnisse. Sie erlauben es ihr nicht länger, Rahel zu sein, sondern fordern, die «Frau Geheimlegationsräthin Varnhagen von Ense» darzustellen. Dazu gehört, sich einer Rangordnung zu unterwerfen, die, abgeleitet alleine von der Stellung, die der Ehemann bekleidet, eine Persönlichkeit wie Rahel sowohl einengt als auch ausgrenzt. «Von mir ist gar nicht mehr die Rede. Das heißt, was aus mir hervorgehen könnte, findet keine Beziehung; alles, was mich berührt, bezieht sich nicht auf mich. Alles nur auf Varnhagen; und dies auf sein Amt, seine Position; ich habe keine und bin auch nicht frei. Sagen darf ich das nicht; nicht einmal merken lassen.» Frau von Varnhagen als Lebensaufgabe – das genügt nicht.

Für Rahel bedeutet es, die eigene Zeit und Tätigkeit nicht mehr selbst zu bestimmen, sondern sich jenen Zwängen zu unterwerfen, die sich aus der Position des Mannes ergeben: etwas darzustellen, was man nicht ist, zu repräsentieren, ohne den Zweck für sich zu sehen, an Geschäften teilzunehmen, die fremd und nicht die eigenen sind, mit Menschen umzugehen, sie womöglich zu umwerben, die wichtig für die Diplomatie sein mögen, aber ganz unwichtig für das eigene Leben – kein «Augenblick, der mir gehört. Dies... ist *Leben* tödtend!»

Da Varnhagen nicht mit Vorwürfen belastet werden soll, die ja nicht ihm persönlich gelten und an deren Ursache er nichts ändern kann, wird der französische Graf Astolphe de Custine zum wichtigsten Adressaten der Klagen dieser unausgefüllten Jahre. Rahel ist ihm und seiner Mutter schon in Wien begegnet und hat in Frankfurt die Freundschaft befestigt. Ähnlich wie vor ihm die preußischen Adligen Burgsdorff und Gualtieri bewundert auch der junge Franzose die um vieles ältere Freundin, und es klingt wie Marwitz' Stimme, wenn Custine gesteht: «Sie verstehen alles, und dadurch verwöhnen sie mich...» Es klingt wie ein Geständnis an den geliebten Marwitz, wenn sie ihm in ihren letzten Lebensjahren schreibt, er, Custine, sei der einzige Freund, den sie lieben könne, «der einzige, der mich wiederliebt: der mich erkennt; und der weiß, wer vor ihm steht.» «Wissen Sie was unter uns beiden so schön ist? daß wir gar kein Verhältnis zu einander haben: keine Forderung, einer an den andern; daß ich alt bin; und Sie jung; Sie doch ein Mann; und ich eine Frau; Sie ein Franzose; ich eine Deutsche. Unsre Trennung, in *Einer Art* – die gewesene – alles ist gut. Alles ein Bürge, daß wir es selbst sind, die sich einander konveniren: nicht unser Alter, unser Geschlecht, unser Land.»

Nie zuvor und auch später nicht ist Rahel soviel herumgereist wie in der Karlsruher Zeit. Sooft sie kann, flieht sie aus dem Winkel. In Mannheim hält sie sich bei Tettenborns auf, der Familie von Varnhagens einstigem Vorgesetzten. Der General gehört zu den wenigen, die Einfluß auf den Großherzog von Baden haben. Um mit Dorothea Schlegel sowie anderen Freunden Schokolade auf dem Römerplatz zu trinken und über das Schauspiel, die Oper, die Museen zu reden, kommt sie in Begleitung Dores mehrmals in die Goethestadt. 1817 besucht das Ehepaar Varnhagen Rahels Schwester Rose, die mit ihrem Mann, dem Justizrat Asser, vorübergehend in Brüssel lebt. Und im Sommer bietet Baden-Baden, das internationale Modebad, abwechselnd Ruhe und Vergnügen: mit russischen Bergwerksbesitzern, spanischen Granden, reichen elsässischen Weinhändlern, Rahels Brüdern aus Berlin und dem einstigen Vizekönig von Italien nebenan im Haus.

Glücklich wird Rahel des vielen Reisens und Umherziehens nicht: «Und nun kein Wort mehr, von meinem Aufenthalt, von Schicksal, und all solchen Dingen! Ich habe es mir bis zur Evidenz durch mein langes Leben durch, erörtert, daß es stärker ist, als wir, und alles; und unterwerfe mich nun, wenigstens stumm.» Zeitweilig sieht es so aus, als habe Rahel Varnhagen resigniert.

Und doch ist der Ertrag der Karlsruher Jahre größer, als Rahel bewußt gewesen ist. In der langweiligen kleinen Residenz öffnet sich der Horizont und wächst der Mut, dem geltenden Frauenideal den Anspruch auf weibliche Selbstverwirklichung entgegenzusetzen.

Alleweil lustig und verständig, eine vollkommene Köchin, die zugleich Piano spielt, eine erfahrene «Einmacherin», zugleich perfekt in Englisch und möglichst noch in Italienisch, ausschließlich beschäftigt mit «kleinen Ausgaben und Einrichtungen, die sich ganz nach der Männer Stand beziehen müssen», so schildert Rahel den gewünschten Frauentypus der gehobenen Kreise. «Dienen lerne beizeiten das Weib nach ihrer Bestimmung», so hat es Goethe in «Hermann und Dorothea» festgeschrieben.

Dagegen fordert die Varnhagen, daß auch der Frau ermöglicht werden muß, selbständig zu denken und zu handeln, ihre Fähigkeiten und geistigen Gaben nicht verdorren zu lassen, sondern, indem sie sie entfaltet, eine sinnvolle eigene Existenz zu gründen. Im Januar 1819 schreibt sie Rose:

«Es ist Menschenunkunde, wenn sich die Leute einbilden, unser Geist sei anders und zu anderen Bedürfnissen konstituiert, und wir könnten... ganz von des Mannes oder Sohnes Existenz mitzehren. Diese Forderung entsteht nur aus der Voraussetzung, daß ein Weib in ihrer ganzen Seele nichts Höheres kennte, als grade die Forderungen und Ansprüche ihres Mannes in der Welt: oder die Gaben und Wünsche ihrer Kinder: dann wäre *jede* Ehe, schon bloß als solche, der höchste menschliche Zustand: so aber ist es *nicht*: und man liebt, hegt, pflegt wohl die Wünsche der Seinigen; fügt sich ihnen; macht sie sich zur höchsten Sorge und dringenden Beschäftigung: aber erfüllen, erholen, uns ausruhen zu fernerer Tätigkeit, und Tragen, können die uns nicht; oder auf unser ganzes Leben hinaus stärken und kräftigen. Dies ist der Grund des vielen Frivolen, was man bei Weibern sieht und zu sehen glaubt: sie haben der beklatschten Regel nach gar keinen Raum für ihre eigenen Füße, müssen sie nur immer *da*hin setzen, wo der Mann eben stand, und stehen will; und sehen mit ihren Augen die ganze bewegte Welt, wie etwa einer, der wie ein Baum mit Wurzeln in der Erde verzaubert wäre, jeder Versuch, jeder Wunsch, den unnatürlichen Zustand zu lösen, wird Frivolität genannt; oder noch für strafwürdiges Benehmen gehalten.»

Da im frühen 19. Jahrhundert Freiheit in der Ehe illusorisch bleibt, hält sie Rahel nun erneut für «etwas Unnatürliches, Verkehrtes» und nie, so heißt es jetzt, würde sie ihrem Kind «die Einwilligung zum Heiraten» erteilen.

Einen solchen Standpunkt konnte sich nur eine verheiratete Frau erlauben, die im Gegensatz zu der übergroßen Mehrzahl ihrer Geschlechtsgenossinnen nicht auf Versorgung durch die Ehe angewiesen war. Davon abhängigen Frauen zeigt Rahel keinen anderen Ausweg als den, sich in eine Art innere Emigration zurückzuziehen. Sie erkennt zwar, daß Frauen vom öffentlichen Leben völlig ausgeschlossen sind, aber der Gedanke an weibliche Berufstätigkeit kommt ihr nicht. Dennoch sehen Frauen, die am Ende des 20. Jahrhunderts nach Gleichberechtigung und Selbstverwirklichung streben, in Rahel Varnhagen eine frühe Gleichgesinnte, eine Ahnin, die sie ermuntert, ihr Selbst zu finden und darauf zu bestehen, auch in der Ehe, in der Familie Raum zu haben für die eigenen Füße.

Damals aber bestimmte die Restauration das europäische Klima.

Varnhagen ahnt Schlimmes, als er Anfang Juli 1819 seine Frau, die den Sommer wieder mal in Baden-Baden kurt, davon unterrichtet, daß in Karlsbad ein «großer Ministerhauf» zusammenkomme. «Was werden diese Leute dort anspinnen, was daher mitbringen! Arzneien nicht, aber Gifte, Zaubertränke zur Beschwörung von Geistern, deren sie von Natur nie Herr sein können.»

Die Ahnungen bestätigen sich. Der von Metternich und Gentz angeführte «Hauf» nimmt die Ermordung des Dichters August Wilhelm Kotzebue durch den Studenten und Burschenschaftler Ludwig Sand zum Anlaß, die liberalen Bestrebungen, besonders unter den Studenten, weiter einzuschränken. Nach den Karlsbader Beschlüssen werden die Burschenschaften verboten, die Universitäten staatlicher Kontrolle unterstellt, mißliebige Professoren gemaßregelt und Zeitschriften sowie Bücher scharf zensiert.

Die Katastrophe kommt nicht aus heiterem Himmel auf Varnhagens zu.

Am 22. Juli gegen Mittag werden Rahels abwechslungsreiche Vergnügungen in Baden-Baden durch eine von Varnhagen am gleichen Morgen geschriebene und einem reitenden Boten anvertraute Nachricht abrupt unterbrochen. «Ich bin abberufen», teilt Varnhagen mit. Noch vor neun Uhr in der Frühe habe ihm der preußische Gesandte in Stuttgart, Herr von Küster, eine Depesche überreicht, wonach der König beschlossen habe, den Karlsruher Posten «einzuziehen», und er, Varnhagen, beauftragt sei, unverzüglich den badischen Hof zu informieren und seine Akten Küster abzuliefern.

In den kommenden Tagen und Wochen wird ein Gerücht das andere jagen. Es wird heißen, eigentlich hätte Varnhagen nicht abberufen, sondern entlassen werden sollen; Zeitungen wollen wissen, er sei verhaftet worden. Doch bleibt Rahel, jedenfalls im Umgang mit Varnhagen, der ihr für einige Wochen nach Baden-Baden folgt, zunächst ruhig und gefaßt. Sie erstaunt die Nachricht auch weniger als ihn. «Ich weiß, was sie vertragen können; und was nicht; und ermahnte oft.» Auch muß sich ja erst zeigen, ob die Entscheidung zum Schlechten oder Guten ausschlagen wird. «Sei getrost, liebster Guste; wir sind ja gesund… und leben; wer weiß, ist es noch *gar gut*.»

Die Gründe für die Abberufung liegen auf der Hand. Enttäuscht darüber, auf eine langweilige «Nebenstelle der Politik» verschlagen worden zu sein, und von seiner Begabung überzeugt, den Geist der Zeit nicht nur besser als andere zu erkennen, sondern auch energischer danach zu handeln, hatte Varnhagen einen Gutteil seiner Aktivität darauf verwandt, die Arbeit an einer badischen Verfassung voranzutreiben zu helfen. Nachdem diese 1818 in Kraft getreten war, unterstützte er die oppositionellen Abgeordneten der Zweiten Kammer mit seinem Rat. Die «Entwicklungen der Völker zur Freiheit, zu Verfassungen allseits zu fördern», darin sah er seine «heilige» Pflicht.

Sowohl in Preußen wie in Österreich, wo Ultras die versprochenen Verfassungen verhindert hatten, sah man solche Eigenmächtigkeit des Diplomaten in Karlsruhe mit Mißtrauen und Unbehagen. Wie es heißt, hatte Metternich persönlich um die Abberufung von Varnhagen nachgesucht. Die jüdische Herkunft seiner Frau, Varnhagens selbständige publizistische Tätigkeit, die Absicht, ein Exempel zu statuieren, um andere Liberale abzuschrecken – dies alles kam noch hinzu, Varnhagens so hoffnungsvoll begonnene diplomatische Karriere jählings zu beenden.

Die Varnhagens haben sich gerade entschlossen, den Winter in Mannheim zu verbringen, als Graf Bernstorff, Hardenbergs Nachfolger im preußischen Außenministerium, Varnhagen wissen läßt, daß er zum preußischen Minister-Residenten bei den Vereinigten Staaten von Nordamerika ernannt worden sei und sich sofort über Holland nach England zu begeben habe. Varnhagen wertet die Entscheidung als Verbannung, und er erreicht zunächst erst einmal, nach Berlin zurückkehren zu dürfen, wo die Versetzung wieder aufgehoben werden wird. Am 1. Oktober 1819 macht sich das Paar enttäuscht, verbittert auf den Weg.

Es wird Jahre dauern, bis Varnhagen seine von Opportunismus nicht freien Bemühungen um eine Rehabilitierung aufgeben und die als Unrecht empfundene Zurücksetzung halbwegs überwunden haben wird. Und auch Rahel verläßt nicht ohne Bitterkeit den ungeliebten Ort, denn sie fürchtet, in Berlin «fremd und ohne behagen» leben zu müssen, «ohne Erwünschtes, Heiteres, bequemes».

Dabei verabschieden sich beide, wenngleich gezwungen, von einer Welt, in der sie nie heimisch geworden sind und zu der sie nicht gehören. Sie werden künftig ungezwungener und freier leben. Schon vor einigen Jahren, noch in Prag, hatte Rahel ihrem künftigen Mann geschrieben, was sie von der Welt der Diplomaten trenne: «Visiten werden Pflichten; Anzüge, Kartenspiel, das müßigste Klatschen – Geschäfte, wichtige. *Keine* Meinung haben... wird Klugheit, Betragen genannt... So haben sie eine eigne Phraseologie im Reden, wie in den Depeschen... Das hält so äußerlich, wie die Equipagen und Manschetten, zusammen; und Ein Willen in der Welt, oder *aufgehäufte* Noth, trümmert all den Lug zusammen... Krieg überschüttet Europa; aber wer ist gesichert? – diese Kerle mit Manschetten! Und *dies* wissen sie, sonst nichts.»

Aus der Welt der «christlichen» Diplomatengattinnen hat man die Jüdin Rahel samt Ehemann hinauskomplimentiert. Wohin gehört sie nun?

In diesem Herbst 1819 bricht in Deutschland, besonders im Südwesten, der Hep-hep-Sturm los. Wirtschaftliche Rezession und Konkurrenzängste von Handwerkern und Händlern, aufgeputscht durch nationalistische Fanatiker und rassistische Ideologen, führen in zahlreichen Städten zu judenfeindlichen Krawallen. Juden werden ermordet, ihre Wohnungen angezündet, geplündert, demoliert. Synagogen brennen, und auf Anschlägen wird bekanntgegeben, wann die Juden totgeschlagen werden sollen. Überall schreien Menschen dieses schreckliche «hep-hep: Jud' verreck'».

Wortführer des Pöbels fordern, der aus dem Ausland, vornehmlich aus dem Osten zuziehenden «Pest» Einhalt zu gebieten, denn durch unaufhörliche «Beimischung» könnten die «reinen und herrlichen Keime des edlen germanischen Volkes» vergiftet und verdorben werden. Der religiös motivierte Antijudaismus mutiert zu rassistischem Antisemitismus.

Die Schreier, Plünderer, Brandstifter sind verhältnismäßig wenige; oft Jugendliche, noch halbe Kinder. Die Mehrzahl sieht den Randalierern neugierig und teils auch beifallklatschend zu. Kein einziger, klagt Rahels Bruder Ludwig, der ein ermahnendes, ernstes Wort gesprochen hätte. Weder Geistliche, «die Lehrer der Religion der Liebe», noch Polizisten fallen dem Pöbel in den Arm. Kaum einer, der sich schämt, Recht und Gesetz einfordert oder einfach nur von Menschenliebe spricht.

«Ich bin *gränzenlos* traurig», antwortet Rahel dem Bruder, «und in einer Art wie ich es noch gar nicht war. Wegen der Juden. *Was* soll diese Unzahl Vertriebener thun. *Behalten* wollen sie sie: aber zum Peinigen und Verachten; zum Judenmauschel schimpfen; zum kleinen dürftigen Schacher; zum Fussstoss, und Treppenrunterwerfen. Die Gesinnung ist's die verwerfliche gemeine, vergiftete, durch und durch faule

230

die mich so tief kränkt, bis zum herzerkalten Schrek. *Ich kenne mein Land! Leider*... Dies ist der deutsche Empöhrungs Muth... Judensturm.»

Als Rahel jung war, hieß dem Judentum anzugehören, in religiösen Dogmen, mittelalterlichen Relikten befangen zu sein und den Fortschritt zu behindern. Mit der Absage an die Dogmen, der Hinwendung zur Aufklärung, zur christlichen Religion erlosch der «Makel»; der getaufte Jude galt nicht mehr als Jude.

Jetzt und künftig gilt der Jude als von Geburt aus minderwertig, und es wird ihm vorgeworfen, gerade nicht konservativ, sondern liberal zu sein. Durch nichts, so heißt es, kann er sich von seinem Judentum befreien; befreit werden müssen vielmehr die anderen von ihm.

Rahel hatte gemeint, der Angst und Trauer um ihre Herkunft zu entrinnen, Zugeständnisse gemacht, sich taufen lassen. Jetzt ahnt sie die Vergeblichkeit.

In dieser merkwürdigen
Stadt Deutschlands

Der zweite Salon

Die kleine Levi existiert wieder hier als Frau von Varnhagen,
und ist noch immer der Gegenstand meiner Bewunderung:
ihr Geist ist noch immer so reich und tief,
und sie sagt noch immer die göttlichsten Sachen...
Friedrich Schleiermacher

Selten ist eine Oper so überschwenglich aufgenommen
worden wie Webers «Freischütz» 1821 in Berlin. Schon
Stunden vor dem Einlaß sammelt sich eine große Menschen-
menge vor dem neuerbauten Schauspielhaus. Schon nach der
Ouvertüre verlangt das Publikum da capo. Und als der lieb-
reizenden, ganz in Grün gekleideten Agathe im dritten Akt
der Jungfernkranz gewunden wird, kennt die Begeisterung
keine Grenzen mehr. Nach der Premiere werden Lorbeer-
kränze und gereimte Huldigungen überreicht. Der Beifall
nimmt kein Ende, als sich der Komponist Arm in Arm mit
Ännchen und Agathe auf der Bühne zeigt.

Wie ist das möglich? fragt sich der allem Romantischen
abholde Musikdirektor Zelter und schildert Goethe, seinem
Freund, den Inhalt dieser musikalischen Geschichte: Ein ein-
fältiger Jägerbursche läßt sich von bauernschlauen Schwarz-

künstlern verführen, «vermittels mitternächtlicher Zauber-kocherey sogenannte Freykugeln zu gießen». Die ihm ver-sprochene Braut fällt von dem folgenden Geknalle um, steht wieder auf und läßt sich stante pede vom Jägerburschen freien. Der kuriose Inhalt kann es doch nicht sein, der die Berliner derart aus dem Häuschen bringt.

Und aus dem Häuschen sind sie, das bezeugt auch ein studiosus juris namens Heinrich Heine, denn er erlebt, wie zwischen dem Halleschen und dem Oranienburger Tor vom frühen Morgen bis zum späten Abend der «Jungfernkranz» gesungen und gesummt, gebrummt, gefiedelt und gepfiffen, georgelt und geklimpert wird, und darin übertreffen sich die Wirtinnentöchter und die Wäscherinnen, es konkurrieren Barbiere, Bettler sowie Leierkastenmänner und selbst Gas-senjungen und Gendarmen.

Heine kennt sogar den Grund für die Begeisterung: Nicht weit entfernt vom Schauspielhaus, in der Königlichen Oper, herrscht ein neuer Generalmusikdirektor, ein Italiener na-mens Spontini. Der inszeniert vorwiegend seine eigenen Opern, «Pauken- und Trompetenspektakel, schallenden Bombast und gespreizte Unnatur». Deutsche «Tonsetzer», Mozart, Spohr und andere, spielt er kaum. Und nun hat die-ser Weber *die* deutsche Oper komponiert: schlicht, gefühl-voll und romantisch, mit zu Herzen gehenden Arien und Chören; der «Freischütz» stärkt das junge Nationalgefühl.

Einige Tage nach der Premiere findet Weber endlich Zeit, mit seiner früheren Zimmernachbarin aus Prag, der jetzigen Friederike von Varnhagen, ein Wiedersehen zu feiern. Sie hat zu Ehren des Komponisten und seiner Frau etwa zehn Perso-nen zum Souper geladen, Kollegen ihres Mannes, Diploma-ten, den Sohn des Philosophen Fichte, dazu auch einige inter-essierte, angesehene Damen, zum Beispiel die kunstsinnigen Schwestern Badua und Dorothea Schlegels jüngere Schwester Recha, die nach ihrer Scheidung wieder in Berlin in enger Beziehung zur Familie ihres Bruders, Abraham Mendelssohn-Bartholdy, lebt.

Wird er sich auch wohl fühlen, der berühmte Gast? Blumen und Kerzen, Weinblätter und Früchte schmücken die mit geliehenem Porzellan und Silber festlich gedeckte Tafel. Das Menü besteht aus mehreren Gängen: Nach diversen Vorspeisen folgt als Hauptgericht gebratene Gans – etwas schwer für einen Sommerabend. Alles zusammengerechnet kostet die Varnhagens der Abend an die zwanzig Taler.

Das ist eine ganz andere, ungleich aufwendigere Geselligkeit als vor zwanzig Jahren bei Levins. Doch die Gesprächsthemen erinnern an die Zeiten in der Jägerstraße: Man redet über Musik und das Theater.

Das Berlin der zwanziger Jahre gilt als *die* Theater- und Musikstadt; und die Berliner nehmen großen Anteil am künstlerischen Leben. Noch ein Schneidermeister hält sich was darauf zugute, Ludwig Devrient als Franz Moor zu sehen, und schwatzt mit seinen Kunden über des großen Mimen Sauferei und Schulden. Auch die Serviermädchen der neueröffneten Konditoreien wollen dabeisein, wenn halb Berlin auf dem Alexanderplatz Abschied von Henriette Sonntag nimmt und die berühmte Sängerin im Triumphzug vom Theater bis nach Hause geleitet.

Von Politik will keiner etwas wissen, denn über Politik zu reden heißt, sich in Gefahr zu bringen. Eine nach den Karlsbader Beschlüssen eingesetzte Untersuchungskommission ist angeblichen hochverräterischen Umtrieben und Verbindungen auf der Spur. Briefe werden geöffnet, Hausdurchsuchungen finden statt, Verdächtige werden festgenommen.

Bücher, Zeitungen und Theaterstücke unterliegen einer strengen Zensur. Neuauflagen von Fichtes «Reden an die deutsche Nation» wurden mit dem Hinweis untersagt, daß sie «für die neue Zeit nicht passend» seien. Goethes «Egmont» und Schillers «Wilhelm Tell» könnten das Publikum zu aufrührerischen Aktionen verleiten, also darf man sie nicht spielen.

Unter jenen, die beobachtet und gemaßregelt werden, ist manch alter Rahel-Freund. Wilhelm von Humboldt verliert sein Ministeramt und gehört, ähnlich wie Varnhagen, zu den Opfern der neuen Restaurationsepoche. Schleiermacher muß erfahren, daß sowohl zwischen den Gottesdienstbesuchern, die ihn predigen hören wollen, als auch unter seinen Studenten Polizeispione sitzen, die berichten sollen, ob bei dem berühmten Theologen «demagogische Tendenzen» festzustellen sind. «Schrei ich wütend noch nach Freiheit, / Nach dem bluterkauften Glück, / Peitscht der Wächter mit der Peitsche/ Mich in schnöde Ruh zurück» – klagt Varnhagens alter Freund Chamisso.

Wie hat sich Berlin verändert, seit Rahel es verlassen hat! Wie widersprüchlich ist das Leben geworden! Während in den neuerrichteten Fabriken die ersten Dampfmaschinen arbeiten und vor dem Oranienburger Tor klotzige Mietskasernen hochgezogen werden, verhüllen die Herrschaften in den Straßen rings um den Gendarmenmarkt ihre Fenster mit kunstvoll drapierten weißen Musselinvorhängen, um sich in häuslicher Idylle einzupuppen. Dazu gehören auch neue Möbel, vor allem Schränke mit gläsernen Seitenteilen und Spiegeln in der Rückwand, die man Servante nennt und in welche die Hausfrau ihre kostbarsten Gläser mit eingeschliffenen Motiven und das Frühstücksservice mit den Jagdszenen oder Reiterkämpfen stellt. Privatheit, Häuslichkeit, Intimität – in der Wohnungseinrichtung findet biedermeierliches Lebensgefühl seinen unverfälschten Ausdruck.

Das gilt auch für die Mode. Schicklichkeit heißt das Prinzip. Die Damen tragen jetzt hochgeschlossene, mit Rüschenvolants und Schleifen besetzte Kleider, die vom Hals bis zu den Knöcheln reichen; dazu gehören Puffärmel, Halskrausen und Pelerinen aus Spitzen oder Tüll. Nackte Statuen in der Antiken-Sammlung des Neuen Museums erregen so viel Anstoß, daß sie bekleidet werden müssen. Doch den zehntausend Prostituierten in der Stadt ist durch Bigotterie nicht beizukommen. Berlin ist Weltstadt geworden, die käufliche Liebe gehört als Kehrseite zur bürgerlichen Schicklichkeit.

In den Fabriken beginnt die Arbeit auch für Halbwüchsige und Frauen schon um fünf Uhr früh und endet für die meisten erst um sieben Uhr abends. Der Kontrast zwischen Proletarisierung und einer Bürgerwelt mit Kindern, Küche, Kirche prägt die Epoche.

Nach all den Aufregungen seit der Französischen Revolution und angesichts der Gefahren, denen sich jeder aussetzt, der sich jetzt mit Politik beschäftigt, flüchtet das Bürgertum in die Idylle um den Familientisch, in frömmelnde Behaglichkeit. «Hier?» antwortet Rahel, «still, still steht alles...»

In den ersten Wochen nach der Rückkehr aus Karlsruhe, auch später noch in den folgenden zwei, drei Jahren, fühlt sie sich todunglücklich in der alten Heimat. «Berlin, nach sechs Jahren Abwesenheit... enchantiert mich nicht», läßt sie Brinckmann wissen. In der Erinnerung verklärt sich die kleine Residenzstadt im Südwesten, «mein Karlsruhe» wird sie nun genannt, und Friederike von Varnhagen legt plötzlich Interesse dafür an den Tag, ob Frau von Vincenti, die dort lebt, glücklich entbunden hat und wie es «Holzings und allen Freunden» in Karlsruhe geht. Hatte sie denn Freunde dort?

Berlin wirkt auf die Heimgekehrte abweisend und fremd; das, was sie von früher kennt, erscheint ihr häßlich: «alte vertrocknete, versteinerte, verholzte *Massen*, in den *alten* und doch so zerstörten Räumen... Furien der Vergangenheit...»

Rahel meint, nichts zu sehen, was ihr gefallen, nichts zu erleben, was sie freuen könnte. Die Farben der Stadt, die dunklen oder hellen, bestimmen immer ihren Gemütszustand; Begeisterung und Enttäuschung wechseln rasch.

Vergnügt sie denn so gar nicht, wieder unter ihren Landsleuten zu sein? Die haben das Herz noch immer auf dem richtigen Fleck und sind, bar aller Falschheit, so erfrischend geradeaus.

Auf dem Gendarmenmarkt bauen die Marktweiber, Bürstenbinder und Stiefelknechtverkäufer wie früher ihre Stände auf. ‹Juten Morgen, meine Jute! Na, denn woll'n wa mal!› Die Berliner Schnauze klingt so gewitzt, so frech wie immer. An seinem Eckfenster sitzt E. T. A. Hoffmanns kranker Vetter und sieht vergnügt auf das Gewühl.

Rahel hat zwar noch viele alte Freunde und Bekannte in der Stadt, doch sie trauert ihren Toten nach, dem Prinzen Louis Ferdinand und der Unzelmann, Marwitz, auch Righini und Fichte. Fortgezogen sind Brinckmann, die Marchetti, Pauline Wiesel und der dicke Gentz; «zerstiebt» ist die «ganze Konstellation von Schönheit, Grazie... Liebschaft, Witz».

Die Ungewißheit, was aus ihnen werden wird, ob Varnhagen weiter Diplomat bleiben kann, belastet beide, ihn und sie. Auch erweist es sich als nicht ganz einfach, daß das Ehepaar zum erstenmal an einem Ort mit Rahels Brüdern lebt. Schon früh hatte Varnhagen sich beschwert: «Deine Brüder sind mir in den Tod verhaßt.» Markus hält er für ein Unheil, «ganz insonderheit für Rahel». Lang ist die Liste seiner Beschuldigungen und Vorbehalte: Hang zu verstohlenen Genüssen und liederlicher Lebenswandel, Unredlichkeit, Trägheit, «Gleißnerei». Auch Ludwig wird von seinem Schwager als schwach, träge und selbstsüchtig beschrieben, und allen drei Brüdern wirft Varnhagen vor, sie verhielten sich gleichgültig und egoistisch, nähmen ungenügend Anteil am Geschick der Schwester und hätten kaum Verständnis für Rahels geniale Züge, ihre Einzigartigkeit.

Moritz und seine Frau sprechen überhaupt nicht mehr mit Rahel und Varnhagen. Sie hatten die Schwester im Sommer 1818 in Baden-Baden besucht und sich wegen der leidigen Vermögensstreitereien zwischen den Geschwistern, wegen irgendwelcher Mißverständnisse, wer wie bei Markus protestieren sollte, grollend von Varnhagens zurückgezogen und auch nach deren Rückkehr in Berlin nicht wieder den Kontakt gesucht. Erst als Markus 1826 stirbt, versöhnt man sich.

Trotz allem, Rahel hängt mit großer Liebe an den Geschwistern. Und sie besteht darauf, daß alle jene Stellen in ihren Briefen, in denen sie sich abfällig und empört zum Beispiel über Ludwig äußert, bei einer späteren Veröffentlichung gestrichen werden. Doch bis zu ihrem Tod kann sie sich fest darauf verlassen, immer, wenn es zu Konflikten mit den Brüdern kommt, ergreift ihr Mann Partei für seine Frau. Aber fast immer sind sie auch der Anlaß, wenn die Varnhagens sich streiten.

Im Winter 1819/20 kommt es sogar zu einer ernsthaften Verstimmung zwischen dem Ehepaar. Rahel hat Markus, den Verwalter des Levinschen Vermögens, um die Auszahlung ihres Erbteils in Höhe von etwa zwanzigtausend Talern gebeten. Damit hat dieser sich einverstanden erklärt, jedoch unter einer Bedingung, von der Varnhagen zunächst nichts weiß: Rahel soll auf alle weiteren Ansprüche verzichten und zugleich bescheinigen, über die Verwaltung des Vermögens informiert, diese als richtig anerkannt zu haben.

Varnhagen rät dringend davon ab, Markus einen derart weitgehenden Freibrief auszustellen, zumal er davon überzeugt ist, daß sich der Bruder auf Kosten der Geschwister unverschämt bereichert hat. Rahel hingegen ist entschlossen, das gewünschte Papier um des lieben Friedens willen zu unterzeichnen. Es kommt zu einer Eheszene, so unschön, so erbittert, wie sie niemand zwischen diesen beiden so freundschaftlich Verbundenen vermuten würde. Schließlich wird doch unterzeichnet und das Erbteil zu Rahels Verfügung freigegeben. Allerdings läßt es diese weiter in der Bank des Bruders stehen, und Markus legt den Varnhagens regelmäßig Rechenschaft über die Kontoführung ab.

Doch tragen die Mißhelligkeiten und Auseinandersetzungen mit den Brüdern nicht gerade zu Rahels Wohlbefinden in den ersten Jahren nach der Rückkehr bei. Mit «dem Frühling *will* ich weg», schreibt sie an Pauline. «Noch hab ich alles zu Miethe in Karlsruhe stehen was ich dort besaß: dahin will ich vorerst... Und spricht *Gott* selbst nicht einen *neuen* Fluch aus, hierher nicht wieder kommen.»

Einige Jahre später, 1827, ziehen die Varnhagens in eine im ersten Stock gelegene Sechszimmerwohnung in der Berliner Mauerstraße 36. Alles sieht nun anders aus, ungleich besser als vor einigen Jahren.

Das Ende des 18. Jahrhunderts erbaute langgestreckte Haus mit seiner breiten Treppe und dem ansehnlichen Portal wirkt wie einer der adligen Stadtpaläste. Die neuen Mieter haben die großen Räume mit den hohen Decken und den blauen Wänden nur sparsam möbliert. Bücherschränke, alte Fichtenholzmöbel, einfache Sessel mit verschossenen Überzügen, eine schlichte Büste Louis Ferdinands – nicht die geringste Spur von Luxus. An den Wänden hängen ein paar Kupferstiche, ein Porträt Mirabeaus, das bronzene Reliefbild Rahels von Friedrich Tieck.

Doch die Schlichtheit täuscht. Im Vergleich zur guten Stube der Levins geht es im Varnhagenschen Salon ungleich aufwendiger und auch formeller zu. Natürlich schauen Freundinnen und Freunde tagsüber oder auch nach dem Theater einfach mal vorbei, doch für die Soupers werden Gästelisten aufgestellt und Einladungen verschickt: ‹Wenn es Ew. Exzellenz genehm sein kann, uns diese Ehre…›

Gespeist wird nach genau festgelegter Sitzordnung und Menüfolge. Als Vorgerichte abwechselnd kalter Fisch, Salate, Suppen, Makkaroni, manchmal auch Kaviar mit Champagner. Als Hauptgericht serviert ein Lohndiener Wild, Kapaun, Geflügel; Dore legt in der Küche Rinderbraten mit Rosinen auf die angewärmten Platten; der für das Abendessen extra engagierte Koch ist für seinen Fasan mit Ananas bekannt. «Alles in Perfektion», darauf legt die Hausfrau Wert.

In den Briefen der jungen Rahel findet sich kein einziger Hinweis auf die Küche der Levins, höchstens von Mutters selbstgebackener Torte ist da mal die Rede. Doch jetzt berichtet die Hausherrin stolz und sehr ausführlich, welche kulinarischen Genüsse sie ihren Gästen zu bereiten weiß. Haben diese auch noch die Baisers oder Mandelherzen und das feinste Nußeis zum Dessert auf der Zunge zergehen lassen, begibt sich die Gesellschaft in das Nebenzimmer; dort wird geplaudert und auch musiziert.

«Madame Milder war inzwischen zum Fortepiano getreten, und bereitete sich zu singen», erinnert sich ein Gast. «Bald war alles still, und harrte der mächtigen Töne dieser Silberglocken… Lieder von Kreutzer, von Schubert und Beethoven, rissen uns alle zum Entzücken hin. Eine zauberische Einfalt wirkte in diesen Tönen, rührte das innerste Herz, das Gemüt fühlte sich durchschauert und emporgehoben. Frau von Varnhagen lächelte mit feuchtem Auge…» Obgleich die Damen hier nicht handarbeiteten und mit den Herren Pfänderspiele machten – die Varnhagens pflegten, dem Stil der Zeit entsprechend, biedermeierliche Salonkultur.

Die Jahre der Ungewißheit liegen hinter ihnen; der König

hatte Karl August unter relativ günstigen Bedingungen in den Ruhestand versetzt. Er darf sich Geheimer Legationsrat nennen, erhält jährlich dreitausend Reichstaler vom Staat und wird hin und wieder mit irgendeiner Mission betraut. Auch eine recht peinliche Affäre war günstig für ihn aus der Welt geschafft: 1826 hatte sich herausgestellt, daß Varnhagen seinen Adelstitel seit fünfzehn Jahren zu Unrecht trug, und um einen Skandal, angezettelt von seinen Gegnern, zu verhindern, wurde ihm in aller Stille der Adelsbrief nachträglich verliehen. Er und Rahel konnten zufrieden sein.

Seine publizistische Nebentätigkeit hat Varnhagen nun zum Hauptberuf gemacht. Er schreibt für zahlreiche Zeitungen in Deutschland, Österreich und der Schweiz und entwickelt ein neues literarisches Genre: das biographische Porträt. Zusammen mit Hegel und dem Rechtsgelehrten Eduard Gans gründet er die «Jahrbücher für wissenschaftliche Kritik».

In die Jägerstraße waren die Gäste hauptsächlich zu Mademoiselle Levin gekommen, jetzt besucht man die Varnhagens, sie *und* ihn. Alexander von Humboldt zum Beispiel ist im Winter 1827/28 nach Berlin gekommen, um Vorlesungen über «Physische Erd- und Weltbeschreibung» zu halten, *das* gesellschaftliche Ereignis der Saison. Die Dame des Hauses kennt er seit Jugendtagen, hat sie schon bei Moses Mendelssohn und der jungen Henriette Herz getroffen. Den Hausherren lernt er ob seiner liberalen Gesinnung schätzen und unterhält sich gern mit ihm. Man wird in Verbindung bleiben und in der Politik an gleichen Strängen ziehen.

Humboldt und Rahel gehören zur Generation jener, die in den Jahren nach dem Siebenjährigen Krieg geboren sind. Doch die Mehrzahl der Gäste ist in Varnhagens Alter: höhere Offiziere, Gelehrte, Diplomaten, Künstler, alle um die Vierzig, vielseitig interessiert und liberal eingestellt.

Eher konservativen Ideen aufgeschlossen ist ein kleiner, höchst lebendiger jüngerer Mann mit einem kräftigen dunklen Haarschopf, der vor kurzem als Professor für Geschichte an die Berliner Universität berufen worden ist und demnächst für einige Jahre nach Österreich und Italien gehen wird. Mit Rahel verbindet ihn die Bewunderung für Fichte und das Interesse an Menschen, denn dieser Leopold Ranke ist darauf aus, «die Mär der Weltgeschichte aufzufinden», «alle die Thaten und Leiden» der so widerspruchsvollen menschlichen Geschöpfe «zu begreifen und festzuhalten», zu zeigen, wie es eigentlich gewesen ist. Dazu steigt er in die Archive, studiert Akten, Dokumente, will zugleich Historiker und Künstler sein.

Wenn dieser Ranke, den seine Zeitgenossen später als den größten lebenden Historiker feiern werden, nur nicht immer wieder wie verzaubert von Bettine von Arnim, Rahels Freundin, reden und diese häufiger als die Varnhagens besuchen würde! Das ist ärgerlich.

Die Gäste der Varnhagens in der Mauerstraße sind in der Mehrzahl gesetzte Damen und Herren, keine stadtbekannten Liebhaberinnen wie Pauline damals, keine Abenteurer wie der Preußenprinz, keine bewußten Außenseiter wie Gualtieri.

Die Liebhaberinnen sind schließlich alt geworden. Ja, vor einigen Jahrzehnten, da träumten Herren, die jetzt rüstige Greise sind, mit der witzigen, koketten Henriette von Crayon, Pauline Wiesels Tante, nachts in einem Gartenwäldchen zu spazieren – eine Gunst, die sie einmal Jean Paul gewährte. Nun sitzen die alten Brauseköpfe zusammen mit der einst so umworbenen Henriette in Rahels Salon und sinnieren über die Unsterblichkeit. Manchmal läßt die jetzt Siebzigjährige sich überreden, von ihren berühmten Verehrern zu erzählen, von Friedrich Wilhelm II., Carl August von

Sachsen-Weimar und dem Fürsten Waldeck, obwohl sie den schon fast vergessen hat. In ihrem «musée d'amour» vergilben die papierenen Liebesschwüre – die, der sie galten, wird Unsterblichkeit erlangen: Als Josephine von Carayon lebt sie weiter in Fontanes «Schach von Wuthenow»: «klug und doch ohne Gelehrsamkeit und Dünkel, espritvoll und doch ohne Mokanterie» und auch deshalb so besonders reizvoll, weil sie nicht einmal wußte, *wie* liebenswürdig und gut sie war.

Auch Rahel geht auf die Sechzig zu. Die Schauspielerin Karoline Bauer schildert sie in einem grauen Kleid, das, nur von einer Gürtelschnur gehalten, wie ein Sack an ihr herunterhängt. Die Gestalt wirkt plump, gedrungen, die ausdrucksvollen Augen blicken überanstrengt, müde, und das dunkelbraune Haar, nachlässig aufgesteckt, wird von einem Kamm gehalten, der jeden Augenblick herauszufallen droht.

Aber Rahels Kopf, ihr Denken funktioniert wie eh und je; und das gilt auch für ihre intuitiven und analytischen Fähigkeiten im Umgang mit anderen Menschen. Ihr Urteil hat sogar an Sicherheit und Souveränität gewonnen. Überzeugend verbinden sich Wahrnehmung und Verstand, Phantasie und Logik. Wenn sie mit ihren Gästen über das Theater und die Oper spricht, baut ihr Urteil auf Erfahrungen von Jahrzehnten und der Kenntnis aller wichtigen europäischen Bühnen; sie besitzt Maßstäbe und Stil.

In der Unterhaltung, vor allem auch in ihren Briefen, wirkt sie abgeklärter, weniger exaltiert als früher. Noch immer liebt sie Gesellschaft, Luxus, Opulenz, doch kann sie das jetzt eher missen. Noch immer verliebt sie sich in Menschen, hofft auf Gegenliebe, aber auf dem sicheren Grunde des vertrauten Verhältnisses zu Varnhagen ist auch das nicht mehr so lebensnotwendig, wie es einmal war. Warum «Unsinnige Liebe in *Andern* suchen, anstatt uns an der, die wir für Andre haben, zu ergötzen». Rahel ist unabhängiger geworden. Die Ehe und der Zuschnitt des Hauses tragen dazu bei, daß sie sich stärker als bisher anerkannt fühlt – und je mehr sie dies empfindet, um so weniger bedeutet es.

Ein «Menschenmagnet», wie sie sich selbst nennt, ist Rahel geblieben, so hat sie neben vielen anderen auch Grillparzer erlebt. 1827 hält der Österreicher sich in der preußischen Hauptstadt auf und lernt dort auch Varnhagen kennen. Der will ihn eines Abends unbedingt noch seiner Frau vorstellen; nur widerwillig folgt der Dichter dem Drängenden ins Haus. Rahel tritt ihnen entgegen, und – «Nun fing aber die alternde, vielleicht nie hübsche, von Krankheit zusammengekrümmte, etwa einer Fee, um nicht zu sagen Hexe, ähnliche Frau zu sprechen an, und ich war bezaubert. Meine Müdigkeit verflog, oder machte vielmehr einer Art Trunkenheit Platz. Sie sprach und sprach bis gegen Mitternacht, und ich weiß nicht mehr, haben sie mich fortgetrieben, oder ging ich von selbst fort. Ich habe nie in meinem Leben interessanter und besser reden gehört.»

Im Unterschied zu früher nimmt Rahel jetzt unvergleichlich größeren Anteil am politischen Leben – eine wichtige Veränderung, die das Zusammenleben mit Varnhagen bewirkt hat. In der Jägerstraße fuhr sie meist dazwischen, unterband die Diskussion, wenn die Herren politisieren wollten. Doch schon der Briefwechsel mit Karl August in der Prager Zeit zeigte die neue Anteilnahme. Nachrichten über den Kriegsverlauf, tagespolitische Informationen wurden ausgetauscht, die für ihr beider Leben, ihre Zukunft wichtig waren. Später, in Frankfurt, steht ein anderes Motiv im Vordergrund: Rahel möchte Varnhagen nützlich sein und berichtet über alles, was sie an politisch Wissenswertem erfährt, zum Beispiel über den Deutschen Bundestag. Rahel, nun viel stärker in Übereinstimmung mit ihrer Innenwelt, wagt sich an die Probleme der äußeren Welt heran.

1795 in Teplitz, als Gualtieri und andere Freunde sich über die Französische Revolution ereiferten, saß sie noch still dabei. Doch als zwanzig Jahre später in Baden, im Arnsteinschen Sommerhaus, die Gesellschaft gegen die Franzosen wettert, widerspricht sie beherzt und verteidigt wortreich die geschundenen französischen Bauern. Alle sind beeindruckt.

Allerdings hatte sie in Baden die Zeitungen bald wieder aus der Hand gelegt. Jetzt, in Berlin, liest sie täglich zwei Pariser Blätter und schreibt sich auf, was ihr bemerkenswert erscheint. Unverkennbar ist, daß ihre Meinungen stark von denen ihres Mannes beeinflußt sind. «In den Angelegenheiten der Weltregierung und den Kämpfen der Menschheit denk' ich wie Du: und traue Dir *sehr* viel», hat sie ihm schon vor Jahren geschrieben.

Aber Rahel wäre nicht Rahel, wenn sie nicht auch hier ihre ganz eigene bildreiche Art der Betrachtung und des Ausdrucks finden würde. Etwa, wenn sie beklagt, wie schwer es sei, am deutschen Wagen zu ziehen, weil seine Räder noch nicht symmetrisch zu beiden Seiten ständen. Oder wenn sie ihrem Freund Custine rät, seinem Roman einen reicheren Welthintergrund zu geben und auch den politischen Zustand zu beschreiben, in dem sich die Protagonisten bewegen. Literatur und Politik sind für sie nicht mehr zwei weit auseinanderliegende Kontinente; ja, der Literatur wird nun sogar die Aufgabe zugewiesen, das darzustellen, «was sein könnte», also dem Leser das Bild einer besseren, gerechteren Welt vorzuhalten, Utopien zu entwerfen: «Es ist noch Phantasie im Menschen übrig für idealische Zustände, und die will Stoff, Nahrung.»

Wie der idealistische Varnhagen will auch Rahel die Welt nicht hinnehmen, wie sie ist, nicht den Polizeistaat, nicht die Ungleichheit: «Die feinsten Werke der Mechanik, und verwahrloste *Städte*. Der tiefsinnigste Kalkül, und die wichtigsten Dinge und Angelegenheiten dem Ungefähr überlassen. Luxus, Akademie, Galerien, und krasse schmutzige Armut... Es scheint beinahe leichter, hohe Gedanken und Gesinnungen zu haben, die schönsten Erfindungen zu machen, als alte Uebelstände und Ruinen loszuwerden...» Vorwärts, nicht rückwärts soll es gehen.

Rahel, die Rebellin, die eine neue Revolution erhofft? Das nun doch nicht. Ähnlich wie die große Pazifistin Bertha von Suttner sich am Ende des Jahrhunderts vor Aufruhr und Gewalt der Massen fürchtet, vielmehr Einsicht von den Herrschenden erhofft, erwartet Rahel, auch darin Goethe folgend, Änderung von oben, herbeigeführt durch weise Herrscher mit Verantwortungsgefühl.

Alljährlich besucht sie am 3. August, dem Geburtstag Friedrich Wilhelms III., die Festvorstellung zu Ehren des Monarchen im Berliner Schauspiel- oder Opernhaus. In ihrer Königsliebe soll sie niemand übertreffen, ihre «Königs-Ehrfurcht» gilt selbst dem schwachen, mittelmäßigen Monarchen, der jetzt auf dem Throne sitzt: «Bravo, König!... Herrlich, König; Edler Mann; der immer *besser* wird.»

Ist der Respekt, die Liebe zum Monarchen nicht ein Gefühl, das alle Preußen, unabhängig von Stand und Namen, eint? Was Rahel und ihr Mann ersehnen, ist weniger die Republik, sondern eine konstitutionelle Monarchie, in der es die königliche Familie zum Verehren und das Parlament zum Mitbestimmen, Tradition und Fortschritt gleichermaßen gibt.

Im März des Jahres 1821 kommt ein junger Jude namens Harry (später Heinrich) Heine nach Berlin. Zwar ist er modisch-elegant gekleidet: Frack, Pantalons, die Stiefel und die Weste schwarz, weiß herausstechend eine hohe Krawatte;

doch sieht er bleich und schmächtig aus. Die Göttinger Universität hat den Dreiundzwanzigjährigen wegen einer Duellaffäre relegiert, die dortige Burschenschaft ihn wegen «Vergehens gegen die Keuschheit» ausgestoßen. Der reiche Onkel, der das Studium finanziert, ist konsterniert, die Eltern sorgen sich.

Jetzt will Heine in Berlin studieren. Fragen ihn Kommilitonen, wie es ihm gehe, antwortet er: ‹Ach, es geht mir schlecht, es fehlt mir hier, es fehlt mir da, es fehlt mir überall.› Dann legt er sich, gepeinigt von häufigem Kopfschmerz, auf das nächste Sofa und fühlt sich trübsinnig, zerrissen und verfolgt.

Am liebsten würde Harry Heine sich den ganzen Tag damit beschäftigen, «Wolkenzüge zu beobachten, metrische Wortzauber zu erklügeln, die Geheimnisse der Elementargeister zu erlauschen», und in die Wunderwelt der Märchen sich versenken. Statt dessen muß er juristische Collegia belegen, historischen und philosophischen Diskursen folgen. Nach den Vorlesungen durchstreift er oft zu Fuß Berliner Viertel, wo er «Freischütz»-Enthusiasten findet. Vor allem dichtet er. Die einen halten ihn für einen deutschen Byron, andere nennen ihn sentimental, und zwar unerträglich, hoffnungslos.

Später werden Kritiker schreiben, hier in Berlin sei aus dem Juden ein Autor deutscher Gedichte geworden. «Das hatte es noch nie gegeben» (M. Reich-Ranicki). In Berlin gelingt Heine der erste Erfolg als Schriftsteller.

Friedrich Wilhelm Gubitz, der Herausgeber des «Gesellschafters», einer Kultur- und Kunstzeitschrift, veröffentlicht Heines frühe Gedichte, darunter auch die «Loreley». Die Maurersche Buchhandlung druckt seinen ersten Lyrikband. Erfolge werden das nicht. Anerkennung bringt das kaum, jedenfalls nicht die erhoffte. Der junge Dichter bleibt dabei, den Wolken nachzuschauen, mit Worten Zauberwerk zu treiben.

Er ist erst ein paar Wochen in Berlin, da führt ihn Gubitz bei Varnhagens ein. Hier trifft er Gleichgesinnte, Gleichgestimmte, auch Schriftsteller und Gelehrte, deren ungeteilte Aufmerksamkeit er gern gewinnen möchte. Leicht und sicher schlägt er den Salonton an; sehr viel später werden Forscher den Elementen der Salonkultur in seinem Werk nachspüren, sie in den vielen Anspielungen und Assoziationen finden, der Verachtung systematisch aufgebauter Folgen, der Leichtigkeit, dem Witz.

Doch zunächst einmal macht sich der neue Gast mit den Alteingesessenen bekannt.

Trifft er schon an diesem Tag Ludwig Roberts junge Frau, die schöne Friederike? Folgt er der Fistelstimme aus dem Nebenzimmer, die zu Fouqué gehört, dem Verfasser des «Zauberrings», den der Jüngere bewundert? Obgleich noch nicht mal fünfzig, gilt Fouqué, der kleine, dürre Mann, als etwas wunderlich. «Des Mannes Herz ist gut», bemerkt Heine später, indes, «im Kopfe sitzt die Narrheit», denn dieser Romantiker gehört für ihn zu jener aristokratischen Partei, «die unseres Gleichen zu ihren Hundejungen, ja mich vielleicht... zum Hunde... machen möchten.»

Wenn Heine Glück hat, besucht auch einer seiner Lehrer von der Berliner Universität an diesem Abend den Varnhagenschen Salon: Hegel, der Philosoph, den man an seinen blassen Hängebacken und den wäßrig blauen Augen leicht erkennt, Nachfolger Fichtes und gefeiert als der größte lebende deutsche Denker. Ehrerbietig tritt man ihm entgegen.

Über die Philosophie mögen Professor und Poet verschieden denken; über die Politik streitet Heine mit Fouqué – über den Liebreiz der schönen Friederike sind sich alle einig, und jeder der drei Herren wird sie mit selbstgefertigten Versen überraschen. Die Robert – «das schönste Weib, das meine Augen je erblickt haben», schwärmt auch Börne später. Männer, etwas lustlos, abends auszugehen, treibt die Hoffnung, Madame Robert bei Varnhagens zu treffen, doch noch vor die Tür. Bald gilt Friederike als Attraktion des Varnhagenschen Salons, und Rahel scheut sich nicht, mit der Ankündigung ihrer Gegenwart illustre Gäste anzulocken.

Doch während Hegels lyrische Versuche weithin unbekannt geblieben und auch Fouqués Huldigungen vergessen sind, grünt Heines «Sonettenkranz an Friederike Robert» üppig weiter: «Verlaß Berlin, mit seinem dicken Sande, / Und dünnen Thee, und seinen witz'gen Leuten, / Die Gott, und Welt, und was sie selbst bedeuten, / Begriffen längst mit Hegel'schem Verstande.

Komm mit nach Indien, nach dem Sonnenlande, / Wo Amrablüthen ihren Duft verbreiten, / Die Pilgerscharen nach dem Ganges schreiten, / Andächtig und im weißen Festgewande...

Dort will ich gläubig vor dir niedersinken, / Und Deine Füße drücken, und dir sagen: / Madame! Sie sind die schönste aller Frauen!»

Von «Makaroni und Geistesspeise erquickt» und träumend, umgeben von Amrablüten mit Madame Robert in Indien zu lustwandeln, verläßt der junge Heine den Varnhagenschen Salon. Demnächst kommt er als Freund zu Freunden wieder.

Schnell hat Heine herausgefunden, in welchem Ausmaß er mit Varnhagen politisch übereinstimmt. Dieser wird zu seinem Förderer und Freund. Äußert sich jemand lobend über Heine – Varnhagen gibt es umgehend weiter. Geht es um ein Verlagsprojekt: Varnhagen kennt Verleger, läßt Verbindungen spielen, schreibt scharfsinnige Rezensionen, die zu dem Besten gehören, was überhaupt jemals über Heine geschrieben worden ist, verteidigt den Freund, wenn er angegriffen wird. Und der dankt es ihm. «Er ist ein Mann», schreibt Heine 1823 an Immermann, «dessen äußere Stellung, Charakter, Kritik und Loyalität das höchste Vertrauen verdient... übrigens der einzige... auf den ich, in diesem falschen Neste, mich verlassen kann.»

Mit fast kindlicher Bewunderung hängt Heine Rahel an. Diese kleine Frau mit ihrer jetzt sanften Weisheit, die genauso alt wie seine Mutter ist, begegnet ihm mit Herzlichkeit und Güte, vermittelt Wärme und Geborgenheit. Wie vor ihm Brinckmann, Burgsdorff, Marwitz und Custine erfährt auch Heine, daß sie alles weiß, «was ich ihr sagen könnte... was ich fühle, ... denke und nicht denke», auch noch da begreift, wo andere nicht mehr folgen können. Ihr sicheres literarisches Gespür sagt ihr, wie begabt der Junge ist: «Sie haben keinen passionirteren, keinen erwägenderen Leser, keinen größeren applaudeur.»

Als Heine im Frühjahr 1823 seinen ersten Berliner Aufenthalt beendet, bittet er Frau von Varnhagen, ihn so wenig zu vergessen, wie er sie vergessen werde; «und wenn ich vielleicht nach einigen Jahrhunderten das Vergnügen habe Sie als die schönste und herrlichste aller Blumen, im schönsten und herrlichsten aller Himmelsthäler, wiederzusehen, so haben Sie wieder die Güte mich arme Stechpalme (oder werde ich noch was schlimmeres seyn?) mit Ihrem freundlichen Glanze und lieblichen Hauche, wie einen alten Bekannten, zu begrüßen. Sie thuen es gewiß; haben Sie ja schon anno 1822 und 1823 Ähnliches gethan, als Sie mich kranken, bittern, mürrischen, poetischen und unausstehlichen Menschen mit einer Artigkeit und Güte behandelt, die ich gewiß in *diesem* Leben nicht verdient... Ich bin, gnädige Frau, mit Achtung und Ergebenheit H. Heine.»

Ein paar Jahre später, 1826, widmet Heine der verehrten

Freundin den Zyklus «Die Heimkehr» im ersten Teil der «Reisebilder». Zunächst hatte er daran gedacht, dem Text einen Brief voranzusetzen, doch der erste Entwurf war zu überschwenglich und zu lang geraten, ein zweiter zu kurz und auch zu kühl, so kam es schließlich zu der schlichten Widmung.

Den Autor quälte einzig der Gedanke, daß das Buch zu schlecht sein könnte, «um der geistreichsten Frau des Universums dediziert zu werden». Die Huldigung soll ausdrükken, so erfährt Varnhagen nach dem Druck, «daß ich jemanden zugehöre und immer soll auf meinem Halsbande stehen: J'appartiens à Madame Varnhagen.»

Doch was als Ausdruck der Zugehörigkeit gedacht war, empfand die so Erhöhte als «Schlag», ja gar als «Attentat». Jedenfalls war sie darüber aufgebracht, daß Heine vorher nicht ihre Zustimmung erbeten hatte, wie das bei Fürstinnen, denen ein Dichter seine Verse widmen wolle, selbstverständlich sei. Vielleicht mißfielen ihr in den Gedichten auch einige ironische Anspielungen auf Goethes «Werther», vielleicht fürchtete sie durch die Verbindung ihres Namens mit einigen frivolen, besonders sinnenfreudigen Versen kompromittiert zu werden.

Aber Rahels Ärger entlud sich hauptsächlich im Gespräch mit anderen. Der Protest beim Autor selbst fiel hingegen so verhalten aus, daß der ihn kaum wahrnehmen konnte und sich «wahrhaft entzückt, fast berauscht» über ihren verständnisvollen Brief und die Aufnahme des Werkes äußerte. Als die 2. Auflage erscheinen sollte, schloß Heine aber dann doch jene Lieder aus dem Zyklus aus, «die den Schwachen im Lande als anstößig erscheinen könnten». «Wundgeküßte Lippen» wurden bedeckt, «zärtliches Pressen» unterblieb, erst recht die «sündige Begier». «Blamir' mich nicht, mein schönes Kind, / Und grüß' mich nicht unter den Linden...» –

hinweg damit, für dieses Mal gestrichen, dafür ein tugendhaftes Blatt.

Fast alle Rahel-Briefe an Heine fielen einem Brand zum Opfer. Aber aus denen, die sie 1829 an den abwesenden Varnhagen über den zweiten Berliner Aufenthalt des Dichters schrieb, ist doch zu entnehmen, daß es damals zu Verstimmungen zwischen ihr und Heine kam, zurückzuführen auf banale Anlässe sowie ernste Hintergründe.

Im Lauf der Jahre muß Rahel Varnhagen klargeworden sein, daß sie nicht jene Rolle in Heines Leben spielte, die ihren Vorstellungen entsprach: «Patronin» eines Genies zu sein. Das hatte sie sich oft gewünscht. Sie kennt des Freundes Schwierigkeiten, seine Ungeduld und Ungebärdigkeit, den Wechsel von Hochmut und Verzagtheit, das Gemisch aus Traum und Spott, Verstandesschärfe und Sinnlichkeit. Goethesches Maß soll er gewinnen, wesentlich werden. Auch deshalb ist ihr so sehr daran gelegen, ihm dessen Dichtung nahezubringen. Noch, so meint sie, fehle es ihm an Ernst und Tiefe, neige er dazu, sich selbst zu überschätzen, «kann Goethe'n, seinen, und dessen Ruhm verwechseln: denkt überhaupt an *Ruhm*!» Würde er ihr vorlegen, was er schreibt, bevor er es veröffentlicht, sie könnte ihm viel Wichtiges raten!

Doch da verkennt sie ihn. Er verehrt, liebt die verständnisvolle Freundin und mütterliche Frau. Aber eine Patronin braucht und will dieser Heinrich Heine nicht.

Und die Politik, die die Freundschaft zwischen Heine und Varnhagen so fest knüpfte? Es ist anzunehmen, daß es Rahels Vorstellung von einem Dichter eher widersprach, daß ein Mann von Heines Rang sich zur Tagespolitik herabließ und sich unbekümmert um die Folgen ins politische Getümmel warf. Radikal im Sinne Heines oder gar Börnes ist sie nie gewesen.

Heine wiederum ist nicht der Mann, der auf den Gedanken

käme, mit Rahel ernsthaft über Politik zu reden. Da ist er sich mit Börne einig: Die Frau sei Bürgerin im Reich der Liebe. Ähnlich denken Alexander von Humboldt oder Hegel, die sich, politisierend, mit Varnhagen ans Fenster stellen, aber nicht mit seiner Frau.

Als Frauen beginnen, über politische Zusammenhänge nachzudenken, nehmen die meisten Männer das nicht ernst. Politik gehört zu ihrem abgeschlossenen Bereich, und bis weit hinein ins 20. Jahrhundert dürfen Frauen, denen Weiblichkeit und deren Anerkennung etwas gilt, diesen Zirkel nicht betreten. Rahel gehört zu den Frauen, die in ihrem Salon, im Umgang mit den Freunden, erfahren, daß ihnen auf diesem Feld selbst von den liberalsten Männern Ebenbürtigkeit verweigert wird.

Solche Enttäuschungen ändern nichts an der Bedeutung, die Heinrich Heine und mit ihm Eduard Gans und Ludwig Börne für Rahels Neubesinnung aufs Judentum gewinnen.

Äußerlich unterscheiden sich die drei Männer. Neben dem großen korpulenten Gans mit seinem auffallend schönen Kopf, dem modischen Backenbart und dem schwarzen wolligen Haar wirkt Börne wie ein Zwerg, zierlich und gebrechlich. Auch ihre Charaktere sind verschieden. Was verbindet diese drei?

Ähnlich wie Rahel kommen auch Börne, der ihr jüngerer Bruder, und Gans, der ihr Sohn sein könnte, aus dem wohlhabenden, weltaufgeschlossenen jüdischen Bürgertum. Ihre Väter waren vermögende Kaufleute und Bankiers, und sie hatten außer Jiddisch und Hebräisch auch Deutsch und Französisch sprechen und schreiben gelernt. Das gilt auch für Heine, der, wenngleich einem weniger reichen Elternhaus entstammend, doch immerhin einen Millionär zum Onkel hatte.

Noch in der Generation von Moses Mendelssohn und Levin Markus war es üblich, die Söhne Kaufleute werden zu lassen oder Bankiers – unter den wenigen Aufstiegsmöglichkeiten erschien diese immer noch am aussichtsreichsten. Den Enkeln standen bereits die Universitäten offen. Sie sollten durch einen respektablen akademischen Beruf bürgerliche Anerkennung erwerben und beweisen: Juden können mehr als Handel treiben; «die Juden sind das Volk des Geistes» (Heine).

Börne, Gans und Heine studieren Rechtswissenschaften, promovieren, und Gans, der Hegel-Schüler und spätere Professor an der Berliner Universität, gewinnt als Begründer der vergleichenden Rechtsgeschichte einen bedeutenden wissenschaftlichen Ruf.

Rahel hatte sich verabschiedet aus der alten Welt der Juden, deren Traditionen verworfen und sich bewußt mitten unter ‹die anderen› begeben. Jetzt begegnet der Alternden eine neue Generation von Juden, repräsentiert durch einen bekannten Gelehrten, einen überragenden Publizisten und einen genialen Dichter, sprachgewaltige, ihr ebenbürtige, wenn nicht überlegene selbstbewußte Intellektuelle und, mit ihnen bekannt, befreundet, empfindet sie ein neues jüdisches Zusammengehörigkeitsgefühl.

«Ich will, ich kann wie Klärchen im Egmont die Fahne sein, die Euch alle führt», schreibt Rahel Mitte der zwanziger Jahre an Börne, ihn nach Berlin einladend. «Aber ich bin auch die Trommel, die Schlachtmusik, der Feldprediger... die Aufhetzerin, der Sporn, führe den Balsam in der Feldapotheke...» Ja, Balsam ist wohl nötig; denn die Wunden der Jungen gleichen den ihren.

Nur weil er Jude ist, wird Börne als Frankfurter Polizeiaktuar entlassen. Gans wird ohne Konversion die Professur verweigert. Trotz Konversion bemüht Heine sich vergeblich um ein öffentliches Amt. Gebannt «in diesem magischen Judenkreise» (Börne), haben Rahel und ihre Schmerzensbrüder im besten Fall Befremden, Unverständnis, Herablassung erfahren. Oft genug sind sie verunglimpft worden; zu schweigen von Hohn und Haß. Zu ihrer aller Traumata und Erinnerung gehört «der große Judenschmerz». Sie verstehen einander durch das Zucken einer Braue, einen Augenaufschlag, einen Blick. «Nur die Galeerensklaven kennen sich», heißt es im «Tasso».

Wie Rahel und ihre Brüder haben auch Börne, Gans und Heine dem gesellschaftlichen Druck nachgegeben und sind zum Christentum übergetreten. Doch unterscheidet sie von vielen Juden aus Rahels Generation, daß sie Demütigungen nicht verdrängen, sondern, auch darin Rahel verwandt, bewußt erleiden. Allerdings, die Jungen begehren auf.

Der zwanzigjährige Börne will «die angeborenen Majestätsrechte der Menschheit» für sich und andere Juden erkämpfen, Heine enthusiastisch für ihr aller Bürgerrecht eintreten, «schonungslos für sich und für Andre Vergeltung» üben. Und während in Preußen die Gleichstellungsgesetze von 1812 eines nach dem anderen wieder aufgehoben werden, gründet Gans in Berlin den «Verein für Cultur und Wissenschaft der Juden», in dem auch Heine Mitglied wird.

Dem Erbe Moses Mendelssohns verpflichtet, sollen junge Juden hier durch andere Juden allseitig ausgebildet werden und lernen, sich in der deutschen Sprache zu Hause zu fühlen durch Beherrschung der Grammatik und Vervollkommnung des Stils. Christen jagen Juden wieder von Kathedern, aus Schulämtern und Offizierskasinos – die deutsche Sprache wird ihre Heimstatt bleiben.

Ungetrübt war das Verhältnis zwischen den vier Menschen nicht. Als Ludwig Börne 1828 nach Berlin kam, störte ihn das Vornehmtun in Rahels Salon; darüber, auch über ihren Goethe-Kult konnte er nur spotten. Sie wiederum stieß sich manchmal heftig an dem Redeschwall von Gans, doch blieb sie ihm und Börne treu verbunden. Heinrich Heine aber bestimmte sie zu einem ihrer Erben, um, Rahels Herzschlag in dem eigenen spürend, ihrer aller Judenschmerz, was sie gewollt, was sie gelitten, auszudrücken: «*Sie* werden dies herrlich, elegisch, fantastisch, einschneidend, äußerst scherzhaft, immer gesangvoll, anreizend, oft hinreißend sagen; nächstens sagen. Aber der Text aus meinem alten beleidigten Herzen wird doch dabei der Ihrige bleiben müssen.»

Ich bin auf
Großes, Neues gefaßt
Die letzten Jahre

Es ist, als ob die Rahel wußte,
welche posthume Sendung ihr beschieden war.
Sie glaubte freilich, es würde besser werden,
und wartete; doch als das Warten kein Ende nahm,
schüttelte sie ungeduldig den Kopf,
sah Varnhagen an, und starb schnell –
um desto schneller auferstehen zu können.
Heinrich Heine

*H*ereinspaziert, ihr Leute!› Die Tante liegt im Bett und sagt, sie sei ein Mann aus Böhmen, der seine Tiere vorführen will. Die hocken alle drei auf Tantes Bett, mit den Pfoten trommelnd, grunzend und die Flügel schlagend. Der Papagei, Pauline, krault sich mit dem Schnabel seine Federn, nimmt das Köpfchen hoch und krächzt ‹Merci, monsieur!› Ein kleiner Hase namens Bertha hüpft und schnuppert auf der Daunendecke. Sein Schweinchen ruft der Herr Elise, und da das Publikum, der Onkel, es nicht glauben will, daß ein Schweinchen sprechen kann, befiehlt der Mann aus Böhmen dem Elischen, seine Kunst zu zeigen. ‹Onkel, gibt's jetzt Schokoladenplätzchen?› ruft darauf das Schweinchen. Nun müssen Darsteller und Publikum allesamt so heftig lachen, daß die Vorstellung fürs erste unterbrochen werden muß.

Die Caspers, Rahels Nichte Fanny und ihr Mann, in diesem Sommer 1830 längere Zeit auf Reisen, haben ihre drei kleinen Töchter, die fünfjährige Elise und deren jüngere Schwestern, den Varnhagens anvertraut. Rahel ist überglücklich. Tagsüber fährt sie mit den Kindern oft nach Schöneberg hinaus und spaziert mit ihnen durch den Wald. Dore hat Weisung, nicht zu Schweres, «lauter Gesundes» auf den Tisch zu bringen, «*kein* Naschen... Zucker; Gift». Bei aller Liebe – die Kinder sollen erzogen werden; vom König darf nur ehrfurchtsvoll geredet werden und möglichst auf französisch, denn das übt. Nachts steht die Tante mehrmals auf, um nach ihren Lieblingen zu sehen.

Doch eines Tages kommen Caspers, um Elise, Bertha und Pauline wieder abzuholen; ganz so, «als wenn es ihre wären». «Nun ist's aus», klagt Rahel. «Alles aus, und ich in Eifersucht allein; daß Andre *haben,* was ich besitzen sollte; und *sie* nicht genießen; aber verderben, und daß kein Despot, keine Armee, kein Gericht existiert, welches *mir* dies Gut zuspräche: und der liebe Gott *wohl* weiß, was mir gebührt.»

Zum Trösten kommt das Lieblingskind Elise so oft es eben geht zur Tante auf Besuch: funkelt vor Gesundheit und Vergnügen, plappert, spielt und scherzt, tobt durch die Zimmer, Sofa rauf und Sofa runter, tanzt, versteckt sich, lächelt schelmisch, singt und fällt der Tante jauchzend um den Hals. ‹Komm an mein Herz, du Freudenkind.›

Auch Varnhagen liebt Elise zärtlich. Auf Reisen fragt er brieflich nach: ‹Wie geht es unserem lieben Kind?› ‹Was sagt das Herzenstöchterlein?› Und dieses stellt sich neben Tantes Schreibtisch auf die Fußbank, nimmt ein Stück Papier und schreibt dem Onkel. «Was denn? – Lächelnd: Er soll Bombom mitbringen.» Natürlich tut der Onkel das, und wenn er wieder da ist, überschütten er und seine Frau das Elischen mit ulkigen Kosenamen: Elise, das «Eiskätzchen», «unser Ratzenloch», die «Schmuddelpuppe» und das «Nachtigällchen», Onkels «Mompel», Tantes «Erdbeerenblüthe» und aller beider vom Himmel herabgeschwebtes «Wolkenkind». Wer weiß, vielleicht hat sich der liebe Gott am Ende doch geschämt. Da hat er eine so zärtliche, so liebevolle, mütterliche Rahel auf die Welt geschickt und sie als Mutter ohne Kinder hiergelassen. Und nun, in ihren letzten Jahren, nah dem Tod, wird ihr wenigstens Elischen ausgeliehen. Die oft Verletzte beglückt die Unbefangenheit des Kindes, das noch nicht weiß, was Menschen Menschen antun können. Die zeitlebens Ungraziöse bewundert seine Grazie, die Intellektuelle liebt die Einfalt, die Gebrechliche das sprühende Leben. Elise und die anderen Nichtenkinder bringen Altersglück ins Haus.

Seit 1829 hat sich Rahels Gesundheitszustand beängstigend verschlechtert. Rheuma und Gicht erzeugen heftige Schmerzen; Brustkrämpfe und Beklemmungen, besonders nachts, bilden sich zu chronischen, Schwächezustände auslösenden Übeln aus. «In der Art wie jetzt, glaube ich noch nicht gelitten zu haben.»

Gewiß, Alterswidrigkeiten, unter denen andere leiden, kennt Frau von Varnhagen nicht, weder Langeweile noch Gefühlsverkalkung; sie widersteht der Krankheit und dem Selbstmitleid durch «Lebensliebhaberey», wie sie es nennt. Noch immer kommen abends ein paar Gäste und führen neue, Durchreisende, Hinzugezogene, bei Varnhagens ein. Auf die Salongeselligkeit will Rahel nicht verzichten.

Und doch muß sie sich eingestehen, daß es immer schwerer wird, selbst dem Alltäglichen gerecht zu werden, der Sorge um den Haushalt und das Essen. Und wenn dann auch noch einer der Bedienten krank wird, Elischen den Keuchhusten bekommt, Rahel mit ihrem Rheumatismus kämpft und die Schelle ständig anschlägt, weil Nichten, Neffen, Herren und Damen kurz vorbeischauen und Billetts und Briefe abgeben wollen, wenn «alles tobt und wogt», spürt Rahel, daß es so nicht lange weitergehen kann.

Undenkbar, daß Varnhagen seiner Frau in der Haushaltsführung etwas abnehmen könnte. Er würde sich ja lächerlich, unmöglich machen. «Männer sind Prinze: wir die Haushofmeister, Kammerdiener, Tresoriers und Mägde.»

Im August 1831 fällt die Cholera in die preußische Hauptstadt ein. Wo die Krankheit wütet, darf niemand mehr das Haus verlassen, muß weithin sichtbar an die Tür die Warnung «Cholera» geschrieben werden. Bis Ende des Jahres erkranken über zweitausend Menschen, die meisten sterben. Zu den Opfern zählt auch Hegel.

Die Bewohner der Mauerstraße 36 bleiben von der todbringenden Epidemie verschont. Frau von Varnhagen nimmt die Anweisungen der Behörden und der Ärzte sehr genau und hat den Haushalt ganz auf Krankheitsabwehr eingestellt: Fenster nachts sowie abends und morgens fest geschlossen halten, Zimmer mit Bernstein ausräuchern; vor Mund und Nase mit Essig getränkte Tücher binden; kein Wasser trinken, nicht zuviel essen, streng Diät halten, kein kaltes Fleisch oder frisches Brot verzehren, hingegen viel Ingwer und auch Knoblauch zu sich nehmen, Reis und Hirse, recht gut durchgekocht, Hafergrütze, Gries und Graupen.

Solange die Krankheit grassiert, verteilt Rahel an den Zeitungsmann, die Scheuerfrau und andere arme Leute all das, was die Gesundheit stärken kann: Kaffee, ungefährliche Lebensmittel, Binden. Erst als die Gefahr vorüber ist, wird ihr bewußt, wie erschöpft sie ist.

Eigentlich sollte das Leben nun wieder in altgewohnten Bahnen laufen; und auf den ersten Blick verspricht es das auch. Wenn ihre Gesundheit es erlaubt, besucht Rahel zusammen mit Varnhagen wieder die Sonntagsmusiken im weinumrankten Gartenhaus der Mendelssohn-Bartholdys.

Felix, Moses Mendelssohns zwanzigjähriger Enkel, dirigiert hier eigene Werke, denen übrigens, wie das nicht nur in diesen Zeiten üblich ist, auch jene Kompositionen zugeschlagen werden, die von seiner ebenfalls musikalisch hochbegabten älteren Schwester Fanny stammen.

Bei Mendelssohn-Bartholdys trifft sich, was im musikalischen Berlin den Ton angibt. Wer trifft sich bei Varnhagens? Manchmal kommen Rahel Zweifel, ob das noch eine «Gesellschaft» sei, vergleichbar jener in der Jägerstraße. Die sie jetzt besuchen, beklagt sie sich, seien vielfach Menschen, die ihr nicht genügen könnten, von denen sie auch nicht verstanden werde – und die sie allenfalls ertrage.

«Kann ich ihnen worin helfen, Gutes erweisen, Schaden abwenden; gerne! aber in Betreff ihrer Meinungen, ihrer Urtheile, ihres Lobes oder Tadels, sind sie mir eben so gleichgültig und existieren für mich schon jetzt nicht *mehr* als die Fliegen vom vorigen Jahr!» Interessante Charaktere, heißt es, lerne sie seit dreißig Jahren nicht mehr kennen. «Reife Menschen ist das was mir am meisten fehlt.»

Das klingt hochmütig und ungerecht. Und es gleicht erstaunlich früheren Beschwerden, damals aus der Jägerstraße in die Welt geschickt: der Trauer, so wenig Widerhall zu finden, keine Bestätigung oder Modifikation durch die Gedanken anderer, der Enttäuschung, daß man ihr allzuoft nur mit Geschwätz begegne. Auch damals hatte sie geklagt, daß ihr die Freunde nicht genügten.

Das ist verdrängt, vergessen; die Vergangenheit hat sich verklärt. Die weiland gute Stube der Levins bleibt unübertrefflicher Maßstab und einzigartiger Höhepunkt der Salongeselligkeit. Gegenüber Gentz wird die «gute alte Zeit» heraufbeschworen, das, was jetzt in Rahels Leben fehlt: Das Hin und Her der Gefühle, die versteckten Anspielungen, das Flirren der Beziehungen, das erotische Fluidum des Salons; damals waren sie beide jung und sich so nah gewesen... «Ach! wer ruft nicht so gern Unwiederbringliches an!»

Aber vielleicht war die Gesellschaft in der Jägerstraße ja auch wirklich lebendiger als jene im Varnhagenschen Salon. Schließlich bedeuten dem Geheimen Legationsrat sowie auch seiner Gattin Titel und gesellschaftliche Stellung ihrer Gäste, «altadlige Artigkeit», von der Rahel einmal schwärmte, so sehr viel, daß sie auch einen Hohlkopf dulden, wenn es ein hochwohlgeborener ist. Es fehlen die schillernden Außenseiter.

Doch einige Originale finden sich auch bei der alten Rahel, zum Beispiel Fürst und Fürstin Pückler. Ob sie «reife Menschen» sind, darüber läßt sich streiten; interessant sind sie gewiß. Wenn der Fürst, 1829 von einem längeren England-Aufenthalt zurückgekehrt, im Salon erscheint, kann er der Aufmerksamkeit jedenfalls der Besucherinnen sicher sein, denn er ist ein Beau, mondän gekleidet, Haar und Schnurrbart schwarz gefärbt. Ganzen «Weiberscharen», heißt es, habe er schon Liebesglück und –leid gebracht. Aber der Fürst ist mehr als nur ein Schönling; er ist zugleich ein Weltmann, der nonchalant und heiter, bisweilen etwas weitschweifig, doch immer amüsant erzählen kann, wie er einst als junger Mann auf der Suche nach dem Abenteuer weite Gegenden und Länder ganz zu Fuß erobert hat.

Ein Beau, ein Weltmann und ein «Erdbändiger», wie ihn Rahel zuweilen nennt, ist dieser Mann. Zusammen mit seiner neun Jahre älteren Frau, einer Tochter Hardenbergs und geschiedenen Gräfin Pappenheim, hat er um seine beiden Schlösser in Muskau und in Branitz vielgerühmte Gärten nach englischem Vorbild angelegt, Landschaftsgärten mit hohen Ahornbäumen, Ulmen und Eichen, Wiesen, Wasserfällen und Seen. Der Fürst frönt überdies einem exzentrischen Lebenswandel, reitet gar auf weißen Hirschen, und leider ist auch die Gartenkunst ein sehr kostspieliges Vergnügen. Die Pücklers sind ihr so verfallen, daß sie sich sogar entschließen, sich formell zu trennen. Um das Vergnügen zu finanzieren und ihren vielen Gläubigern zu entkommen, soll Hermann aus England eine Millionärin heimführen. Da eine solche sich nicht findet, kommt der Fürst allein zurück und wirft sich wieder in die Arme seiner «Schnucke», wie er Ihre Durchlaucht, die Frau Fürstin, nennt.

Diese hat inzwischen alle Briefe, die ihr Pückler von seiner England-Reise schrieb, Varnhagen überlassen, zunächst zur Lektüre und dann, da dieser sich begeistert zeigte, zum Redigieren für eine Buchausgabe. Bald nach des Fürsten Rückkehr werden sie unter dem sonderbaren Titel «Briefe eines Verstorbenen» publiziert und ein ungewöhnlicher Verkaufserfolg. Eine neue Geldquelle sprudelt in die Landschaftsgärten.

Obwohl sich Pückler, wie sein Biograph Heinz Ohff betont, als Freund, in manchem sogar als ein Schüler von Varnhagen sieht und in literarischen wie auch in politischen Fragen gerne dessen Rat einholt, werden die beiden Männer nie miteinander recht vertraut. Varnhagen bleibt allzu förmlich.

Das Verhältnis zu Rahel hingegen ist unbefangen und entspannt. Pückler verehrt in ihr eine Seelenverwandte, sie in ihm den Freund und Gleichgesinnten, Trost in der «gebildet-unverständigen Welt, der das gesunde, unschuldige Verständnis ganz abhanden gekommen ist!» «Mit Ihnen zu harmonieren», antwortet er artig, «ist mein großer Stolz.»

Um ebendiese Zeit, da Rahel und Hermann Pückler freundschaftliche Briefe wechseln, im Winter 1831 / 32, lernt der Fürst Bettine, Clemens Brentanos Schwester, kennen. Vor einigen Monaten ist deren Mann, Achim von Arnim, gestorben. Beeindruckt vom generösen Gartenkünstler und erfolgreichen Autor, wirbt Bettine um dessen Freundschaft, später auch um mehr, so heißt es, und gibt sich, nach Muskau eingeladen, zu Recht oder Unrecht vor der Fürstin und einer Gästeschar als Geliebte Pücklers aus – eine peinliche Affäre.

Bettine ist ein sonderbares, höchst merkwürdiges Geschöpf. Die Schauspielerin Karoline Bauer erlebt, wie die nicht mehr junge Frau trällernd durch die Zimmer hüpft, mit einem Apfel Fangball spielt, beim Tee mit Brotkugeln um sich wirft und einen Heidenlärm veranstaltet.

Dabei geht Bettine auf die Fünfzig zu. Doch wirkt sie zierlich, behende, fast jugendlich in ihrem Ungestüm. Ihre Haare hängen in schwarzen Locken um den Kopf und ihre großen dunklen Augen blicken so zutraulich-naiv, als sei sie nicht die Mutter, sondern eine Schwester der Arnimschen Kinderschar.

So benimmt sie sich auch. Steigt auf ein Sofa, setzt sich auf den Kachelofen, ein Puck, ein Kobold, eine poetische, respektlose und kapriziöse Person, vollführt sie die gewagtesten Gedankensprünge, spielt mit sich, mit anderen, auch mit der Wahrheit oder deren Schein und versteht bei all ihrer Skurrilität, bei all der Anstrengung, die der Umgang mit ihr bereitet, doch immer wieder, oder gerade deshalb, Menschen für sich einzunehmen.

Dabei kann diese Träumerin kräftig zupacken, praktisch-nüchtern handeln. Umsichtig versorgt sie die Opfer der Cholera-Epidemie in den Elendsvierteln, bringt Nahrung, Kleider, sorgt für Arznei und medizinische Betreuung.

Varnhagen allerdings steht einem Geschöpf wie diesem nahezu hilflos gegenüber. Die «Kobolderei» Bettines geht ihm auf die Nerven, und was andere übermütige Phantastereien nennen, heißt er frech und schamlos lügen. Viel Humor besitzt er nicht. Allerdings kann auch Varnhagen nicht ihre Freundlichkeit und Güte übersehen. Darum hat er zuweilen Mitleid mit Bettinen, hält es für seine Pflicht, ihr beizustehen. In späteren Jahren wird er ein hilfreicher Freund der Frau von Arnim sein, doch solange Rahel lebt, tut er sich schwer mit ihr. Vielleicht bemerkt er an ihr Verhaltensweisen, Reaktionen, die ihm auch an Rahel nie so ganz geheuer waren.

Menschen, die beide Frauen zusammen erlebten, fiel auf, wieviel Gemeinsames sie hatten. Sie waren verwandt in ihrer Begeisterungsfähigkeit und Spontaneität, in ihrem Interesse am eigenen Ich und ihrer Menschenfreundlichkeit. Und beide liebten Goethe. Bettine hatte den Vergötterten schon als junges Mädchen in seinem Haus am Frauenplan besucht und bewahrte viele seiner Briefe auf. Später wird ein Buch daraus entstehen.

Zwar waren sie und Rahel sich schon früher in Berlin begegnet, doch eine wirkliche Freundschaft entstand erst in den zwanziger Jahren und fand verschiedene Ausdrucksformen. Bettine, die aus dem sie langweilenden Wiepersdorf, dem Arnimschen Familiengut, in eine Stadtwohnung geflüchtet war, besucht Rahel tagsüber oft, bleibt auch, wenn Elischen kommt, plaudert in ihrem anheimelnden Frankfurter Dialekt mit der Freundin und spielt mit dem Kind. Beeindruckt berichtet Rahel ihrem Mann: «Lieber, vernünftiger habe ich [Bettine] nie gesehen... So müssen Menschen sein: so ist Freundschaft; Menschenliebe.» Ganz ohne Ambitionen, einfach herzlich konnte ihr Umgang miteinander sein.

Bei anderen Gelegenheiten wiederum führen sie philosophische Gespräche miteinander. Rahel bewundert an Bettine deren geistige Unruhe, wie sie, unzufrieden mit einer gerade erst gewonnenen Erkenntnis, sogleich nach der vollkommeneren sucht und «das Altgesagte und Altbekannte» durch ihren regsamen Geist befruchtet, verwandelt und neu erscheinen läßt.

Das Leben anderer Frauen aus Rahels Freundeskreis verengt sich, als sie älter werden, ihr Mut schrumpft ein, und ihren in der Jugend aufs Außergewöhnliche zielenden Daseinsentwurf hat triste oder biedermeierliche Alltäglichkeit erstickt. Dorothea Schlegel wird bigott katholisch. Die Gräfin Pachta unterwirft sich ihrem jüngeren Geliebten und muß erleben, daß er sie verläßt. Die einstige Freundin Goethes, die schöne Sara Meyer, stirbt verwirrt und mittellos als Witwe eines kleinen Postbeamten.

Rahel und Bettine hingegen erschließen sich in der Annäherung an das öffentliche Leben, durch die Anteilnahme an den Problemen der Gesellschaft und der Politik Bereiche, die ihr Leben erweitern, es bereichern.

Zwei einander ebenbürtige, außergewöhnliche Frauen haben sich gefunden, und in den wenigen Jahren, die ihnen zusammen bleiben, wirbt jede gleichermaßen um der anderen Wohlwollen, Anerkennung und Liebe. Die Pücklers und vor allem Bettine von Arnim verschönern durch ihre Freundschaft Rahels letzte Jahre.

3. August 1830. In der Aula der Berliner Universität haben sich Professoren und Studenten, Beamte und Militärs versammelt, um, wie jedes Jahr, des Königs Geburtstag festlich zu begehen. Preise werden verliehen, Reden gehalten; der akademische Chor bringt vaterländische Lieder zu Gehör. Huldvoll lächelnd sitzt der Kronprinz da, während hinter seinem Rücken Briefe kursieren, die, adressiert an den Professor Gans, aus Paris eingetroffen sind. Wie ein Lauffeuer verbreitet sich die Nachricht, daß dort die Revolution ausgebrochen ist. «Der Kanonendonner zwischen den Barrikaden von Paris dröhnte bis zur Aula nach.» (Karl Gutzkow)

Die Varnhagens zieht es fast täglich zu Mendelssohn-Bartholdys in das Gartenhaus. Meistens ist ein neuer Brief des Hausherren eingetroffen, der unmittelbar vor Ort, in der französischen Hauptstadt, begeistert miterlebt, wie die Bourbonen stürzen.

Am 29. Juli haben Demonstranten Barrikaden in Paris errichtet, den Louvre und die Tuilerien besetzt, sich Straßenkämpfe mit der Polizei geliefert und Karl X. für abgesetzt erklärt. Während unter den Aufständischen der Ruf nach der Republik laut wird, heben einflußreiche Bürger und Parlamentarier, an ihrer Spitze Thiers und Guizot, den «Bürgerkönig» Louis-Philippe auf den Thron.

Springt die Revolution auf Deutschland über? «Werden wir endlich von unseren Eichenwäldern den rechten Gebrauch machen, nämlich zu Barrikaden für die Befreiung der Welt?» fragt Heine. «Werden wir... endlich... die Lehre von den Rechten der Menschheit, begreifen, proklamieren und in Erfüllung bringen?»

Pathos, große Worte – die Realität muß zwangsläufig bescheidener sein: In Berlin führt ein Schneidergeselle aufrührerische Reden und wird sogleich verhaftet. Auf dem Cöllnischen Markt versammeln sich andere Schneider und fordern, daß er wieder freigelassen wird. Neugierige kommen hinzu. Wieder wird verhaftet, und innerhalb von achtundvierzig Stunden ist die gewohnte alte Ordnung hergestellt. Die Berliner «Schneiderrevolution» hat noch gar nicht begonnen, da ist sie schon im Keim erstickt.

Doch die Polizei kann nicht verhindern, daß die Berliner überall, in Bierstuben, Kaffeehäusern und Salons, über die Revolution in Frankreich debattieren. Das tun auch die Gäste der Varnhagens. Fürst Pückler scheut sich nicht, den Berliner Hof, die preußische Bürokratie, ja auch die Vorrechte seines eigenen Standes zu kritisieren: Jetzt müsse vom König die lange schon versprochene Verfassung eingefordert und ein Parlament einberufen werden. Neben Abraham Mendelssohn-Bartholdy sind auch Männer wie Gans und Alexander von Humboldt begeisterte Befürworter der Julirevolution.

Juden verbinden mit der Revolution neue Hoffnungen. Mit den großen gesellschaftlichen und politischen Veränderungen, der Überwindung der allgemeinen Rückständigkeit und der staatsbürgerlichen Unfreiheit werden sich, so hoffen sie, auch die Probleme der Juden endlich lösen. «Die Rede ist vom Rechte und nicht mehr vom Herkommen», schreibt Rahel.

Stolz kann sie darauf verweisen, schon vor Monaten prophezeit zu haben, daß die Bourbonen nicht auf dem Thron bleiben würden: «Wie für uns Konstitution», hatte sie geäußert, «ist für die Franzosen, die ja immer voraus sind – mein Vorvolk, wie ich sie nenne, – Republik *unvermeidlich.*» Da sprach Varnhagen aus seiner Frau, für den nun endlich wahr zu werden scheint, was er vor fünfzehn Jahren vorausgesagt hatte. Nur war Rahel skeptischer als er, ob die Konstitution und Republik den Völkern Heil bringen würden; «aber das hindert nicht, daß wir *hinein* und *hindurch* müssen, *es ist kein anderer Weg in die Zukunft.*» Der einst vornehmlich literarische Salon wird im Revolutionsjahr zum Zentrum des Saint-Simonismus in Berlin.

Hauptsächlich durch einen jungen Amerikaner und eine französische Zeitschrift werden die Varnhagens mit den Lehren des Grafen Saint-Simon bekannt. Auf die Zeitschrift «Globe» sind sie schon seit einigen Jahren abonniert, denn dieses Journal galt als das Blatt französischer Goethekenner. Nach der Julirevolution wandelt sich der «Globe»; nun publiziert er hauptsächlich die Saint-Simonistischen Programme und berichtet ausführlich über diese sozialutopische Bewegung und deren Wirken.

Der lebendige Verkünder der neuen Lehre heißt Albert Brisbane. Ende der zwanziger Jahre sind ihm Rahel und ihr

Mann zum erstenmal begegnet. Jetzt, 1831, ist er von Frankreich über England nach Berlin zurückgekehrt; in seinem Gepäck befinden sich alle wichtigen Schriften Saint-Simons, die er nach seiner Abreise Varnhagen überläßt. Der Bespitzelung wegen bittet dieser vorsichtshalber Pückler, sie in Muskau zu verwahren. 1848 werden sich Varnhagen und Brisbane, gleichsam der Ahnherr des Sozialismus in den USA, erneut begegnen und wieder auf der gleichen Seite, bei den Revolutionären, stehen.

Den Anhängern der neuen sozialutopischen Bewegung geht es nicht um einen Umsturz. Doch sie erkennen die neuen sozialen Probleme, die mit der ersten industriellen Revolution entstehen, und erstreben Gerechtigkeit. Vor allem beklagen sie, daß sich in der neuen Industriegesellschaft eine Minderheit von Untätigen, von Müßigen, ausgestattet mit Vorrechten der Geburt und bevorzugt durch vererbtes Eigentum, auf Kosten der Arbeitenden bereichert. Das nennen sie «Ausbeutung des Menschen durch den Menschen».

«Man besuche die Fabriken Englands», fordert Eduard Gans, ebenfalls begeistert von der neuen Lehre, «und man wird Hunderte von Männern und Frauen finden, die abgemagert und elend, dem Dienste eines Einzigen ihre Gesundheit, ihren Lebensgenuß, bloß der ärmlichen Erhaltung wegen, zum Opfer bringen. Heißt das nicht Sklaverey, wenn man den Menschen wie ein Tier exploitirt, auch selbst, wenn er frei wäre sonst vor Hunger zu sterben? Soll in diese elende Proletarier kein Funke von Sittlichkeit gebracht werden können? Sollen sie nicht erhoben werden dürfen zur Theilnahme an Demjenigen, was sie jetzt geist- und gesinnungslos thun müssen?»

Die Saint-Simonisten wollen das Erb- sowie das Eigentumsrecht gründlich reformieren und das Leistungsprinzip einführen; durch gleiche Bildungschancen für alle soll es abgesichert werden. Dann könne bei voller Entfaltung der neuen Produktivkräfte der gerechte Grundsatz gelten: Jeder nach seiner Fähigkeit, jedem nach seinem Werk. Vehement plädiert Professor Gans für die «freie Corporation», für «die Vergesellschaftung».

In der Berliner Universität hört ihn Ende der dreißiger Jahre der Student Karl Marx. Er wird Formulierungen der Saint-Simonisten übernehmen und sie später als Vorläufer seiner eigenen klassenkämpferischen, revolutionären Lehre betrachten.

In ihrem Salon hört Anfang der dreißiger Jahre Rahel Varnhagen Gans, dem Freunde, zu. Sie nimmt den Saint-Simonismus ganz anders wahr als dieser junge Marx, nämlich als eine neue Moral, als eine Religion der Liebe und des brüderlichen Zusammenlebens der Menschen, als angewandtes Christentum.

«Ich bin die tiefste St: Simonistin», bekennt sie. «Nämlich; mein ganzer Glaube ist die Ueberzeugung, des Fortschreitens, der Perfektibilitet, der Ausbildung des Universums, zu immer mehr Verständniß, und Wohlstand im höchsten Sinn; Glük, und Glükbereitung.» Sie sieht ihr «altes Thema» aufgegriffen: «Die Erde zu ... verschönern» und meint, das werde mit Hilfe der neuen Lehre möglich sein. Ihre enthusiastische Fortschrittsgläubigkeit läßt Rahel für kurze Zeit vergessen, wie krank sie eigentlich ist. «Ich *freue* mich jetzt zu leben; weil wirklich, *reell* die ‹Welt› schreitet; weil Ideen, gute Träume in's Leben treten. Technik, Gewerbe, Erfindungen, associassionen sie auszuführen...» Varnhagen, Pückler, Heine teilen die Begeisterung.

Rahel hat die bald nach dem Beginn des 19. Jahrhunderts einsetzenden Veränderungen bewußt miterlebt und große Hoffnungen damit verbunden. Sie weiß, daß all die neuen Erfindungen das Leben verbessert haben. Straßen sind gepflastert und beleuchtet, Dampfschiff und Eisenbahn erfunden worden; bald wird man in erstaunlich kurzer Zeit die ganze Welt bereisen können. Telegraphen werden installiert; in vierzehn Tagen wird «allenthalben gewußt, was allenthalben geschehen ist». Diese Beschleunigung der Arbeit und des Lebens muß Auswirkungen auf das Bewußtsein und Zusammenleben der Menschen haben. Dampfkraftgetriebene Maschinen ermüden nie, arbeiten gleichmäßig und präzise, produzieren ungleich mehr als einst die Handarbeiter. Die unvorstellbare Steigerung der Produktion, davon ist Frau von Varnhagen überzeugt, wird dem Wohle aller dienen.

Doch die Verlierer dieses technischen Fortschritts, die Proletarier, gelangen nicht in Rahels Blick. Sie gehört zu jenen Anhängern Saint-Simons in Berlin, über die der Literaturwissenschaftler Werner Vordtriede schreibt, sie hätten lediglich Aufklärung, Nächstenliebe, soziale Gerechtigkeit im Blick gehabt und nicht erkannt, daß die Lebensbedingungen und Rechte der Arbeiter von Grund auf neu durchdacht werden mußten. Im Gegensatz zu Bettine, die die Not der Ausgebeuteten, der Opfer dieser ersten industriellen Revolution, erkennt und sie später in «Dies Buch gehört dem König» öffentlich beschreiben wird, weiß Rahel nichts davon, daß Fabrikarbeit in der ersten Hälfte des 19. Jahrhunderts einer Hölle gleicht und unzählige kleine Handwerker und Weber ihre Arbeitsplätze an die Industrie verlieren.

In den Jahren nach der Revolution erfaßt der Saint-Simonismus zunächst immer weitere Bereiche. Während in Deutschland ein «Conversations-Lexikon» erscheint, das Geduld, «moralische Erhebung» sowie «edle Schwäche» die Hauptkennzeichen des weiblichen Charakters nennt, und Chamisso ganz in diesem Sinne dichtet «Darfst mich niedre Magd nicht kennen, / Hoher Stern der Herrlichkeit», erscheint in Frankreich eine Zeitschrift mit dem Titel «La femme libre», in der Saint-Simonistinnen die Gleichberechtigung der Geschlechter fordern und gegen die doppelte Unterdrückung aufbegehren: die der weiblichen Arbeitskraft durch den Unternehmer sowie die der Frau durch ihren Mann. Die traditionelle Ehe soll nicht mehr als selbstverständlich gelten; Ehe und Scheidung, heißt es, bedürften der Reform.

Fasziniert verfolgt Rahel, was im «Globe» über ein menschenwürdiges Zusammenleben der Geschlechter steht, und erkennt dabei die alten, eigenen Gedanken. Ähnlich wie in ihrer Jugend, doch nun nicht mehr beeinflußt von frühromantischen Programmen, sondern belehrt durch eigene Erfahrung, verwirft sie die traditionelle Ehe als einzig legitimierte Form des Zusammenlebens zwischen Mann und Frau:

«Ist nur ein *Hausstand* heilig? Ist es nur Kindererziehung oder deren Behandlung?... Ist intimes Zusammenleben, ohne Zauber und Entzücken, nicht unanständiger als Exstase irgend einer Art?... Weg mit der Mauer! Weg mit ihrem Schutt! Der Erde gleich sei dieses Unwesen gemacht! Und alles wird auf ihr erblühn, was leben soll!»

Das darf nicht einfach als privates, für die eigene Person geltendes Postulat verstanden werden. Rahels Jugendzeit war noch bestimmt gewesen vom privaten Ich und Du. Jetzt, da ihr Leben zu Ende geht, wird das Wir, das ‹Wir wollen› und ‹Wir fordern› wichtig werden. Es wird die revolutionären Bewegungen des 19. Jahrhunderts prägen. Doch was als Manifest, wichtig für *die* Frauen, gelten könnte, wird von Rahel in ihrem Tagebuch verschlossen. Sie will wirken, aber im Hintergrund bleiben; in die Öffentlichkeit traut sie sich nicht.

Das gleiche Jahr, in dem Rahel, beflügelt von den Ideen des Grafen Saint-Simon und den Mut der durch seine Ideen inspirierten Frauen, der Zukunft erwartungsvoll entgegenblickt, wird für sie zum Jahr des Abschieds von mehreren Menschen, die sie durch ihr ganzes Leben begleitet haben: 1832 sterben ihr Bruder Ludwig und auch seine Frau sowie Gentz und Goethe. Rahel umarmt ein letztes Mal Pauline Wiesel, die, sehnlichst herbeigewünscht und jubelnd empfangen, die Freundin den Sommer über in Berlin besucht.

Leider gibt es über dieses Zusammensein nur den Bericht Varnhagens. Der ist schwerlich ein objektiver Zeuge, denn er mag Pauline nicht. Obwohl sich Rahel noch vierzehn Tage vor ihrem Tod an ihre «Pölle» wenden wird, behauptet der Chronist, die Freundschaft habe im Sommer 1832 einen tiefen Riß bekommen. Pauline, ob Rahels Krankheit oft gelangweilt, auch verbittert, die gewohnte Bewunderung zu entbehren, habe «lieblos und gemein» tausend kleine Zwiste angezettelt, herumgeklatscht, Menschen gegeneinander aufgehetzt und die Freundin tief enttäuscht. Selbst wenn das übertrieben ist, besonders harmonisch verlief das Treffen doch wohl nicht.

Rahel und ihr Jugendfreund, der alte Gentz hingegen, kommen sich wieder ganz besonders nahe. Doch wie hat sich die Situation verändert! Während Rahel optimistisch in die Zukunft blickt, sieht der Freund nur Scheitern, Katastrophen, sein Lebenswerk zerschlagen, seine Rolle ausgespielt. Als er, einst so mächtig und erhaben, die lange unterbrochene Korrespondenz erneuert, fühlt er sich matt, abgespannt und deprimiert, erhofft, anhänglich gestimmt, Ermunterung durch Rahel. Kein anderer Mensch hat sie ein Leben lang so oft mißachtet und beleidigt, verleugnet und verraten wie Gentz, kein anderer hat sie aber auch so oft und immer wieder rühren können. So ist es auch dieses Mal.

Doch neue Lebensfreude, neuer Lebensmut, wie Rahel sie kaum vermitteln könnte, wird Gentz durch eine junge Tänzerin zuteil. Der Fünfundsechzigjährige verliebt sich leidenschaftlich in die neunzehnjährige Fanny Elßler. Wer verstände das wohl besser als die alte Freundin in Berlin!

Als Fanny an der Königlichen Oper in Berlin gastiert, sieht Rahel sie tanzen und lädt die Ballerina natürlich auch nach Hause ein. «Diese Intelligenz, dieß Maß, diese offene Unschuld, diese Rücksicht und Geschicklichkeit», schwärmt sie in einem Brief an Gentz, und dieser, in seiner kindlichen Freude ob des Lobs für die Geliebte, nimmt das früh mit Rahel geübte Rollenspiel noch einmal auf: sie die Mutter, er das Kind, aber nicht sie der «Lustknabe», wie damals in der Jägerstraße, sondern nunmehr er: «Wir sind, Gott Lob, beide jung geblieben; in Ihnen aber hat, obgleich keine schöne und edle Empfindung Ihnen fremd ist, der Geist, in mir zuletzt das Gemüth und die Sinnlichkeit die Oberhand behauptet.»

Wenige Tage nach seinem Tod am 9. Juni 1832 schreibt die Freundin ihm den Nachruf: «Viele Menschen muß man Stück für Stück loben: und sie gehn nicht in unser Herz mit Liebe ein; andre, wenige, kann man viel tadeln, aber sie öffnen immer unser Herz, bewegen es zur Liebe. Das that Gentz für mich; und nie wird er bei mir sterben.»

Einige Monate später beginnt Rahels letzte Leidenszeit. Die Bewegungen sind unsicher geworden, das Gehen fällt schwer. Sie sitzt in ihrem Sessel, vertieft in den französischen Mystiker Saint-Martin oder den schlesischen Barockdichter Angelus Silesius, in deren Werken ihr jene weltzugewandte, dogmen- und kirchenunabhängige Frömmigkeit begegnet, die ihrer eigenen entspricht. Dann kann sie nicht mehr aufstehen. Bruder Moritz schaut vorbei, die Fürstin Pückler, natürlich auch die Nichten, Elise streichelt Tantes Hände – viel liebevolle Anteilnahme.

Über den Tod hat die Leiderfahrene, immer Kränkelnde, seit ihrer Jugend nachgedacht, ernst und heiter darüber reflektiert; eher neugierig als mit Furcht den eigenen im Blick. Schon vor längerer Zeit hat sie ihr Testament gemacht, es mehrmals zugunsten Varnhagens revidiert. Ihm, dem Universalerben, hat sie ans Herz gelegt, für Line und Dore, die beiden Dienerinnen, zu sorgen. Auch «letzte Worte» hat Rahel aufgeschrieben und versucht, dem eigenen Leben poetisch Sinn zu geben. «Wenn ich sterben muss, denke: sie hat alles gewusst; weil sie alles kannte; nie etwas war, nichts beabsichtigte, und alles durch Nachdenken siebte, und in Zusammenhang brachte; sie verstand Fichte; liebte Grünes, Kinder; verstand Künste, der Menschen Behelf. Wollte Gott helfen in seinen *Kreaturen*. Immerdar; ununterbrochen; und dankte ihm für diese ihre Beschaffenheit. ‹das war dem alten Drachen seine Gute Seite›.» So steht es in einem Brief an Ludwig Robert, nachdem die Cholera ausgebrochen war.

Als Rahels Leiden sich verschlimmert, empfiehlt Bettine, einen Arzt hinzuzuziehen, der ein neues Heilverfahren, die Homöopathie, beherrscht. Das geschieht; im Februar 1833 beginnt die Behandlung mit den gepriesenen Mitteln.

Hoffnung und Sorge wechseln einander ab. Anfälle und Krämpfe steigern sich. Varnhagen sitzt an ihrem Bett, als sich Rahel, den Tod vor Augen, mit ihrer Herkunft aussöhnt: «Was so lange Zeit meines Lebens mir die größte Schmach, der herbste Leid und Unglück war, eine Jüdin geboren zu sein, um keinen Preis möcht' ich das jetzt missen.» So hat es Karl August überliefert.

Am 5. März tritt eine leichte Besserung ein. Am späten Abend des 6. kommt Bettine. Während sie vom Fuß des Bettes teilnahmsvoll auf Rahel blickt, sagt ihr diese liebevoll adieu.

In der Nacht beginnt der Todeskampf. Nach Atem ringend, windet sich Rahel in Dores Armen, wendet sich Varnhagen zu, um von ihrem Schmerz zu sprechen. Ein Nervenschlag verzieht den Mund und lähmt die Glieder. Herbeigerufene Ärzte flößen der Sterbenden Arzneien ein, doch die Bewußtlosigkeit löst sich nicht wieder auf. Am frühen Morgen des 7. März 1833 stirbt Rahel Varnhagen. Sie ist nur einundsechzig Jahre alt geworden.

Varnhagen wendet sich an Schleiermacher, der Rahel seit über dreißig Jahren kennt, und bittet ihn, sie zu bestatten. Der sagt ab. Er wolle nicht jenem seiner Amtsbrüder vorgreifen, mit dem die Verstorbene doch sicherlich in einer «wenn auch nur entfernteren kirchlichen Verbindung gestanden» habe. Zudem sei er am Ende des Universitätssemesters überlastet und erschöpft. Überzeugend klingt das nicht.

An Schleiermachers Stelle tritt Philipp Marheineke, der Pfarrer der Dreifaltigkeitskirche und Theologieprofessor, der Rahel am 14. März in einem Grabgewölbe des Friedhofes vor dem Halleschen Tor bestatten wird. Der Witwer hat ein Begräbnis erster Klasse angeordnet. Der Sarg wird von einem mit vier Pferden bespannten und mit schwarzen Bordüren geschmückten großen Leichenwagen auf den Friedhof gefahren. Es folgen mehrere Kutschen mit den Trauergästen. Als alle um den Sarg versammelt sind, beginnt Marheineke, die Grabrede zu halten.

Dem christlichen Frauenbild entsprechend, preist er an der Verstorbenen als «das Höchste und Edelste» ausgerechnet Zurückhaltung und «zarte Scheu», «Demuth und Frömmigkeit, womit sie in allen ihren Erscheinungen das Maß der Weiblichkeit inne zu halten wußte, diese wahrhafte Größe, welche sich zu verrathen fürchtete, je mehr sie sich sagen konnte, über die Gränzen ihres Geschlechts hinausgegangen zu sein». Was auch immer außergewöhnliche Frauen im 19. Jahrhundert leisteten – am Ende stand an ihrem Sarg ein

Theologe, der die Einzigartigkeit des Lebens wieder auf das Durchschnittsmaß zurückstutzte, die Abkehr von zugewiesenen Verhaltensmustern und Klischees, den Wunsch nach Gleichberechtigung und Emanzipation wieder ins «Gehörige» heimholte, um sie so, und eben nur so, als gute Christin preisen zu können. Varnhagen immerhin nennt die Predigt «inhaltsvoll» und «würdig».

Wie sie es verfügt hatte, wurde Rahels speziell angefertigter Doppelsarg, im Innern Eiche mit mehreren gläsernen Fenstern, eingesetzt in einen entsprechend größeren Zinksarg, «nicht in die Erde gegraben», sondern blieb in dem Gewölbe stehen. Mit vielen ihrer Zeitgenossen, zum Beispiel Gottfried Keller und auch Arthur Schopenhauer, teilte sie die Angst, scheintot begraben zu werden und unter der Erde wieder zu erwachen. Erst über dreißig Jahre später, nachdem Varnhagens Nichte die für sie selbst vorgesehene Stelle abgetreten hatte, fand Rahel 1867 als «Rahel Friederike Varnhagen von Ense, geb. Robert» ihre endgültige Ruhestätte neben ihrem Mann. In einen weißen Marmorstein ist eingemeißelt, was sie als ihren letzten Wunsch verstanden wissen wollte: «Gute Menschen, wenn etwas Gutes für die Menschheit geschieht, dann gedenkt freundlich in Eurer Freude auch meiner.»

Wie sie in ihrem Leben von Freunden umgeben war, ist sie es auch im Tod. Nicht weit entfernt von dem Varnhagenschen Grab liegen die Mendelssohn-Bartholdys, Abraham und Lea, seine Frau, Felix, Fanny und ihr Mann. Ein Kreuz aus Eisenguß markiert die Stelle, an der die schöne Henriette Herz beerdigt wurde. In Mauerwände eingelassen sind die Grabplatten von Iffland und der Unzelmann. Auch Tieck, Schleiermacher und Chamisso liegen hier begraben. An Rahels Todestag singen die Vögel in den hohen alten Bäumen, und mitunter kommt eine junge Frau vorbei und stellt ihr einen bunten Strauß aufs Grab.

Gleich nach Rahels Tod beginnt Varnhagen mit der Sichtung jener Briefe, die sie noch gemeinsam für die Veröffentlichung bestimmten. Er wendet sich an Freunde und Bekannte und bittet sie um die Briefe seiner Frau, er kauft sie Pauline ab, das Stück für einen Dukaten, und erweist sich als gewissenhafter, eifriger Archivar und Redakteur.

Schon im Sommer 1833 verschickt er einen Privatdruck: «Rahel. Ein Buch des Andenkens für ihre Freunde». 1834 folgt eine auf drei Bände erweiterte Buchhandelsausgabe, die allenthalben besprochen wird. Antijüdische Kritiker verübeln Rahel ihr Judentum, jüdische hingegen, sie habe sich nicht klar genug dazu bekannt. Der Historiker Treitschke sieht später «Vaterland und Kirche», «Ehe und Eigentum» Rahels zersetzender Kritik ausgeliefert. Und mögen sich auch die «Jenaische Allgemeine Literatur-Zeitung» und die «Frankfurter Ober-Postamts-Zeitung» in vielem unterscheiden – in der negativen Beurteilung dieser «Israelitischen Persönlichkeit» stimmen die Blätter überein.

Doch die Kritiker sind in der Minderheit geblieben. Bis heute werden Rahels Briefe immer wieder neu verlegt. Ihre Leser begeistern die farbenreichen Bilder, die poetischen Wortkombinationen und das bizarre Spiel mit ihnen; sie sind fasziniert von dem Nebeneinander von Schwäche und Robustheit, Überschwang und Schmerz, das Mütterliche mit dem Männlichen vereint, ein Höchstmaß an Naivität und intellektueller Reflexion. Sie sind beeindruckt von Rahels Ursprünglichkeit, von ihrem Mut, unbekümmert um «das Übliche» sich so zu geben, wie sie ist.

«Die Kleine» aus der Jägerstraße wird zum Vorbild, zur Prophetin. Zunächst, am deutlichsten erkennbar, für eine Gruppe von Schriftstellern, darunter Gutzkow, Laube, Mundt, die sich «Junges Deutschland» nennt. Diese Dichter, die für Geistesfreiheit, Emanzipation und Demokratie eintreten, bewundern ihre Offenheit und Originalität; sie entdekken eine verblüffende Gemeinsamkeit der Überzeugungen. Um sich herum das biedermeierlich Dumpfe, Enge und Bigotte, gilt ihnen die Varnhagen als Prophetin eines unkonventionellen, freien Lebens.

Noch nachhaltiger ist ihre Wirkung auf die Frauen. Ottilie von Goethe und ihre Freundinnen in Weimar gehören zu den ersten, die beschrieben haben, was Rahel und ihr Briefwerk ihnen bedeutet haben: Zum erstenmal hatte ein weibliches Wesen unübersehbar den Anspruch angemeldet, den den Frauen zugewiesenen engen Raum zu überschreiten, um, alle ihre Fähigkeiten entfaltend, gleichberechtigt teilzuhaben am geistigen Leben, am «allgemeinen Menschenwohl». Mit Rahel Varnhagen beginnt die Geschichte der weiblichen Emanzipation in unserem Land.

Das, was zeitlos wahr in ihrem Denken bleibt, verschafft der Toten, was der Lebenden versagt geblieben ist: öffentliche Wirkung – bis in die Gegenwart hinein.

Dank

Dies ist ein Frauen-Buch. Es handelt vom Leben einer Frau, eine Frau hat es verfaßt, und mehrere Frauen haben daran mitgewirkt. Zu meinen schönsten Erfahrungen während des Schreibens gehört, daß Rahels außergewöhnliche Freundschaftsfähigkeit bis heute freundschaftsstiftend wirkt.

Als ich anfing, Material über sie und ihre Zeit zu sammeln, wurde mir bald klar, alleine war das kaum zu schaffen. Wie lange würde es dauern, Bibliotheken und Archive, die unzähligen gedruckten Briefe, Berichte und Memoiren zu durchforsten, ganz zu schweigen von den Transkriptions- und Interpretationsproblemen mit dem ungedruckten Material. Jüdisches Leben im 18. Jahrhundert, nervlich bedingte Krankheitssymptome und ihre ärztliche Behandlung, Mode und Möbel in der Zeit des Biedermeier – jeden Tag tauchte ein neues dazugehöriges Thema auf.

Vielleicht hätte ich mein Vorhaben wieder aufgegeben, wäre Anke Westphal nicht gewesen. Sie war mein guter Geist, hat fast alles, was ich suchte, und weit mehr in Berliner Bibliotheken aufgetrieben, aufbereitet, Ideen beigesteuert und am Manuskript gefeilt. Ihr verdanke ich besonders viel.

Und meiner Freundin Jutta Bohnke. Auch sie hat sich des Manuskripts noch einmal angenommen. Oft haben wir zu dritt, zusammen mit meinem Mann, bis tief in die Nacht um unseren Tisch gesessen und über Rahel diskutiert, über ihr Liebesleben und Varnhagens Charakter, Fichtes Stellung zu den Juden und vieles andere mehr. Doch immer, wenn wir auf die Levinsche Familiengeschichte kamen, stockte das Gespräch. Wer sind die Vorfahren gewesen? Woher kamen sie? Und die Breslauer Verwandten? In welchem Verhältnis standen sie zu Levin Markus und den Seinen? Ich wußte nichts, bis Jutta Bohnke eines Tages riet, Paul Jacobi in Jerusalem zu fragen. Und nun dauerte es nicht lange, und die weißen Flekken füllten sich mit Leben. Ich weiß nicht, ob es irgendeine wichtige jüdische Familie im Deutschland des 18. Jahrhunderts gibt, deren Stammbaum Paul Jacobi nicht ergründen könnte. Oder einen Ausdruck, dem Jiddischen entlehnt, den er nicht abzuleiten wüßte. Wie gerne würde ich ihn persönlich treffen, um herzlich danke schön zu sagen.

Im Herbst 1991 begegnete ich zum erstenmal Barbara Hahn und ein paar Monate später Ursula Isselstein. Beide Wissenschaftlerinnen bereiten, unterstützt von anderen, eine sechsbändige Ausgabe mit bisher ungedruckten Rahel-Briefen vor und gelten als angesehenste Rahel-Forscherinnen Europas. Beide haben meine Arbeit mit der Überlassung bislang nicht publizierter Briefe, mit so viel Wohlwollen und Hilfsbereitschaft, Hinweisen und Korrekturen unterstützt, daß ich gar nicht weiß, wie ich ihnen angemessen danken kann. Wir sind gleichermaßen von Rahel fasziniert, uns verbindet jener warme Anteil an der Arbeit der anderen, der die Arbeit leichter und das Leben schöner macht.

Ich will auch nicht vergessen, Consolina Vigliero und Irina Hundt zu erwähnen, denn auch sie haben mir freundlicherweise unveröffentlichte und von ihnen transkribierte Materialien aus dem Varnhagen-Nachlaß überlassen. Es stimmt wehmütig, am Ende dieses Buches angelangt zu sein.

Literatur

Briefsammlungen und Werke

Da die Orthographie in einzelnen Briefen dem Original entspricht, in anderen hingegen modernisiert worden ist, sind die verwendeten Briefzitate nicht einheitlich. Wo immer möglich, wurde die ursprüngliche Form übernommen.

a) Rahel und Karl August Varnhagen von Ense

Aus dem Nachlaß Varnhagen's von Ense, Briefwechsel zwischen Rahel und David Veit, 2 Teile, Leipzig 1861

Badt, Bertha, Rahel und ihre Zeit. Briefe und Zeugnisse, München 1912

Bruyn, Günter de (Hrsg.), Rahels erste Liebe. Briefwechsel zwischen Rahel Levin und Karl Graf von Finckenstein, Frankfurt / Main 1986

Feilchenfeldt, Konrad / Schweikert, Uwe / Steiner, Rahel (Hrsg.), Rahel Varnhagen. Gesammelte Werke, Bd. 1–10, München 1983. In der Regel wurde aus dieser Ausgabe zitiert. Der Band 10 enthält u. a. ein Verzeichnis aller Publikationen Rahels zu ihren Lebzeiten.

Feilchenfeldt, Konrad, «Rahel-Splitter. Nachlese zur Rahel-Bibliothek», in: Der Pfahl. Jahrbuch aus dem Niemandsland zwischen Kunst und Wissenschaft, I., München 1987

Gerhardt, Marlis (Hrsg.), Rahel Varnhagen. Jeder Wunsch wird Frivolität genannt. Briefe und Tagebücher, Darmstadt und Neuwied 1983

Hertz, Deborah (Hrsg.), Briefe an eine Freundin. Rahel Varnhagen an Rebecca Friedländer, Köln 1988

Kemp, Friedhelm (Hrsg.), Rahel Varnhagen. Briefwechsel mit Alexander von der Marwitz, Karl von Finckenstein, Wilhelm Bokelmann, Raphael d'Urquijo, München 1966

Kemp, Friedhelm (Hrsg.), Rahel Varnhagen. Briefwechsel mit August Varnhagen von Ense, München 1967

Kemp, Friedhelm (Hrsg.), Rahel Varnhagen im Umgang mit ihren Freunden (Briefe 1793–1833), München 1967

Kemp, Friedhelm (Hrsg.), Rahel Varnhagen und ihre Zeit (Briefe 1800–1833), München 1968

Leitzmann, Albert (Hrsg.), Briefwechsel zwischen Karoline von Humboldt, Rahel und Varnhagen, Weimar 1896

Weldler-Steinberg, Augusta (Hrsg.), Rahel Varnhagen. Ein Frauenleben in Briefen, Weimar 1917

Varnhagen von Ense, Karl August, Denkwürdigkeiten des eigenen Lebens und Vermischte Schriften, Bd. 1–9, Leipzig 1843–1859

Varnhagen von Ense, Karl August, Werke in fünf Bänden, hrsg. von Konrad Feilchenfeldt, Frankfurt/Main 1987ff

Varnhagen von Ense, Biographische Portraits nebst Briefen von Koreff, Clemens Brentano, Frau von Fouqué, Henri Campan und Scholz. Aus dem Nachlaß, Leipzig 1871

Varnhagen von Ense, Karl August, Schriften und Briefe, hrsg. von Werner Fuld, Stuttgart 1991

Die Varnhagen Sammlung in der Königlichen Bibliothek zu Berlin. Geordnet und verzeichnet von Ludwig Stern, Berlin 1911

b) Freunde und Freundinnen

Assing, Ludmilla (Hrsg.), Aus dem Nachlaß Varnhagen's von Ense. Briefe von Stägemann, Metternich, Heine und Bettina von Arnim, Leipzig 1865

Assing, Ludmilla (Hrsg.), Aus dem Nachlaß Varnhagen's von Ense. Briefe von Chamisso, Gneisenau, Haugwitz, W. von Humboldt, Prinz Louis Ferdinand, Rahel, Rückert, L. Tieck u. a., 1. Bd., Leipzig 1867

Briefe von Karl Gustav v. Brinckmann an Friedrich Schleiermacher, Berlin 1912

Cohn, Alfons Fedor (Hrsg.), Wilhelm von Burgsdorff. Briefe an Brinckmann, Henriette v. Finckenstein, Wilhelm v. Humboldt, Rahel, Friedrich Tieck, Ludwig Tieck und Wiesel, Berlin 1907

Kemp, Friedhelm (Hrsg.), Auf frischen kleinen abstrakten Wegen. Unbekanntes und Unveröffentlichtes aus Rahels Freundeskreis, München 1967

Körner, Josef (Hrsg.), Briefe von und an Friedrich und Dorothea Schlegel, Berlin 1926

Sydow, Anna von (Hrsg.), Wilhelm von Humboldt und Caroline von Humboldt in ihren Briefen, Bd. 1–7, Berlin 1906–1916

Wittichen, Friedrich Carl (Hrsg.), Briefe von und an Friedrich von Gentz, Bd. 2: Briefe an und von Carl Gustav von Brinckmann und Adam Müller, München und Berlin 1910

Literatur über Rahel Varnhagen

Arendt, Hannah, Rahel Varnhagen. Lebensgeschichte einer deutschen Jüdin aus der Romantik, München 1959

Berdrow, Otto, Rahel Varnhagen. Ein Lebens- und Zeitbild, 2. Aufl., Stuttgart 1902

Breysach, Barbara, ‹Die Persönlichkeit ist uns nur geliehen›. Zu Briefwechseln Rahel Levin Varnhagens, Würzburg 1989

Feilchenfeldt, Konrad, «Jüdische Frauen im Urteil über Rahel Varnhagen», in: Jahrbuch des Archivs Bibliographia Judaica, 2/3 1986/87, Jüdinnen zwischen Tradition und Emanzipation, hrsg. von Norbert Altenhofer und Renate Heuer, Frankfurt/Main 1990

Günzel, Klaus, «Ein Schlemihl und eine Jüdin». Rahel Levin-Varnhagen, Romantikerschicksale. Ein Porträt-Galerie, Berlin (Ost) 1987

Hahn, Barbara, ‹Antworten Sie mir!› Rahel Levin Varnhagens Briefwechsel, Basel–Frankfurt/Main 1990

Hahn, Barbara, Unter falschem Namen. Von der schwierigen Autorschaft der Frauen, Frankfurt/Main 1991

Hahn, Barbara (Hrsg.), ‹Im Schlaf bin ich wacher›. Die Träume der Rahel Levin Varnhagen, Frankfurt/Main 1990

Hahn, Barbara/Isselstein, Ursula (Hrsg.), Rahel Levin Varnhagen. Die Wiederentdeckung einer Schriftstellerin, Zeitschrift für Literaturwissenschaft und Linguistik, Beiheft 14, Göttingen 1987

Isselstein, Ursula, Der Text aus meinem beleidigten Herzen. Studien zu Rahel Levin Varnhagen, Torino 1993

Isselstein, Ursula, «Rahel Levins Einbrüche in die eingerichtete Welt», in: Dick, Jutta/Hahn, Barbara (Hrsg.), Von einer Welt in die andere. Jüdinnen im 19. und 20. Jahrhundert, Wien 1993

Jens, Walter, «Rahel Varnhagen. Die dreifache Rebellion», in: Feldzüge eines Republikaners. Ein Lesebuch, München 1988

Jens, Walter, «Rahel Varnhagens Briefe», Deutsche Lebensläufe in Autobiographien und Briefen (zsuammen mit Hans Thiersch), Frankfurt/Main 1991

Key, Ellen, Rahel. Eine biographische Skizze, 2. Aufl., Halle o. J.

Köhler, Lotte, «Rahel Varnhagen», in: Deutsche Dichter der Romantik. Ihr Leben und ihr Werk, hrsg. von Benno von Wiese, 2. Aufl. Berlin 1983

Laschke, Jutta Juliane, Wir sind eigentlich, wie wir sein möchten, und nicht so wie wir sind. Zum dialogischen Charakter von Frauenbriefen Anfang des 19. Jahrhunderts, gezeigt an den Briefen von Rahel Varnhagen und Fanny Mendelssohn, Frankfurt 1988

Malraux, Clara, Rahel, ma grande sœur. Un salon littéraire au temps du romantisme, Paris 1980

Scurla, Herbert, Rahel Varnhagen. Die große Frauengestalt der deutschen Romantik, Düsseldorf 1978

Susmann, Margarete, «Rahel», Frauen der Romantik, Jena 1931

Thomann Tewarson, Heidi, Rahel Varnhagen, rororo monographie, Reinbek bei Hamburg 1989

Weissberg, Liliane, «Anders schreiben?» Überlegungen zu Briefen Rahel Varnhagens an Friedrich de la Motte Fouqué, in: Kanalarbeit. Medienstrategien im Kulturwandel, hrsg. von Hans Ulrich Rede, Frankfurt/Main 1988

Literaturangaben
zu den einzelnen Kapiteln

Die einzelnen Titel werden jeweils unter dem Kapitel aufgeführt, für das sie zuerst benutzt worden sind.

Such' alle meine Briefe

Hahn, Barbara, «Suche alle meine Briefe. Die wiederaufgefundene Sammlung Varnhagen», in: Frankfurter Allgemeine Zeitung vom 1. April 1986

Henrich, Dieter, «Beethoven, Hegel und Mozart auf der Reise nach Krakau», in: Neue Rundschau, Heft 2/1977

Neues Deutschland (Zentralorgan der SED) vom 28. Mai 1977

Pirozynski, Jan, «Berlinka», in: Dziennik Polski vom 21. Mai 1993

Schmidt, Werner, «Die Verlagerung der Bestände im Zweiten Weltkrieg und ihre Rückführung», in: Deutsche Staatsbibliothek 1661 bis 1961, Bd. 1, Berlin 1961

So habe ich den Titel und den Stand: Fremde

Die Schilderung der Breslau-Reise beruht im wesentlichen auf einem Brief Rahel Levins vom 8. August 1794. Er wurde ediert von Ursula Isselstein und ist erschienen unter dem Titel «Bericht von einer Reise nach Schlesien – ein Brief an die Geschwister», in: Einladung ins 18. Jahrhundert. Ein Almanach aus dem Verlag C. H. Beck, München 1988

Arendt, Hannah, Elemente und Ursprünge totaler Herrschaft, I. Teil: Antisemitismus, 3. Kap.: Die Ausnahmejuden, 3. Aufl., München 1993

Biedermann, Karl, Deutschland im 18. Jahrhundert, 2 Bde., Leipzig 1854–1880

Bruer, Albert A., Geschichte der Juden in Preußen (1750–1820), Frankfurt/Main – New York 1991

Bruyn, Günter de, Das Leben des Jean Paul Friedrich Richter, Frankfurt / Main 1991

Elbogen, Paul (Hrsg.), Geliebter Sohn. Elternbriefe an berühmte Deutsche (mit zwei Briefen von Chaie Levin), Berlin 1930

Gay, Peter, Freud, Juden und andere Deutsche, Hamburg 1986

Gedike, Friedrich, Über Berlin. Briefe ‹Von einem Fremden›, in: Berlinische Monatsschrift 1783–1785, hrsg. von Harald Scholtz, Berlin 1987

Geiger, Ludwig, Geschichte der Juden in Berlin, Reprint Leipzig 1988

Geiger, Ludwig (Hrsg.), Zeitschrift für die Geschichte der Juden in Deutschland, Bd. 1, Reprint, Nendeln / Liechtenstein 1975

Hillebrand, Karl, Unbekannte Essays, hrsg. von Hermann Uhde-Berhays, Bern 1955

Isselstein, Ursula, «Emanzipation – wovon und wofür? Das Beispiel der Familie Levin aus Berlin», in: Jahrbuch des Archivs Bibliographia Judaica 2 / 3, 1986 / 87, Jüdinnen zwischen Tradition und Emanzipation, hrsg. von Norbert Altenhofer und Renate Heuer, Frankfurt / Main 1990

Jüdische Trauungen in Berlin 1759–1813. Mit Ergänzungen für die Jahre 1723 bis 1759, hrsg. von Jacob Jacobson, Berlin 1968

Jüdisches Lexikon. Ein enzyklopädisches Handbuch des jüdischen Wissens in vier Bänden, Berlin 1927–1930

Ligne, Karl Joseph Fürst de, Gestalten und Ideen. Aus den Schriften des..., Graz–Wien–Köln 1965

Mattenklott, Gert, Über Juden in Deutschland, Frankfurt / Main 1992

Mayer, Hans, Außenseiter, Frankfurt / Main 1975

Rebmann, Georg Friedrich, «Briefe aus Berlin», in: Kosmopolitische Wanderungen durch einen Teil Deutschlands, Leipzig 1793

Rohan, Bedrich, «Von Karlsbad bis Aussig – Das Böhmen, das ich kannte und liebte, SWF II, Soiree, 21–23 Uhr, Januar 1992

Schmid, Pia, «Säugling. Seide. Siff. Frauenleben in Berlin um 1800», in: Sklavin oder Bürgerin. Französische Revolution und Neue Weiblichkeit 1760–1830, hrsg. von Viktoria Schmidt-Linsenhoff, Frankfurt / Main 1989

Schmidt, Arno, Fouqué und einige seiner Zeitgenossen, Karlsruhe 1958

Schmidt, Peter, «Berlin und seine Juden im 18. Jahrhundert», in: Judentum, Antisemitismus und europäische Kultur, hrsg. von Hans Otto Horch, Tübingen 1988

Schnee, Heinrich, Die Hoffinanz und der moderne Staat, Bd. 1, Berlin 1953

Schwerin, Kurt, «Die jüdische Bevölkerung in Schlesien nach der Emanzipation», in: Juden in Ostmitteleuropa von der Emanzipation bis zum Ersten Weltkrieg, hrsg. von Gotthold Rhode, Marburg 1989

Volkov, Shulamit, Jüdisches Leben und Antisemitismus im 19. und 20. Jahrhundert. Zehn Essays, München 1990

Worliczek, A. (Hrsg.), Teplitz-Schönau, Berlin 1930

Zborowski, Mark/Herzog, Elisabeth, Das Schtetl. Die untergegangene Welt der osteuropäischen Juden, München 1991

... was mein Geist mir zeigt

Album des Königl. Schauspiels und der Königl. Oper zu Berlin, Berlin 1858

Bellmann, Günther, Schauspielhausgeschichten – 250 Jahre Theater und Musik auf dem Berliner Gendarmenmarkt, Berlin 1993

Feyl, Renate (Hrsg.), Sein ist das Weib, Denken der Mann. Ansichten und Äußerungen für und wider die gelehrten Frauen, Köln 1991

Gerhardt, Marlis, Stimmen und Rhythmen. Weibliche Ästhetik und Avantgarde, Darmstadt–Neuwied 1986

Hamburger, Käte, «Rahel und Goethe», in: Rahel, Werke, Bd. 10

Heilborn, Ernst, Zwischen zwei Revolutionen. Der Geist der Schinkelzeit (1789–1848), Berlin 1927

Honegger, Claudia, Die Ordnung der Geschlechter. Die Wissenschaften vom Menschen und das Weib 1750–1830, Frankfurt/Main–New York 1991

Jacobs, Jürgen/Krause, Markus, Der deutsche Bildungsroman, München 1989

Jacobs, Wilhelm G., Johann Gottlieb Fichte, rororo monographien, Reinbek bei Hamburg 1984

De Boor / Newald (Hrsg.), Geschichte der deutschen Literatur, Bd. VI: Aufklärung, Sturm und Drang, frühe Klassik 1740–1789, von Sven Aage Jørensen, Klaus Bohnen und Per Øhrgaard, München 1990

Klepper, Erhard, Die Aufklärung der Dame MDCC–MDCCC, Berlin 1957

Kuhn, Annette (Hrsg.), Die Chronik der Frauen, Dortmund 1992

Matenko, Percy, «Ludwig Tieck and Rahel Varnhagen: A Re-Examination», in: Year Book of the Leo Baeck Institute XX, 1975

Möhrmann, Renate (Hrsg.), Die Schauspielerin. Zur Kulturgeschichte der weiblichen Bühnenkunst, Frankfurt / Main 1989. Dort insbes. Klaus Laermann, «Die riskante Person in der moralischen Anstalt»

Musikalisches Conversations-Lexikon. Eine Enzyklopädie der gesamten musikalischen Wissenschaften. Für Gebildete aller Stände, Berlin 1877

Lober, Vilma, Die Frau der Romantik im Urteil ihrer Zeit (Diss.), Erlangen 1947

Och, Gunnar, «Jüdische Leser und jüdisches Lesepublikum im 18. Jahrhundert. Ein Beitrag zur Akkulturationsgeschichte des deutschen Judentums», in: Menora – Jahrbuch für deutsch-jüdische Geschichte 1991, München 1991

Ottenberg, Hans-Günter (Hrsg.), Der critische Musicus an der Spree. Berliner Musikschrifttum von 1748–1799. Eine Dokumentation, Leipzig 1984

Safranski, Rüdiger, E. T. A. Hoffmann. Das Leben eines skeptischen Phantasten, München 1984

Senett, Richard, Verfall und Ende des öffentlichen Lebens. Die Tyrannei der Intimität, Frankfurt / Main 1983

Schmid, Pia, «Zur Geschichte des weiblichen Körpers im 18. Jahrhundert», in: Das Achtzehnte Jahrhundert. Mitteilungen der Deutschen Gesellschaft für die Erforschung des 18. Jahrhunderts, Heft 2, Wolfenbüttel 1990

Thomann Tewarson, Heidi, «‹Ich bin darin der erste Ignorant der Welt! der *dabei* so viel auf Kenntnisse hält.› Zum Bildungsweg Rahel Levins», in: Hahn, Barbara/Isselstein, Ursula, Rahel Levin Varnhagen. Die Wiederentdeckung einer Schriftstellerin

Weisberg, Liliane, «Soziale Mimesis. Versuche der Anpassung um 1800, in: Imitationen, hrsg. von Jörg Huber, Martin Heller und Hans Ulrich Keck, Basel 1989

Wittmann, Reinhard, «Lesen bis zur Bewußtlosigkeit. Die Lektüre um 1800 und ihre verhängnisvollen Wirkungen», in: Süddeutsche Zeitung vom 12./13. Oktober 1991

Zondek, Theodor, «Dr. med. David Veit (1771–1814). Eine Gestalt aus der Emanzipationszeit», Bulletin des Leo Baeck Instituts, Nr. 52/ 1976, NF

O! welche Krankheit ist eine Liebe!

Die wichtigste Quelle für dieses Kapitel ist der unter dem Titel «Rahels erste Liebe» von Günter de Bruyn herausgegebene Briefwechsel zwischen Rahel Levin und Karl Graf von Finckenstein, Frankfurt/Main 1986

Austen, Jane, Stolz und Vorurteil, Roman, Zürich 1985

Hahn, Barbara, Unter falschem Namen. Von der schwierigen Autorschaft der Frauen, Frankfurt/Main 1991

Maletzke, Elsemarie, Das Leben der Brontës. Eine Biographie, Frankfurt/Main 1988

Marwitz, Friedrich August Ludwig von der, Nachrichten aus meinem Leben, hrsg. von Günter de Bruyn, Berlin (Ost) 1989

Nostitz, Karl von, Leben und Briefwechsel, Dresden und Leipzig 1848

Siedler, Wolf Jobst, «Die Stadt muß ihre Mitte wiedergewinnen», in: Der Tagesspiegel vom 3. April 1991

Schmid, Pia, «Zwischen Wollust und Tugend. Schönheit im weiblichen Diskurs um 1800», in: Reflexionen vor dem Spiegel, hrsg. von Farideh Akashe-Böhme, Frankfurt/Main 1992

Gesellschaft war mir von je
die Hälfte des Lebens

Abegg, Johann Friedrich, Reisetagebuch von 1798, Frankfurt/Main 1977

Altenhofer, Norbert, «Geselligkeit als Utopie. Rahel und Schleiermacher», in: Berlin zwischen 1789 und 1848. Facetten einer Epoche. Ausstellungskatalog der Akademie der Künste, Berlin 1981

Bürger, Christa, Leben Schreiben. Die Klassik, die Romantik und der Ort der Frauen, Stuttgart 1990

Feilchenfeldt, Konrad, «Die Berliner Salons der Romantik», in: Rahel Levin Varnhagen, Die Wiederentdeckung einer Schriftstellerin, hrsg. von Barbara Hahn und Ursula Isselstein

Feilchenfeldt, Konrad, «Geselligkeit: Salons und literarische Zirkel im späten 18. und frühen 19. Jahrhundert», in: Deutsche Literatur von Frauen, 1. Bd. hrsg. von Gisela Brinker-Gabler, München 1988

Fouqué, Caroline de la Motte, Geschichte der Moden, vom Jahre 1785–1829, Berlin (Ost) o. J.

Hahn, Barbara, «‹Ich verstummte tief in mich hinein›», in: Rahel Levin Varnhagen, Die Wiederentdeckung einer Schriftstellerin, hrsg. von Barbara Hahn und Ursula Isselstein

Hahn, Barbara, «Die Salons der Rahel Levin Varnhagen», in: «Berliner Romantik», hrsg. von Hannelore Gärtner und Anette Purfürst, Berlin 1992

Heilborn, Ernst, Die gute Stube. Berliner Geselligkeit im 18. Jahrhundert, Wien–München–Berlin 1922

Hermsdorf, Klaus, Literarisches Leben in Berlin. Aufklärer und Romantiker, Berlin (Ost) 1987

Herz, Henriette, Berliner Salon. Erinnerungen und Porträts, Frankfurt/Main 1984

Heyden-Rynsch, Verena von der, Europäische Salons. Höhepunkte einer versunkenen weiblichen Kultur, München 1992

Miller, Norbert, «‹Eine höchst poetische Natur...› Prinz Louis Ferdinand und der Klassizismus in der preußischen Musik», in: Mendelssohn Studien, Bd. 5, Berlin 1982

Reinicke, Hans, Berliner Salons um 1800. Henriette Herz und Rahel
Levin, in: Der Monat, Heft 151, Berlin 1960/61

Seibert, Peter, «Der Salon als Formation im Literaturbetrieb zur Zeit
Rahel Levin Varnhagens, in: Rahel Levin Varnhagen, Die Wiederentdeckung einer Schriftstellerin, hrsg. von Barbara Hahn und Ursula Isselstein

Strube, Rolf (Hrsg.), Sie saßen und tranken am Teetisch. Anfänge und
Blütezeit der Berliner Salons 1789–1871, München 1991

Wahl, Hans (Hrsg.), Prinz Louis Ferdinand von Preußen. Ein Bild seines Lebens in Briefen, Tagebuchblättern und zeitgenössischen Zeug-
nissen, Weimar 1917

Wilhelmy, Petra, Der Berliner Salon im 19. Jahrhundert (1780–1914),
Berlin–New York 1989

Verlust ist gekommen;
Wirrwahr; Krieg und Noth

Den Text der Übereinkunft zwischen Chaie Levin, ihren Söhnen und
Rahel hat mir Prof. Ursula Isselstein zur Verfügung gestellt, die Aufzeichnungen Varnhagens über Markus Levin Dr. Irina Hundt. Es handelt sich um bisher unveröffentlichte transkribierte Materialien aus dem
Varnhagen-Archiv in Krakau.

Ackerknecht, Erwin, Geschichte der Medizin, Stuttgart 1979

Clausewitz, Dr. (Hrsg.), Die Städteordnung von 1808 und die Stadt Berlin. Festschrift zur hundertjährigen Gedenkfeier der Einführung der
Städteordnung, Berlin 1908

Foucault, Michel, Wahnsinn und Gesellschaft. Eine Geschichte des
Wahns im Zeitalter der Vernunft, Frankfurt/Main 1973

Gerhardt, Marlis, «Hinter den Kulissen. Zum ‹Privattheater› der Hysterie, in: dies., Kein bürgerlicher Stern, nichts, nichts konnte mich je
beschwichtigen. Zur Kränkung der Frau, Neuwied und Darmstadt
1982

Jakobowicz, Rahel, Krankheit und Arzttum in Frauenbriefen der Romantik, Melbourne 1982 (unveröffentl.)

Kleßmann, Eckart, Deutschland unter Napoleon in Augenzeugenberichten, Düsseldorf 1965

Köhler, Ruth/Richter, Wolfgang (Hrsg.), Berliner Leben 1806–1847. Erinnerungen und Berichte, Berlin (Ost) 1954

Scarry, Elaine, Der Körper im Schmerz. Die Chiffren der Verletzlichkeit und die Erfindung der Kultur, Frankfurt/Main 1992

Schuller, Marianne, «‹Unsere Sprache ist unser gelebtes Leben›. Randbemerkungen zur Schreibweise Rahel Varnhagens», in: Rahel, Werke, Bd. 10

Schuller, Marianne, «‹Weibliche Neurose› und Identität. Zur Diskussion der Hysterie um die Jahrhundertwende», in: Die Wiederkehr des Körpers, hrsg. von Dietmar Kamper und Christoph Wulf, Frankfurt/Main 1982

Kasten 219, Krakau

Ich möchte Ihnen Gut thun können

Die Darstellung der Freundschaft Rahels mit Pauline Wiesel und Minna von Zielinski beruht im wesentlichen auf dem bisher ungedruckten Briefwechsel mit den beiden Frauen, den Barbara Hahn nach den in Krakau vorhandenen Originalen bearbeitet hat und der demnächst herausgegeben wird. Des weiteren wurden herangezogen:

Blei, Franz, «Pauline Wiesel», in: Rahel, Werke, Bd. 10

Deetjen, Werner (Hrsg.), Liebesbriefe eines alten Kavaliers. Briefwechsel des Fürsten Pückler mit Ada von Treskow, Berlin 1938

Friedländer, Rebecca, Schmerz der Liebe. Ein Roman. Von der Verfasserin des Romans «Louise oder kindlicher Gehorsam und Liebe in Streit», Berlin 1810

Gerhardt, Marlis (Hrsg.), Rahel Varnhagen/Pauline Wiesel. Ein jeder machte eine Frau aus mir wie er sie liebte und verlangte. Ein Briefwechsel, Darmstadt–Neuwied 1987

Hahn, Barbara, «‹Nur wir sind gleich bey der Ungleichheit.› Der Briefwechsel von Rahel Levin Varnhagen und Pauline Wiesel», in: Hahn/Isselstein, Die Wiederentdeckung einer Schriftstellerin

Hahn, Barbara, «Pauline Wiesel – ‹Eine hätte die Natur aus uns beiden machen sollen›», in: dies., Antworten Sie mir

Kayserling, M., Die Jüdischen Frauen in der Geschichte, Literatur und Kunst, Leipzig 1879

Thomann Tewarson, Heidi, «Jüdinsein um 1800 – Bemerkungen zum Selbstverständnis der ersten Generation assimilierter Berliner Jüdinnen», in: Dick, Jutta / Hahn, Barbara (Hrsg.), Von einer Welt in die andere. Jüdinnen im 19. und 20. Jahrhundert, Wien 1993

Varnhagen, Karl August, «Einiges zum einleitenden Verständnisse der Briefe von Rahel an Rebecca Friedländer oder Regine Frohberg», Kasten 62, Sammlungen Varnhagen, wiedergegeben bei Barbara Hahn, Unter falschem Namen

Kasten 109 und 209, Krakau

Wohin mit dem entsetzlichen Vorrat,
mit dem Apparat von Herz und Leben

Brontë, Charlotte, Über die Liebe, hrsg. von Elsemarie Maletzke, Frankfurt / Main 1990

Fontane, Theodor, Wanderungen durch die Mark Brandenburg, Zweiter Teil. Das Oderland Barnim–Lebus, Berlin (Ost) 1976

Hülsbergen, Henrike (Hrsg.), Charlottenburg ist wirklich eine Stadt. Aus den unveröffentlichten Chroniken des Johann Christian Gottfried Dressel (1751–1824), Berlin 1987

Morgenblatt für gebildete Stände 1812, Nr. 161, 162, 164, 168, 169 und 176

Rehm, Walther, Begegnungen und Probleme. Studien zur deutschen Literaturgeschichte. S. 243 ff über Alexander von Marwitz, Bern 1957

Vigliero, Consolina, «‹Verlassen Sie sich nicht selbst!› Zu einem ungedruckten Brief von Rahel Levin» (an Alexander von der Marwitz), Bulletin des Leo Baeck Instituts, Nr. 77 / 1987

In dem dickhäusrigen edlen großartigen Prag

Alexis, Willibald, Eine Jugend in Preußen. Erinnerungen, Berlin (Ost) o. J.

Berglar, Peter, Wilhelm von Humboldt, rororo monographien, Reinbek bei Hamburg 1970

Brentano, Clemens, Werke, Vierter Band, München 1966

Brentano, Clemens, Der Philister vor, in und nach der Geschichte. Scherzhafte Abhandlung. Faksimiledruck des in Berlin im Jahre 1811 erschienenen Originals, Berlin 1905

Feilchenfeldt, Konrad, Brentano Chronik. Daten zu Leben und Werk, München 1978

Feilchenfeldt, Konrad, «Die Kontroverse mit Clemens Brentano», in: Rahel. Werke, Bd. 10

Günzel, Klaus, «Das große Jahrzwölft – Anspruch und Wirklichkeit der preußischen Reformen, in: Die Zeit vom 25. Oktober 1991

Hahn, Barbara, «Auguste Brede. ‹Dieser Brief wäre mein größtes Werk geworden›», in: dies., Antworten Sie mir

Harnack, Agnes, «Briefe von Rahel Varnhagen an Clemens Brentano», in: Zeitschrift für Bücherfreunde. Vierter Jahrgang, zweite Hälfte, Leipzig 1913

Hellinghaus, Otto (Hrsg.), Karl Maria von Weber. Seine Persönlichkeit in seinen Briefen und Tagebüchern und in Aufzeichnungen seiner Zeitgenossen, Freiburg im Breisgau 1924

Huber, E. R., Dokumente zur deutschen Verfassungsgeschichte, Bd. 1, V. Die Emanzipation der Juden, Stuttgart 1961

Iggers, Wilma (Hrsg.), Die Juden in Böhmen und Mähren. Ein historisches Lesebuch, insbes. «Die Prager Judenstadt», München 1986

Isselstein, Ursula, «Rahel und Brentano – Analyse einer mißglückten Freundschaft, unter Benutzung dreier unveröffentlichter Briefe Brentanos», in: Jahrbuch des Deutschen Hochstifts 1985, Tübingen 1985

Jakobowicz, Rachel, Jews and Gentiles, Anti-Semitism and Jewish Assimilation, in: German Literary Life in the early 19th Century, Bern 1992

Krögen, Karl Heinrich, Freie Bemerkungen über Berlin, Leipzig, Prag, Leipzig–Weimar 1986

Lämmert, Eberhard, «Preußische Politik und nationale Poesie. Ein Beitrag zur Geschichte der Befreiungskriege», Katalog der Akademie der Künste, Berlin

Mann, Golo, Friedrich von Gentz, Zürich–Wien 1949

Meyer, Michael A., Von Moses Mendelssohn zu Leopold Zunz. Jüdische Identität in Deutschland 1749–1824, München 1994

Oesterle, Günter, «Juden, Philister und romantische Intellektuelle. Überlegungen zum Antisemitismus in der Romantik», in: Athenäum. Jahrbuch für Romantik, 2. Jahrgang 1992, Paderborn 1992

Schulz, Gerhard, Die deutsche Literatur zwischen Französischer Revolution und Restauration, Zweiter Teil 1806–1830, Geschichte der deutschen Literatur, Band VII / 2, München 1989

Scurla, Herbert, Wilhelm von Humboldt, Reformator – Wissenschaftler – Philosoph, Düsseldorf 1976

Stern, Moritz (Hrsg.), Aus der Zeit der deutschen Befreiungskriege 1813–1815. Zeitgenössische Drucke, Berlin 1918

Stern, Moritz (Hrsg.), Aus der Zeit der deutschen Befreiungskriege 1813–1815. Flugschriften, Dichtungen, Reden, Gebete, Berlin 1935

Weber, Carl Maria von, Werk und Wirkung im 19. Jahrhundert, Ausstellung der Schleswig-Holsteinischen Landesbibliothek, Kiel 1986

So hat mich denn die Tugend eingesperrt

Alle Angaben über Taufe und Trauung habe ich einem Aufsatz von Hermann Patsch entnommen: «‹Als ob Spinoza sich wollte taufen lassen›, Biographisches und Rechtsgeschichtliches zu Taufe und Trauung Rahel Levins», in: Jahrbuch des Freien Deutschen Hochstifts 1991, Tübingen 1991

Asche, Susanne u. a., Karlsruher Frauen 1715–1945. Eine Stadtgeschichte. Veröffentlichungen des Karlsruher Stadtarchivs, Bd. 15, Karlsruhe 1992

Barner, Wilfried, Von Rahel Varnhagen bis Friedrich Gundolf. Juden als deutsche Goethe-Verehrer, Göttingen 1992

Friedell, Egon, Kulturgeschichte der Neuzeit, Bd. 1–3, München 1947/48

Friedenthal, Richard, Goethe. Sein Leben und seine Zeit, München 1963

Guilloton, Doris Starr, Rahel Varnhagen und die Frauenfrage in der deutschen Romantik. Eine Untersuchung ihrer Briefe und Tagebuchnotizen, in: Monatshefte für deutschen Unterricht, deutsche Sprache und Literatur, 69/1977

Günzel, Klaus, Wiener Begegnungen. Deutsche Dichter in Österreichs Kaiserstadt, Berlin (Ost) 1989

Günzel, Klaus, «Geist, Macht und Biedermeier. Die Karlsbader Beschlüsse und ihre Folgen», in: Die Zeit vom 22. Februar 1991

Günzel, Klaus, «Der Erste Sekretär Europas. Widersacher Napoleons, Adlatus Metternichs: Friedrich von Gentz, Jongleur der Worte und der Macht», in: Die Zeit vom 17. April 1992

Juden in Karlsruhe. Beiträge zu ihrer Geschichte bis zur nationalsozialistischen Machtergreifung, Veröffentlichungen des Karlsruher Stadtarchivs, Bd. 8, Karlsruhe 1988

Kircher, Bertram (Hrsg.), Ein Tag im alten Wien. Ein Stadt-Lesebuch, München 1988

Lange, Hermann, «Die christlich-jüdische Ehe. Ein deutscher Streit im 19. Jahrhundert», in: Menora. Jahrbuch für deutsch-jüdische Geschichte 1991, München 1991

Mandelkow, Karl Robert, Goethe in Deutschland. Rezeptionsgeschichte eines Klassikers, Bd. 1: 1773–1918; 7. Liberaler Goethekult: Rahel und Karl August Varnhagen von Ense, München 1980

Robert, Ludwig, «Unveröffentlichte Briefe an seine Schwester Rahel Varnhagen», in: Bulletin des Leo Baeck Instituts, 52/1976 NF

Spiel, Hilde, Fanny von Arnstein oder Die Emanzipation. Ein Frauenleben an der Zeitwende, Frankfurt/Main 1962

Steiger, Robert, Goethes Leben von Tag zu Tag, eine dokumentarische Chronik, Bd. 1–5, Zürich und München 1982–1988

Treitschke, Heinrich von, Deutsche Geschichte im Neunzehnten Jahrhundert. Zweiter Teil: Bis zu den Karlsbader Beschlüssen, 4. Aufl., Leipzig 1893

Weeck, Friedrich von, Karlsruhe. Geschichte der Stadt und ihrer Verwaltung, Bd. 1, Karlsruhe 1895

In dieser merkwürdigen Stadt Deutschlands

Altenhofer, Norbert, Die verlorene Augensprache. Marginalien zum Problem der ‹Wirkung› Heinescher Texte, Sonderdruck aus: Diskussion Deutsch, Heft 35 / 1977, Frankfurt / Main 1977

Altenhofer, Norbert, Harzreise in die Zeit. Zum Funktionszusammenhang von Traum, Witz und Zensur in Heines früher Prosa, Düsseldorf 1972

Berliner Allgemeine Musikalische Zeitung, Berlin 1830

Börne, Ludwig, Über das Schmollen der Weiber. Berliner Briefe... und andere Schriften, hrsg. von Willi Japser, Köln 1987

Dericum, Christa, «Denkmalsbesichtigung. Der Historiker Leopold von Ranke. Ein Porträt», in: Frankfurter Rundschau vom 24. April 1993

Frederiksen, Elke, «Heinrich Heine und Rahel Levin Varnhagen. Zur Beziehung und Differenz zweier Autoren im frühen 19. Jahrhundert. Mit einem unbekannten Manuskript von Heine», in: Heine-Jahrbuch 1990, hrsg. von Joseph A. Kruse, Hamburg 1990

Fuld, Werner, «Graue Eminenz und Meister diplomatischer Finessen. Seine publizistischen Arbeiten zeigen Karl August Varnhagen von Ense als Kopf der literarischen Opposition gegen den Fürsten Metternich», in: Frankfurter Allgemeine Zeitung vom 9. Februar 1991

Gans, Eduard, Rückblicke auf Personen und Zustände, Berlin 1836

Geschichte Berlins von den Anfängen bis 1945, Berlin (Ost) 1987

Gleissner, Roman, «Das liebliche Sagen des Wissens. Rahel Levin über die weibliche Seite des Sprechens», in: Jahrbuch des Archivs Bibliographia Judaica 2/3 (1986/87), Jüdinnen zwischen Tradition und Emanzipation, hrsg. von Norbert Altenhofer und Renate Heuer, Frankfurt / Main 1990

Hädecke, Wolfgang, Heinrich Heine. Eine Biographie, Hamburg 1989

Heinrich Heine. Werke. Briefwechsel. Lebenszeugnisse, Bd. 20, Briefe 1815–1831, bearbeitet von Fritz H. Eisner, Berlin–Paris 1970

Heinrich Heine. Historisch-kritische Gesamtausgabe der Werke, hrsg. von Manfred Windfuhr, Bd. I / 1 Buch der Lieder, Text bearbeitet von Pierre Grappin, Hamburg 1975

Hinck, Walter, Die Wunde Deutschland. Heinrich Heines Dichtung im Widerstreit von Nationalidee, Judentum und Antisemitismus, Frankfurt / Main 1990

Höhn, Gerhard, Heine-Handbuch. Zeit, Person, Werk, Stuttgart 1987

Hoffmann, E. T. A., «Des Vetters Eckfenster», Späte Werke, München o. J.

Holmsten, Georg, Die Berlin-Chronik, Düsseldorf 1984

Hoock-Demarle, Marie-Claire, Die Frauen der Goethezeit, München 1990

Jasper, Willi, Keinem Vaterland geboren. Ludwig Börne. Eine Biographie, Hamburg 1989

Jens, Walter, «Heinrich Heine. Ein deutscher Jude», Feldzüge eines Republikaners. Ein Lesebuch, München 1988

Mackowsky, Hans, «Rahels Haus Mauerstraße 36», Kunst und Künstler, in: Monatsschrift für Bildende Kunst und Kunstgewerbe, Jahrgang 10, Heft 1 vom Oktober 1911

Montgomery-Silfverstolpe, Malla, Das romantische Deutschland. Reisejournal einer Schwedin (1825–1826), Leipzig 1912

Pöggeler, Otto (Hrsg.), Hegel in Berlin. Ausstellungskatalog der Staatsbibliothek Preußischer Kulturbesitz Berlin, Wiesbaden 1981

Reich-Ranicki, Marcel, «Eine schmerzende Wunde, schief und schön vernarbt. Über Heinrich Heine ohne Anlaß», in: Frankfurter Allgemeine Zeitung vom 8. März 1986

Reich-Ranicki, Marcel, Über Ruhestörer. Juden in der deutschen Literatur, erweiterte Neuausgabe, Stuttgart 1989

Vigliero, Consolina, «‹Mein lieber Schwester-Freund›. Rahel und Ludwig Robert in ihren Briefen», in: Rahel Levin Varnhagen, hrsg. von Hahn, Barbara und Ursula Isselstein

Weissmann, Adolf, Berlin als Musikstadt. Geschichte der Oper und des Konzerts von 1740–1911, Berlin und Leipzig 1911

Werner, Michael (Hrsg.), Begegnung mit Heine. Berichte der Zeitgenossen, 1. Bd. 1797–1846, Hamburg 1973

Wolf, Gerhard (Hrsg.), Und grüß mich nicht Unter den Linden. Heine in Berlin. Gedichte und Prosa, Berlin (Ost) 1980

Zimma, Dieta, «Ballina Schnauze», in: Die Zeit vom 18. September 1992

Kasten 203, Krakau

Ich bin auf Großes, Neues gefaßt

Alemann, Claudia von/Jallamion, Dominique/Schäfer, Bettina (Hrsg.), Das nächste Jahrhundert wird uns gehören. Frauen und Utopie 1830 bis 1840, Frankfurt/Main 1981

Damen-Conversations-Lexikon, Originalausgabe 1834–1838, Reprint 2. Aufl., Berlin (Ost) 1989

Drewitz, Ingeborg, Bettine von Arnim. Romantik–Revolution–Utopie, Düsseldorf–Köln 1969

Geiger, Ludwig, «Berliner Berichte aus der Cholerazeit 1831–1832, Berliner Klinische Wochenschrift. Organ für praktische Ärzte, Nr. 8 vom 19. Februar 1917

««Grausiges Geschick›» (Über die Angst vor dem Scheintod seit dem 18. Jahrhundert), in: Stern vom 21. Februar 1991

Hahn, Barbara, «Rahel Levin Varnhagen und Bettine von Arnim: Briefe, Bücher, Biographien», in: Frauen Literatur, Politik, hrsg. von Annegret Pelz u. a., Argument-Sonderband AS 172/173, Hamburg 1988

Kleßmann, Eckart, «Hermann Fürst von Pückler-Muskau», Genie und Geld. Vom Auskommen deutscher Schriftsteller, hrsg. von Karl Corino, Hamburg 1991

Mattenklott, Gert, «Junges Deutschland und Vormärz in Berlin», Ausstellungskatalog der Akademie der Künste Berlin

Mitteilungen des Vereins für die Geschichte Berlins, 17. Jahrg., Berlin 1900

Neuhaus-Koch, Ariane, «Bettine von Arnim im Dialog mit Rahel Varnhagen, Amalie von Helvig, Fanny Tarnow und Fanny Lewald», in: Stets wird die Wahrheit hadern mit dem Schönen›. Festschrift für Manfred Windfuhr zm 60. Geburtstag, hrsg. von Gertrude Cepl-Kaufmann u. a., Köln 1990

Ohff, Heinz, Der grüne Fürst. Das abenteuerliche Leben des Hermann Pückler-Muskau, München 1991

Patsch, Hermann, «Schleiermacher und die Bestattung Rahel Varnhagens. Eine kommentierte Briefedition», in: New Athenaeum. Neues Athenaeum, Bd. 2 / 1991

«Rahels Tod», Berliner Tageblatt vom 17. Mai 1918, Morgenausgabe

Vordtriede, Werner, «Der Berliner Saint-Simonismus», Heine-Jahrbuch 1975, Hamburg 1975

Zeittafel

1771   Am 19. Mai wird Rahel als ältestes Kind des jüdischen Kaufmanns und Bankiers Levin Markus und seiner Frau Chaie in der Spandauer Straße 26 zu Berlin geboren.

1785   Am 21. Februar kommt Karl August Varnhagen in Düsseldorf zur Welt.

1786   Dem am 17. August verstorbenen preußischen König Friedrich II. folgt sein Neffe Friedrich Wilhelm II.

1789   Die Französische Revolution beginnt.

1790   Am 8. Februar stirbt Levin Markus, Rahels Vater. Der älteste Sohn Markus Theodor führt zusammen mit der Mutter die Geschäfte weiter.

1793   Die Levins ziehen von der Poststraße 6 in die Jägerstraße 54. Dort führen sie die vom Vater begründete Salongeselligkeit nach französischem Vorbild fort. Zu den Gästen zählen u. a. Prinz Louis Ferdinand und seine Geliebte Pauline Wiesel, Friedrich Gentz, Peter von Gualtieri, Wilhelm von Burgsdorff, Wilhelm und Karoline von Humboldt.

1794   Im August / September besucht Rahel in Breslau zusammen mit ihrer Mutter und ihrer Schwester Rose Verwandte und den bei diesen als Lehrling beschäftigten Bruder Liepmann, der sich später als Schriftsteller Ludwig Robert nennen wird.

1795   Im August reist Rahel mit der Schauspielerin Friederike Unzelmann nach Teplitz, wo sie unter dem Namen Mademoiselle Robert kurt. In Karlsbad lernt sie Goethe kennen. In Teplitz sowie anderen Heilbädern sucht die schwer Rheumakranke auch in den folgenden Jahren immer wieder Linderung.

1796	In der Berliner Königlichen Oper beginnt Anfang des Jahres die unglückliche Liebesgeschichte Rahels mit dem Grafen Karl von Finckenstein.
1797	Nachfolger des verstorbenen Friedrich Wilhelm II. wird sein Sohn Friedrich Wilhelm III. Dessen Frau ist die bekannte Königin Luise.
1800	Im Frühjahr trennt sich Rahel von Finckenstein und reist im Juli zusammen mit der Gräfin Karoline von Schlabrendorf nach Paris.
1801	Rahel freundet sich mit dem Kaufmann Wilhelm Bokelmann an. Am 7. Mai reist sie von Paris nach Amsterdam, um ihre Schwester zu besuchen, die im Februar den holländischen Juristen Carel Asser geheiratet hat, und kehrt dann mit der Mutter nach Berlin zurück.
1802	Rahel verliebt sich in den spanischen Gesandtschaftssekretär Don Raphael d'Urquijo. Zweimal wöchentlich besucht sie die Vorlesungen August Wilhelm Schlegels in Berlin.
1804	Rahel bricht mit d'Urquijo.
1806	In einem Gefecht mit den Franzosen bei Saalfeld fällt am 9. Oktober Prinz Louis Ferdinand. Am 14. Oktober wird die preußische Armee bei Jena und Auerstädt vernichtend geschlagen, und am 27. Oktober zieht Napoleon siegreich in Berlin ein. Nach der Flucht vieler Hofbeamter und Diplomaten löst sich der Salon in der Jägerstraße auf. Die französische Besatzung bringt auch für die Levins erhebliche wirtschaftliche Schwierigkeiten und zwingt zu Einschränkungen.
1807	Durch den Frieden von Tilsit verliert Preußen die Hälfte seines Gebietes und muß hohe Kriegskontributionen an Frankreich zahlen. Im Winter besucht Rahel zusammen mit ihrem Bruder Ludwig Fichtes Vorlesungen «Reden an die deutsche Nation».
1808	Die Beziehung zwischen Rahel und Karl August Varnhagen beginnt. Die Liebenden treffen sich häufig in Rahels Sommerwohnung in Charlottenburg. Im September bricht Varnhagen nach Tübingen auf, um sein Medizinstudium fortzusetzen. Nach schweren Konflikten mit der Familie, vornehmlich mit der Mutter, die aus der Jägerstraße ausgezogen ist, nimmt sich Rahel eine eigene Wohnung in der Charlottenstraße 22.

1809   Durch die Vermittlung Varnhagens lernt Rahel im Mai Alexander von der Marwitz kennen. Beide Männer werden in die österreichische Armee eintreten, um gegen Napoleon zu kämpfen. Im Oktober stirbt Chaie Levin, Rahels Mutter.

1810   Rahel nimmt den Familiennamen Robert an. Sie zieht in die Behrensstraße 48.

1811   Im Alter von achtunddreißig Jahren stirbt am 29. August Karl von Finckenstein.
Varnhagen legt sich das Adelsprädikat von Ense zu.

1812   Am 24. Juni beginnt der Krieg Frankreichs gegen Rußland.
Im Zuge der preußischen Reformen werden Juden mit allen anderen Staatsbürgern rechtlich gleichgestellt.
Von Varnhagen herausgegeben, erscheint in Cottas «Morgenblatt für die gebildeten Stände» die erste, wenngleich anonyme Veröffentlichung von Briefen Rahels unter dem Titel «Ueber Goethe. Bruchstücke aus Briefen».

1813   Mit der Kriegserklärung Preußens an Frankreich beginnen im März die antinapoleonischen Befreiungskriege. Varnhagen tritt unter Oberst von Tettenborn in russische Dienste. Aus Furcht vor den kriegerischen Ereignissen flüchten Rahel und ihre Familie im Mai von Berlin nach Breslau. Am 30. Mai trifft sie mit ihrem Bruder Ludwig Robert in Prag ein und findet bei der Schauspielerin Auguste Brede eine Unterkunft. Angesichts der vielen Kriegsverwundeten in der Stadt beteiligt sich Rahel tatkräftig an deren Verpflegung und Betreuung.

1814   Am 11. Februar fällt Marwitz in einem Gefecht mit den Franzosen, und am 15. Februar stirbt in Hamburg der Arzt David Veit, mit dem Rahel in den neunziger Jahren korrespondierte.
Der Krieg mit Frankreich endet am 30. Mai mit dem Frieden von Paris.
Am 23. September wird Rahel im Berliner Haus ihres jüngsten Bruders Moritz christlich getauft, und am 27. September heiratet sie Varnhagen. Dieser reist Anfang Oktober als «künftiger preußischer Staatsdiener» im Gefolge des Staatskanzlers Hardenberg zum Wiener Kongreß, und noch im gleichen Monat folgt ihm seine Frau.

1815   Im März kehrt Napoleon von der Insel Elba nach Frankreich zurück; bei Waterloo wird er endgültig geschlagen. Varnha-

gen begleitet Hardenberg zu den erneuten Friedensverhand-
lungen nach Paris, während Rahel den Sommer als Gast Fanny
von Arnsteins in Baden bei Wien verbringt. Am 8. August reist
sie nach Frankfurt am Main, um dort Varnhagen zu erwarten.
Zum zweitenmal begegnet sie Goethe.
Die am 26. September abgeschlossene «Heilige Allianz» zwischen Rußland, Österreich und Preußen leitet die Restaurationsepoche ein.

1816   Nach einer schweren Krankheit macht Rahel ihr Testament.
        Im Juli begleitet sie Varnhagen nach Karlsruhe, der dort zum
        preußischen Geschäftsträger am badischen Hof ernannt wor-
        den ist.

1817   Die Varnhagens reisen nach Brüssel, um Rahels Schwester
        Rose zu besuchen.

1819   Wegen seiner demokratischen Gesinnung wird Varnhagen am
        22. Juli von seinem Posten abberufen. Im August breiten sich
        neue Judenverfolgungen, die sogenannten Hep-hep-Stürme,
        über Deutschland aus. Die «Karlsbader Beschlüsse» verschär-
        fen die Unterdrückung aller freiheitlichen und demokratischen
        Bestrebungen. Im Oktober, auf der Rückreise nach Berlin,
        treffen die Varnhagens in Frankfurt erstmals Ludwig Börne. In
        Berlin beziehen sie eine möblierte Wohnung in der Französi-
        schen Straße 20. In ihrem Salon verkehren u. a. Ranke, Hegel,
        Eduard Gans, Alexander von Humboldt und Fürst Pückler.

1821   Heinrich Heine kommt nach Berlin und befreundet sich mit
        den Varnhagens.

1824   Varnhagen wird endgültig in den Ruhestand versetzt.

1825   Rahel und ihr Mann besuchen Goethe in Weimar.

1826   Rahels ältester Bruder Markus Theodor stirbt.

1827   Das Ehepaar zieht in die Mauerstraße 36 um.

1829   Ende Februar kommt Heine erneut nach Berlin. Varnhagens
        besuchen ein letztes Mal Goethe.

1830   Die Juli-Revolution in Frankreich findet im Varnhagenschen
        Freundeskreis begeisterte Zustimmung.

1831   Im Sommer bricht in Berlin die Cholera aus.

1832   Am 22. März stirbt Goethe. Im Juli erliegen Rahels Bruder Ludwig Robert und seine Frau Friederike einer Typhuserkrankung. Pauline Wiesel besucht den Sommer über Rahel in Berlin.

1833   Am 7. März stirbt Rahel Varnhagen und wird am 14. März in einem Gewölbe des Berliner Dreifaltigkeitsfriedhofs beigesetzt.

1858   Am 10. Oktober stirbt Karl August Varnhagen von Ense.

Personenregister

Alexander I., Zar 202
Alexis, Willibald 183
Arendt, Hannah 85
Arnim, Achim von 132, 186,
  189, 265
Arnim, Bettine von 140, 169,
  243, 265 ff, 273, 277
Arnstein, Fanny von 203, 206 ff,
  222, 246
Arnstein, Nathan von 178, 206 ff,
  212, 222, 246
Asser, Carel 224
Asser, Rose s. u. Rose Levin
Austen, Jane 64

Bach, Johann Sebastian 10, 64
Badua, Caroline und Wilhelmine
  234
Bartholdy, Jakob Salomon 127
Bauer, Karoline 244, 266
Beauharnais, Stephanie 219
Beethoven, Ludwig van 10, 88,
  209, 241
Bentheim, Wilhelm Friedrich Graf
  von 151, 154, 170, 172, 187, 192
Berg, Karoline Friederike 89
Berg, Luise von 70
Bernstorff, Christian Graf von
  228
Bethmann 98
Bethmann, Friederike s. u.
  Friederike Unzelmann

Böhm, Dr. Benedict 116 f
Bokelmann, Wilhelm 54, 143
Börne, Ludwig (Löb Baruch)
  121, 190, 250, 253 ff
Brack, Caroline, gen. Line 88,
  106, 116 f, 198, 208, 277
Brandt, Caroline 171
Brede, Auguste 129, 170 ff, 178,
  186 f, 192, 209, 222
Brentano, Clemens 84, 132, 168,
  186 ff, 193, 265
Bribes 101
Brinckmann, Karl Gustav von
  69, 82, 86, 89 f, 94, 96, 98, 102,
  237 f, 251
Brisbane, Albert 270 f
Brontë, Charlotte 148
Brühl, Fanny 75
Brühl, Gräfin 75
Brun, Friederike 51
Burgsdorff, Wilhelm von 27, 31,
  33, 37, 45, 66, 74, 82, 89, 94,
  98, 118, 126, 143, 224, 251
Byron, George Gordon Noel
  Lord 248

Campan, Henri 155
Carl August von Sachsen-
  Weimar 33, 244
Casa-Valencia, Graf 76
Casanova, Giacomo Girolamo 28
Casper, Bertha 259 f, 276

311

315

Carola Stern

«Ich möchte mir Flügel wünschen»

Das Leben der Dorothea Schlegel
336 Seiten. Gebunden

Dorothea Schlegel war die Tochter des berühmten Aufklärers Moses Mendelssohn und wurde die Ehefrau des Schriftstellers Friedrich Schlegel. Sie war Jüdin und Intellektuelle, skandalumwitterte Außenseiterin und geschiedene Person, romantisch-sinnliche «Lucinde» und Frau Biedermeier, aufgeklärte Salondame und militante Gottesstreiterin. Carola Stern porträtiert eine außergewöhnliche Frau, die den Mut hatte, so zu leben, wie sie es für richtig hielt.

«Carola Stern hat die schwer begreifliche Entwicklung der Dorothea S. mit viel Einfühlungsvermögen nachgezeichnet. Ein Frauenleben aus dem Geist der Selbstaufopferung, das ist ein (auch politisches) Lehrstück für Frauen von heute.»

Jutta Jacobi, Süddeutsche Zeitung

«Bei der Lektüre dieses fesselnden und aufregenden Buches dachte ich gelegentlich, nur die Kleider hätten sich geändert.»

Irina Korschunow, FAZ

Rowohlt

Heinrich Heine

Bettine von Arnim

im July 1809. gez. München ad viv